유아 교과 논리 및 논술

김지영 · 김성숙 · 최현정 · 모희선 · 김지혜

창지사

머리말

4차 산업혁명시대를 살아가는 우리에게는 창의 · 논리적 사고가 무엇보다 중요합니다. 즉 이제는 기존의 사고에서 벗어나 새로운 관점에서 창조하고 융합하며 논리적으로 생각하는 역량이 필요합니다. 또한 우리는 살면서 많은 사람들을 만나고 다양한 방식으로 소통을 합니다. 그러나 때로는 소통에 오류가 발생하여 자신이 하고자 하는 생각과 느낌을 상대방에게 정확하게 전달을 못 하는 경우도 있습니다. 따라서 자신의 생각과 느낌을 정확하게 상대방에게 전달하고 원활한 소통을 하기 위해서는 창의 · 논리적 사고와 이를 기반으로 하는 말하기와 글쓰기의 능력이 필요합니다.

유아교사는 유아에게 언어와 사고의 표현에 있어 모델링이 되어야 하며, 교직원, 학부모, 유아 등 다양한 사람들과 소통을 해야 합니다. 따라서 상대방의 특성을 고려하여 적절한 의사소통 기술을 활용할 수 있어야 합니다. 그러기 위해서는 창의 · 논리적 사고 능력을 강화하고 이를 유아교육현장에서 적용할 수 있는 기술을 익혀야 합니다.

본 교재에서는 다년간의 예비유아교사의 교육 경험과 유아교육현장의 경험을 바탕으로 예비유아교사의 창의 · 논리적 사고, 말하기와 글쓰기 능력 향상, 그리고 이를 유아교육현장에서의 활용할 수 있는 실제에 대해 다루고자 합니다.

본 교재는 다음의 세 가지 점에 초점을 맞춰서 집필하였습니다.

첫째, '말하기' 내용을 포함하였습니다. 창의 · 논리적 글쓰기도 중요하지만 타인과의 소통에서 말하기는 더욱 중요한 의사소통 수단이 됩니다. 특히 의사소통능력의 발달 과정에 있는 유아에게 미치는 교사의 영향을 고려할 때 유아교사의 창의 · 논리적 말하기는 매우 중요합니다. 또한 사회인, 직업인으로서 교직원, 학부모 등 다양한 사람들과의 의사소통에서도 창의 · 논리적 말하기는 중요합니다. 이런 말하기의 중요성을 토대로 다른 교재에서는 잘 다루지 않는 말하기 내용을 포함하였습니다.

둘째, 2019 개정 누리과정에 기초하여 '놀이 기록하기'를 포함하였습니다. 2019 개정 누리과정에서는 놀이의 기록을 중요시하고 있으며 놀이기록을 통해 놀이의 의미를 발견하고 배움으로 이어질 수 있도록 지원하기를 강조하고 있습니다. 이런 놀이기록의 중요성을 토대로 놀이기록에서의 창의 · 논리적 글쓰기가 이루어질 수 있도록 '놀이 기록하기'를 포함하였습니다.

셋째, 유아의 창의 · 논리적 사고 증진을 위해 동화를 활용하는 방법을 포함하였습니다. 동화는 유아교육현장에서 활용도가 매우 높은 교육적 수단입니다. 이런 동화의 교육적 의의를 토대로 '유아의 창의 · 논리적 사고 증진을 위한 동화 활용방법'의 실제를 포함하였습니다.

또한 본 교재는 다소 어렵거나 딱딱할 수 있는 「유아 교과 논리 및 논술」이라는 교과를 좀 더 쉽고 재미있게 풀기 위해 중간 중간에 '틀리기 쉬운 우리말', '창의 · 논리적 역량 키우기', '단어의 유래' 등을 삽입하였습니다.

본 교재는 크게 네 부분으로 구성되어 있습니다.

제 I 부에서는 창의 · 논리적 사고의 이해를 위한 내용으로 구성되어 있습니다.

제 II 부에서는 창의 · 논리적 말하기와 글쓰기에 대한 내용으로 구성되어 있습니다.

제 III 부에서는 창의 · 논리적 사고와 유아교육으로 놀이기록, 활동 지원, 동화를 활용한 방법에 관한 내용으로 구성되어 있습니다.

제 IV 부에서는 창의 · 논리적 글쓰기 활동의 실제로 유아교육기관에서의 글쓰기와 유아교사가 되기 위한 준비로 이력서, 자기소개서 등에 관한 글쓰기 내용으로 구성되어 있습니다.

마지막으로 본 교재가 예비유아교사의 창의 · 논리적 사고 증진과 창의 · 논리적 말하기와 글쓰기 역량 증진에 도움이 되기를 바라며, 출판을 위해 도움을 주신 창지사 관계자분들께 감사드립니다.

2023. 12.

저자 일동.

차례

I

창의·논리적 사고의 이해

1장

창의적 사고

1. 창의적 사고의 개념
2. 창의적 사고의 특성
3. 창의적 사고와 교사
4. 창의적 사고 개발 방법

세상을 살아가는 동안에는 학습된 문제만이 우리에게 다가오지는 않는다. 언제나 새로움에 또 새로움을 더한 문제를 만나게 된다. 따라서 학습되어 있거나 검색을 통해 찾은 정보만으로는 주어진 문제를 해결하는 것이 불가능한 상황이 발생할 수 있다. 이처럼 살아가는 동안 부딪히게 되는 다양한 문제를 효과적으로 해결하기 위해서는 무엇보다 창의적인 사고가 필수적이다. 이에 본 장에서는 창의적 사고의 개념과 특성, 그리고 유아교육현장에서의 창의적 사고 증진을 위한 교사를 위한 지도 원리와 창의성 사고 개발 방법에 대해 살펴보고자 한다.

우리말을 바르게 사용하세요!

[틀리기 쉬운 우리말: 바치다 / 받히다]

☞ 바치다: 1.고스란히 쏟아 부음 예 그녀는 학문에 평생을 바쳐 왔다.
2.정중하게 드림 예 당신에게 이 꽃을 바칩니다.

☞ 받히다: 1. 세게 밀어 부딪침을 당함
예 자동차에 받힌 행인들은 중상을 입고 입원했다.

[연습문제] '바치다', '받히다'를 이용하여 짧은 문장을 만들어 보세요.

1. 바치다1: ______________________________

2. 바치다2: ______________________________

3. 받히다: ______________________________

1. 창의적 사고의 개념

"예전에는 없었던 것을 만드는 것(to make a thing which has not been made before, to bring into being)"을 의미하는 라틴어 'creare'를 어원으로 가진 창의성은 플라톤에서 루소, 스펜서, 듀이에 이르기까지 인간의 중요한 지적 특성으로 이해되어 오고 있다(김성숙, 2000). 이러한 창의적 사고 즉 창의성은 수 세기 동안 피카소, 베토벤, 조엔롤링, 윤동주와 같은 창의적인 예술에 참여하는 사람들 혹은 빌 게이츠, 스티브 잡스와 같이 해결되지 않는 과학 및 공학 분야의 인재를 지칭할 때 사용되었으나 점차 디자인, 생산, 판매 등 기업체와 산업계는 물론이고 정치, 교육, 복지 등 너무나 다양한 분야에서 언급되고 있다.

창의성은 1950년 Guilford의 연설을 계기로 인간의 보편적인 특성으로 받아들여지게 되면서 더욱 활발하게 연구되기 시작하였으며, 이후 10년이 채 지나지 않아 100개 이상의 개념들이 등장하였고, 그 이후에도 계속 새로운 정의가 탄생하고 있다(전경원, 2015). 창의성은 복잡하고 다면적인 성격을 띠고 있으며, 인간의 가장 높은 수준의 수행과 성취이기 때문에 그 정의도 다양하다(Davis, 1997). 가장 널리 알려진 창의성에 관한 정의 4가지는 다음과 같다(전경원, 2015).

- Osborn(1953): 인간 모두가 가지고 있는 보편적 특성으로 일상생활에서 당면한 여러 상황 및 문제를 개인 나름의 새롭고 특유한 방법으로 해결해 나가는 능력
- Maslow(1954): 과학자, 예술가, 발명가 등 사회적으로 새로운 가치를 찾는 특별한 재능과 개인에게 있어 새로운 가치를 찾는 자기실현능력
- Torrance(1957): 새롭고 독특한 아이디어 혹은 문제를 새롭고 다른 관점에서 봄으로써 문제해결하는 능력
- Guilford(1970): 새롭고 신기한 것을 낳는 힘, 즉 새로운 사고를 산출하는 것을 창의성으로 정의하며 수준의 차이는 있지만 모든 사람이 가지고 있는 능력

수없이 많은 정의에도 불구하고 일반적으로, 창의성은 '새롭고 적절한 것을 산출하는 능력'으로 정의된다(Sternberg & Lubert, 1999). Baker(1997)는 창의성은 새로운 것만으로 충분하지 않으며 반드시 적절하고 효과적이어야 함을 강조하고 있으며, Grudin(1990)은 긍정적인 의도 즉 윤리적 요소를 중시해야 함을 강조하고 있다. 이처럼 창의성이라는 용어는 다양한 정의로 인해 매우 폭넓게 사용되어 불분명한 것처럼 보이지만, 교육과 심리적인 측면이 강조된 논의에서는 공통적으로 세 가지 핵심 요소 즉, 참신성(novelty), 효과성(effectiveness), 윤리(ethicality)를 포함하고 있다(Cropley, 2001).

- 참신성(novelty): 새로운, 독창적인, 잘 알려지지 않은 산출물
- 효과성(effectiveness): 예술, 과학, 공학 등 특정 목표를 달성하는 것
- 윤리성(ethicality): 이기심, 범죄, 전쟁 도발, 파괴적 행동과 관련되지 않은 것

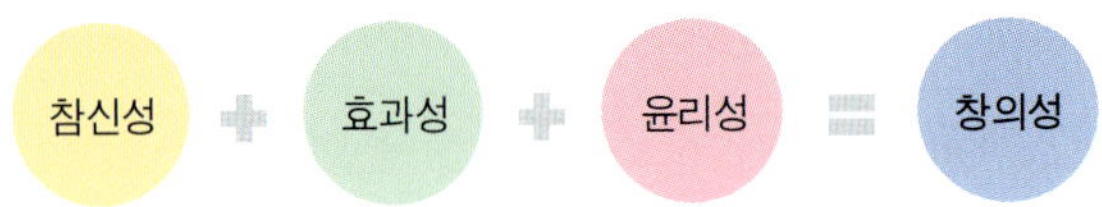

[그림 1-1] 창의성의 개념

참신성이란 관찰자로 하여금 놀라게 하는 성취의 과정이며, 효과성은 직면한 문제와 관련하여 진정한 해결책을 제시해 주어야 함을 의미하며, 윤리성은 부정적인 목적으로 사용하지 않고 긍정적인 의도를 가져야 함을 의미한다. 이에 창의성은 '참신하고 효과적이면서도 긍정적인 의도를 가진 결과를 산출하는 능력'으로 정리할 수 있다.

2. 창의적 사고의 특성

유아1: 개미집 만들기로 했잖아. 그런데 뭘로 만들지? 흠 땅속은 엄청 까망색일거야.
유아2: 땅속을 만들려면 무엇인가 엄청나게 까만, 검은색이 필요하다는 거지. 검은색에 무엇이 있지?
유아1: 검은색하면... 검은 봉지가 있지. 미술영역에 있는 검은 색모래, 검은 털실, 검은 종이!
유아2: 그런데, 검은색이지만 땅처럼 만들려면 색 모래처럼 그런 느낌이 필요해. 하지만 검은색 색모래는 조금밖에 없어.
유아3: 검은색 점토가 있어! 점토로 하면 개미집 만들기 더 쉬울 수 있어! 교실에서 한바탕 찾아보자.

유아들은 자유놀이를 하는 동안 위와 같은 상황을 자주 만나게 된다. 이러한 상황에서 유아들은 그들이 지닌 창의적 사고를 자연스럽게 그리고 마음껏 발휘하여 교사가 미처 생각하지 못한 다양한 아이디어들을 생각해 내며 그들만의 방식으로 재미있게 놀이를 진행해 나간다. 이처럼 창의적 사고는 대단한 무엇인가를 창조해 내는 소수의 사람에게만 필요한 특별한 재능이 아니라, 위의 사례처럼 일상에서 만나는 다양한 문제에 직면했을 때 이를 해결하려는 인간의 자연스러운 능동적인 태도이다.

내가 알고 있는 지식만으로 평생을 살아가기에는 세상이 너무나 빠르게 변화하고 있으며, 이러한 변화는 항상 새로움을 동반하기 때문에, 새로운 것에 적응하기 위해 창의적 사고는 필연적으로 필요하다. 즉 새로운 아이디어를 생성하면서 그 새로운 자극에 대처할 수 있는 창의적 사고가 필요하다(박영태, 하수연, 2010). 탈무드에서 자녀에게 한 마리의 물고기를 주기보다는 고기 잡는 방법을 알려주라고 한 것처럼, 현대를 살아가는 사람들에게는 필요로 하는 모든 지식이나 정보를 일일이 제공하기보다 그것을 습득하고, 적응하고, 새롭게 발전시켜서 변화에 적응하는 데 필요한 창의적 사고를 갖추도록 하는 것이 더 중요하다.

위 사례에서처럼 유아교육현장 역시 매일 다양한 놀이상황에서 예상치 못한 문제 상황이 발생한다. 교사는 유아들이 만나게 되는 문제 상황을 해결하도록 돕기 위해 새로움에 유연성 있게 대처하며 대응해 나갈 수 있는 힘, 즉 창의적 사고를 증진시켜 주어야 한다. 2019 개정 누리과정에서도 주변 세계에 대해 열려 있고, 호기심이 많으며, 자기만의 방식으로 상상하고 느끼고 표현하고 탐구하는 가운데 새롭고 독창적인 창의적인 사람을 추구하는 인간상으로 제시하며 창의적 사고의 중요성을 언급하고 있다(교육부, 보건복지부, 2019

이러한 창의적 사고는 '문제를 발견하는 것에서 시작된다.', '새로움이 담긴다.', '유용성이 내포되어 있다.', '해결책을 찾는 과정이다.', '기존 지식의 재구성이다.' 등 이를 설명하는 수많은 문장이 있다. 우리 주변에 만연해 있는 창의적 사고에 대한 의미를 정립하기 위해서는 창의적 사고의 특성에 대해 이해할 필요가 있다.

우선 Rhodes(1961)는 창의적 사고 즉 창의성에 대한 100여 가지가 넘는 정의를 비교 및 분석함으로써 창의성을 사람(Person), 과정(Process), 산출물(Product), 환경(Press)의 네 가지 요소로 정리하였다(전경원, 2015; 지현경, 2021).

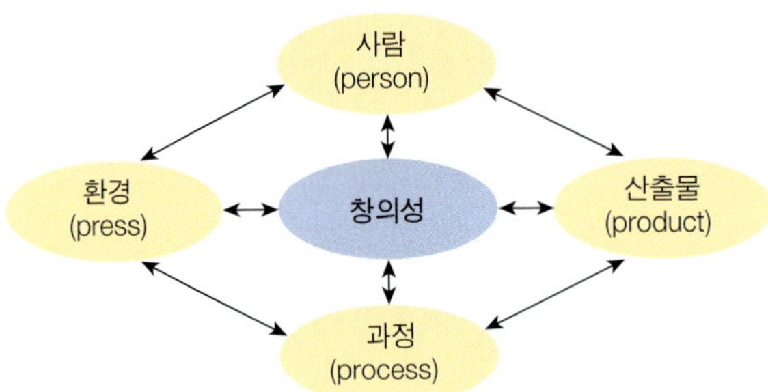

[그림 1-2] 창의적 사고의 네 가지 요소(Cropley, 2016; Rhodes, 1961)

첫째, '사람'의 관점에서 창의적 사고는 개인의 성격과 특성에 집중한다.

'창의적 사람'은 주어진 문제에 대해 하나의 정답을 제시하기보다는 새로운 답이나 아이디어를 많이 생성하는 확산적 사고에 능숙한 특성을 지닌 것으로 정의된다.

둘째, '과정'의 관점은 창의적 사고가 일어나는 사고 과정에 대한 접근이다. 창의적인 문제해결력 즉, 문제 발견, 아이디어 탐색, 자료 탐색, 해결안 발견, 수용 단계의 단계로 창의적 사고를 설명한다.

셋째, '산출물'의 관점에서는 창의적인 과정을 통해서 나온 새롭고 적절한 아이디어나 행동 혹은 산출물을 만들어 내는 것으로 설명한다.

넷째, '환경'의 관점에서는 창의적 사고가 일어나는 장면, 장소, 맥락 또는 분위기로 설명하고 있으며, 창의적인 사고 과정을 유지하고, 좀 더 창의적인 사고를 불러일으킬 수 있는 교수 매체까지 의미하는 총체적이고 복잡한 상황을 의미한다.

이와 비슷한 맥락으로 최근에는 창의적 사고의 특성을 통합적 접근에서 설명하고 있다(Gardner, 1993; Csikszenmihalyi, 1999; Sternberg & Lubert, 1999). 통합적 접근에서의 창의적 사고는 인지적 측면, 정의적 측면, 환경적 측면의 복잡한 상호작용의 결과로 정리한다(한순미, 김선, 박숙희, 이경화, 성은현, 2008).

1) 창의적 사고의 인지적 측면

창의적 사고는 '아하'하고 갑자기 생겨나는 아이디어나 특별한 사고라기보다는 기존의 지식을 새롭게 연합하거나 재구성하는 과정을 통해 발생한다(한유미, 2018). 즉 창의적 사고는 새로운 아이디어를 생성하는 것만으로는 충분하지 않으며, 활용 가능한 구체적인 아이디어로 발전시켜 나가는 것 역시 중요하다. 이러한 관점에서 창의적 사고는 확산적 사고(divergent thinking)와 수렴적 사고(convergent thinking) 모두 필요하다(전경원, 2010).

(1) 확산적 사고

확산적 사고는 창의적 사고의 중심으로, 가능한 정보로부터 다양한 대답을 산출하거나 관점을 달리하고 변형시키는 과정을 포함하기 때문에 참신한 산출에 도움이 된다. 이러한 확산적 사고는 유창성, 융통성, 독창성, 정교성으로 이루어져 있다(한유미, 2018).

〈표 1-1〉 확산적 사고

구분		개념	예
확산적 사고	유창성	특정 문제 상황에서 많은 아이디어와 해결책을 산출하는 능력으로 아이디어의 풍부함과 관련된 양적인 능력	• "생각나는 대로 많이 이야기해 보자" • "~와 비슷한 예를 더 찾아보자" • "또 다른 것은 없을까?"
	융통성	고정적인 사고방식이나 시각 자체를 변환시켜 다양한 해결책을 찾아내는 능력	• "~와 다른 관점에서 생각해 보자" • "~를 바꾸면 어떻게 될까?" • "~말고 뒤에서 본 모습은 어떨까?"
	독창성	기존의 것과 다른 새롭고 특별하고 기발한 아이디어를 산출해내는 능력	• "깜짝 놀랄만한 것을 생각해 보자" • "더 재미있는 생각은 없을까?" • "누구도 생각 못 하는 것을 생각해 보자"
	정교성	아이디어를 세밀하게 관찰하여 유용한 세부 요소를 더해 가치 있고 실용적인 것으로 발전시키는 능력	• "좀 더 구체적으로 생각해 볼까?" • "더 좋게 하려면 어떻게 해야 할까?" • "좀 더 자세히 설명해 줄래?"

(2) 수렴적 사고

수렴적 사고는 주어진 질문에 하나의 완벽한 답을 도출하는 것으로(Cropley, 2001), 산출한 아이디어를 사용 가능한 구체적인 아이디어로 평가하고 발전해 나가는 것이다. 이는 비판 및 평가, 논리 및 추론, 분석, 종합으로 구분된다(박찬옥 외 2017). 비판 및 평가는 어떠한 사실이나 상황의 옳고 그름과 좋고 나쁨을 가려내는 능력이며, 논리 및 추론은 타당한 논거로 전후 관계가 일치하도록 하는 능력이며, 분석은 개념이나 사물의 속성이나 요소로 분해하여 이해하는 능력이며, 종합은 사물의 개념을 통일시켜 정립하는 능력이다. 이러한 수렴적 사고는 정답이 존재하거나 관행을 따르거나 논리적 탐색을 통해 대답이 나올 수 있는 상황에서 매우 효과적이다(Cropley, 2001).

창의적 사고의 인지적 측면에서는 문제 발견, 자료 탐색 및 해결책 발견, 해결책 제시 및 실행의 단계를 거치게 되는 창의적 사고 과정이 또한 중요한데, 문제 발견과 자료 탐색 및 해결책 발견 단계에서 기본적 지식과 과정적 지식이 창의적 사고를 특히 촉진한다(한순미 외, 2008). 즉 창의적인 아이디어 산출을 위해서는 사실적인 정보를 제공하는 서술적 지식과 전략적 사고의 지침을 제공하는 메타인지와 같은 과정적 지식이 필요하며, 이들은 아이디어를 산출하는 과정인 창의적인 사고를 촉진한다(한순미 외, 2008).

지능 또한 창의적 사고의 인지적 측면에서 중요하다. 초창기 연구자들은 창의적 사고가 지능의 한 부분이라 주장하였으나, 최근 작곡가, 화가, 발명가 중 지능이 높지 않은 사람이 있음을 발견하였다. 또한 Guilford(1967)가 확산적 사고를 지능의 구조 안에 포함시켜 지능이 창의성의 필요조건이지만 충분조건은 아니라는 것을 주장하면서 창의적 사고는 지능과 다른 것이지만 전혀 무관하지는 않다는 것에 많은 학자들이 합의하고 있다(Sternberg, Grigorenko, Singer, 2009).

2) 창의적 사고의 정의적 측면

인지적 측면이 뛰어난 사람이 모두 창의적 산출물을 잘 만들어 내지는 못한다. 창의적 사고를 하는 것에 두려움을 느끼거나 귀찮아하는 등 정신적으로 지쳐 있다면 창의적 사고 능력이 발현되지 않을 가능성이 크기 때문이다(박찬옥 외, 2017). 즉 창의적 산출물을 만들기 위해서는 지능, 지식, 사고와 함께 개인의 성격, 동기, 태도와 같은 정의적인 측면이 중요한 역할을 한다(Cropley, 2001).

창의적 사고의 정의적 측면에는 내재적 동기, 독립심, 위험 감수, 고정적 틀에서 벗어나기, 실패에 대한 인내(Amabile, 1997), 모호함에 대한 참을성, 인내, 성장하려는 욕구, 기꺼이 모험하려는 정신, 경험에 대한 개방성(Sternberg & Lubert, 1999), 호기심, 흥미 다양성, 관심 있는 일에 몰두, 개성, 특이한 선호, 탈 규범, 개방성(송인섭, 김혜숙, 1999), 호기심, 집요성, 유희성, 독자성, 모험심, 개방성(박병기, 1998) 등이 언급된다. 창의적 사고의 정의적 측면으로 가장 일반적으로 일컬어지는 성향은 호기심, 개방성, 과제 집착력, 자발성, 자기 신뢰감, 민감성으로 정리할 수 있다(박찬옥 외, 2017)

〈표 1-2〉 창의적 성향

구분	개 념
호기심	주변 사물에 대해 의문을 갖고 끊임없이 질문을 제기하는 성향
개방성	생각 및 태도가 기존 사고 틀에 얽매이지 않고 새로운 가능성을 탐색하는 성향
과제 집착력	특정 주제나 상황에 주의 집중하고 문제가 해결될 때까지 열정적으로 임하는 성향
자발성	스스로 문제 상황에 적극적으로 대처하고 필요한 아이디어를 산출하는 성향
자기 신뢰감	자신의 아이디어를 스스로 인정하고 다른 사람의 평가에 구애받지 않는 성향
민감성	주변 환경에 민감한 관심을 보이며 당연한 것에 대해서도 의문을 품는 성향

3) 창의적 사고의 환경적 측면

창의적 산출물을 얻기 위해서는 개인의 인지적·정의적 측면과 함께 사회·문화적 영향력 역시 고려해야 한다(Csikszenmihalyi, 1999). 개인의 창의적 능력도 중요하지만, 부모, 가족, 교육 및 경제적 수준과 같은 개인적 배경, 그리고 창의적 산출물의 가치를 인정하는 사회와 산출물의 내용을 보전하고 후대에 전승시키는 문화와의 상호작용 역시 중요한 역할을 한다(한순미 외, 2008). 즉 호기심을 격려하는 분위기, 부모의 교육적 분위기, 개방적인 환경과 같은 개인적 배경이 창의성을 촉진하며, 시대와 장소 등의 사회적 배경이 영향을 미치며, 주변 환경이 지지적이고 사회가 인정하며 그 문화에서 받아들여지는 분위기 그리고 상호작용이 창의적 산출물을 만들어 낸다.

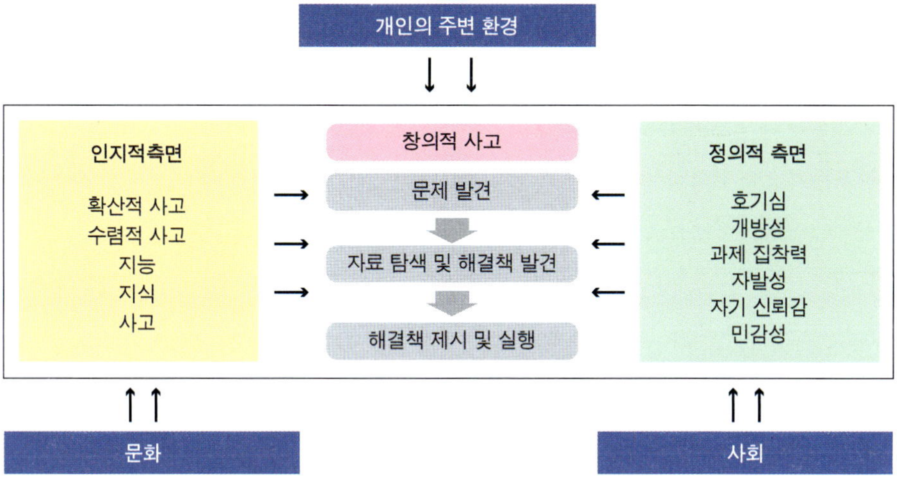

[그림 1-3] 통합적 접근에서의 창의적 사고 특성

쉬어가기

'까불다'의 유래

- **단어의 의미**: 까불다는 차분하지 못하고 가볍게 행동하는 모습
- **유래**: 원래 곡식에 섞여 있는 잡티를 날려보내기 위해 키질하는 것을 말한다. 키질을 하기 위해서는 쉴새 없이 바삐 움직여야 한다. 여기에서 유래해서 아이들이 장난을 치거나 가볍게 행동하는 것을 '까불다'라고 했다.

출처: https://cafe.daum.net/httpcafedaumnetwang/jLps/5647?q=%EA%B3%A8%ED%83%95%EC%9D%98%20%EC%9C%A0%EB%9E%98&re=1

3. 창의적 사고와 교사

> 세상에는 세 종류의 사람이 있다.
> 첫째는 무엇을 창조하는 소수의 사람이요.
> 둘째는 무엇이 창조되는지를 구경하는 수많은 사람이요.
> 셋째는 무엇이 창조되는지를 모르는 대다수의 사람이다.
> 우리에게는 무엇을 창조하는 사람이 더 많이 필요하다.
>
> –니콜라스 뮤레이 버틀러, 노벨 평화상 수상자, 컬럼비아 대학 학장–

창의적 사고의 대부분은 유치원에서 초등학교 3학년 때까지 급속하게 발달하며, 특히 창의적 상상력은 4세에서 4.5세에 가장 발달한다(Torrance, 1995). 유아들은 본질적으로 창의적인 존재이며, 성인보다 사고 양식이 유연하고, 개방적이며, 상상력으로 사물을 바라보는 존재이기에(김춘일, 2000), 자신의 호기심과 흥미에 따라 놀이가 이루어지는 이 시기의 창의적 사고 교육은 다른 시기보다 효과적이다(Meeker, 1978).

2019 개정 누리과정은 유아가 주변 세계에 대해 호기심을 가지고 탐구하는 과정을 통해 풍부한 상상력과 창의력을 기를 수 있도록 돕는 것을 목표로 하고 있다. 즉 놀이를 통해 한 번도 해보지 않은 독특한 상상을 하고, 누구도 생각하지 못한 새로운 생각을 만들어 보는 등 유아들이 주변 세계에 대한 호기심을 가지고 자유롭게 상상하며, 융통성 있는 발상의 전환을 지원하며, 새로운 일에 대한 열린 태도와 도전 정신을 가지고 미래에 필요한 독창적인 능력을 키울 수 있도록 도와야 한다고 언급하며 창의적 사고 교육의 필요성을 주장하고 있다(교육부, 보건복지부, 2019).

따라서 교사는 영유아의 창의적 사고 증진을 위해 유아교육현장에 적용시킬 수 있는 교수–학습 방법을 모색할 필요가 있다. Torrance(1977)가 제시한 창의적 사고를 증진시킬 수 있는 교수–학습 원리는 다음과 같다.

- 학습자들로 하여금 창의적인 생각이 중요함을 인식하도록 한다.
- 학습자들로 하여금 언제나 자신을 지원해 주는 교사가 있음을 알려준다.
- 학습자들의 자발적인 프로젝트의 수행을 허용하고 격려한다.
- 학습자들이 특정 영역에서의 성공을 경험하게 한다.
- 학습자들이 스스로 배울 수 있도록 격려한다.
- 성취 수준이 낮은 학습자의 잠재력을 인정한다.
- 학습자들이 또래와의 동일시 및 순응을 지나치게 의식하지 않도록 한다.
- 교수-학습 계획에 얽매이지 않고 변화를 시도한다.
- 새로운 사물과 생각에 도전하고 실험해 볼 수 있도록 격려한다.
- 새로운 생각을 격려한다.
- 학습자들이 틀에 박힌 생각을 하도록 요구하지 않는다.
- 학습자들의 학습 방법, 학습량, 오류 등 개인차를 인정한다.
- 학습자 스스로 생각을 충분히 할 수 있는 환경을 제공한다.
- 다양한 분야의 지식을 습득할 수 있도록 격려한다.

한편 교실에서의 창의적인 활동을 지도하기 위해 고려해야 하는 지도 원리에는 개방성의 원리, 다양성의 원리, 판단유보의 원리, 통합성의 원리가 있다(한순미 외, 2008).

1) 개방성의 원리

개방성이란 한 개인이 다른 사람의 사고나 행동을 자극하고 발전시키기도 하고, 다른 사람의 행동이나 아이디어를 수용함으로써 개인들이 자기 나름대로 사고나 표현을 자유로이 할 수 있도록 허용하는 것을 의미한다. 창의적인 산출물이 일반적이거나 관습적인 것이 아닐 수 있다는 전제에서 개방적인 분위기는 창의적인 사고를 조장하는 분위기를 형성한다. 다양한 아이디어에 대하여 비판,

비난, 분석을 일삼는 분위기 속 구성원이 창의적 사고를 발휘하는 것은 어렵다. 개방적인 분위기를 위해 교사는 무엇보다 학습자 개개인의 잠재 능력과 독특성을 인정하고, 편견을 가지지 않는 수용적인 태도를 지녀야 한다. 유아들의 의견을 경청하고 수용적인 태도를 보이는 교사의 사례는 다음과 같다.

개방성의 원리

- 유아1: 내 강낭콩만 아직도야!
- 유아2: 식물이 자라려면 햇빛이 필요하잖아, 그런데 너무 깜깜해!
- 교사: 그렇다면 ○○이의 강낭콩을 어떻게 해야 할까?
- 유아1: 어둡지 않은 햇빛이 있는 곳!, 놀이터에 둬야겠어요.
- 교사: 그래 바깥 놀이터는 항상 햇빛이 쨍쨍하지!
- 유아2: 우리 반 교실에서 가장 햇빛이 많은 곳에 둘 수도 있어요! 과학영역이요!
- 교사: 그래, 과학영역에 두어도 되겠다.

2) 다양성의 원리

다양성이란 모든 상황에 대해 다각적으로 접근하며 문제의 해결책을 모색하고 검증하는 것을 말한다. 하나의 상황 혹은 문제에 대해 여러 방향에서 사고하는 태도는 문제해결에 있어서 통상적인 사고의 습관을 넘어 독창적이고 광범위한 사고를 할 수 있도록 한다. 다양한 사고를 유발하기 위해서 교사는 속성열거법, 브레인스토밍 등 아이디어 산출에 관한 여러 기법을 적용할 수 있다. 브레인스토밍을 활용하여 다양하게 사고할 수 있는 사례는 다음과 같다.

다양성의 원리

- 교사: '초록'하면 떠오르는 것이 있니?
- 유아1: 초록 초록 소나무죠!
- 유아2: 초록색 잎이 생각나요.
- 유아3: 노랑으로 물들기 전 초록 은행나무요.
- 교사: 나뭇잎, 나무도 초록이지만 또 다른 곳에서도 초록을 찾아볼 수 있지 않을까?
- 유아2: 네이버 검색창이요
- 교사: 그래, 그것도 초록색하면 떠오를 수 있겠다. 또 무엇이 있을까?
- 유아1: 병원 마크 십자가요!
- 유아1: 닌자고요 크크크!
- 교사: 그래 다양한 곳에서 초록을 찾을 수가 있어

3) 판단유보의 원리

아이디어 산출과정에서 다양한 사고를 억제하며 풍부한 상상의 경험을 방해하는 가장 큰 요인은 떠오르는 아이디어에 대한 성급한 평가이다. 아이디어를 산출하려고 노력하는 과정에서 평가의 과정을 의도적으로 유보함으로써 완전히 자유로운 상상이 이루어지도록 평가를 지연할 수 있어야 하며, 판단이나 평가는 아이디어 산출 후 아이디어 자체의 타당성이나 적용 가능성에 관한 검증을 위해 이루어져야 한다. 유아들의 다양한 의견을 모두 경청한 후 평가의 과정을 유보한 후, 그 이후 가장 좋은 해결책을 찾고자하는 교사의 모습을 아래 사례에서 찾아볼 수 있다.

판단유보의 원리

- 유아들: 선생님, 바람개비가 나뭇가지에 걸렸어요. 어떻게 해요?
- 교사: 나뭇가지에 걸린 바람개비를 내릴 수 있는 방법을 찾아보자.
- 유아1: 우리 키보다 훨씬 높은 곳에 있어서 어려워요.
- 유아2: 우리 키를 더 크게 하는 방법도 있어.
- 유아3: 어떻게 지금 바로 키를 크게 하냐, 그건 불가능해.
- 교사: 할 수 있는 것, 없는 것 모두 모두 다 이야기해 보자.
- 유아3: 큰 막대기, 교실 청소하는 긴 막대 빗자루 이용해서 툭툭 하면 되죠.
- 유아2: 우리 유치원에서 가장 키가 큰 선생님에게 부탁해요.
- 유아1: 큰 바람을 낼 수 있는 것들을 모아서 바람개비를 향해 바람을 날려요.
- 교사: 바람개비를 다시 찾을 수 있는 다양한 방법들이 있구나!
  이번에는 어떤 방법이 가장 효과적일지, 가장 좋은 방법인지 곰곰이 생각하고 이야기해 보자.

4) 통합성의 원리

통합성이란 여러 가지 경험들을 서로 연결하여 새로운 아이디어를 형성하고 종합적인 결론에 도달하게 하는 것을 의미한다. 창의적 사고는 무(無)에서 창조하는 것이 아니며, 기존의 자료를 분석하거나 활용하고 그것들을 새로운 방법으로 결합하고, 연결하여 새로운 의미와 경험을 만드는 것을 일컫는다. 이에 독창적으로 결합하거나 통합하는 것이 창의성의 본질적인 속성이라고 볼 수 있으며, 교사는 학습자가 기존의 생각이나 정보에 대한 자신의 경험을 자기 나름대로 새롭고 독특하게 결합하는 행동을 유발하도록 권장할 수 있어야 한다. 그 사례는 다음과 같다.

통합성의 원리

- 교사: 물 웅덩이에 빠진 공을 빼낼 수 있는 좋은 방법이 있을까?
- 유아1: 큰 막대기로 팍팍 쳐서 반대로 보내서 빼내면 되요.
- 유아2: 흠 팔이 긴 원장 선생님께 부탁드려요.
- 유아3: 물을 다 빼내고, 그 다음에 살짝 공만 꺼내면 어때요?
- 교사: 그래 그렇게 빼낼 수도 있겠다. 또 다른 방법은 없을까?
- 유아1: 공을 던져서 아주 세게요, 그렇게 공을 맞추어서 둘 다 빼낼 수 있을 것 같아요.
- 유아4: 지난 번 티비에서 봤는데, 긴 막대기에 그물망으로 물고기 잡는 것처럼 해보면 어때요?
- 교사: 그래 티비에서 본 방법에 너의 생각을 더하니 멋진 해결책으로 변신했어.

이처럼 영유아들의 창의적 사고 증진을 위해서는 개방성의 원리, 다양성의 원리, 판단유보의 원리, 통합성의 원리를 고려해야한다. 즉 주어진 문제 상황에 대해 나름대로 사고나 표현을 자유로이 할 수 있도록 허용하고, 여러 방향에서 사고하게 하며, 아이디어에 대해 그 실현성 및 유용성 여부를 판단하려는 성급함을 가급적 배제하며, 기존의 생각이나 정보에 자신의 경험을 새롭고 독특하게 결합하도록 격려해야 한다.

4. 창의적 사고 개발 방법

창의적 사고 개발을 위해서는 유아의 질문과 상상력 그리고 그들의 색다른 아이디어를 인정하고 존중해야 하며(Torrance, 1981), 이와 함께 교사는 유아들이 창의적 사고와 창의적 태도를 증진 시킬 수 있는 다양한 사고 방법들을 활용할 수 있어야 한다.

새로운 아이디어를 산출해내고 조합함으로써 창의적 사고를 증진하는 기법은 크고 작은 문제를 해결하거나 창의적인 태도를 형성시키기 위한 방법으로 '창의성 개발 프로그램', '창의성 훈련 프로그램', '창의적 사고 기법' 등의 용어와 혼용되고 있다(최주희, 2019). 창의적 사고 개발 기법은 아이디어를 발견하는 과정인 확산적 사고와 아이디어가 유효하고 가능한지 확인하는 과정인 수렴적 사고를 증진하는데(육설기, 2020; 이주경, 2022), 유아에게 적용 가능한 창의적 사고 개발 방법은 다음과 같다.

1) 브레인스토밍(Brainstorming)

Brain(두뇌)과 Storming(폭풍)의 합성어인 브레인스토밍은 두뇌에 폭풍우가 몰아치듯이 짧은 시간 안에 많은 아이디어를 무질서하게 생성하는 것을 의미한다. 이는 가장 많이 사용되고 있는 창의적 사고 개발 방법으로 주어진 문제에 대해 모든 권위나 고정관념에서 벗어나 수용적이면서 온화한 분위기 속에서 가능한 한 많은 아이디어를 말하고 그중에서 좋은 아이디어를 찾아내려는데 목적이 있다(조연순 외, 2008).

브레인스토밍은 첫째, 평가는 최종까지 유보하며, 둘째, 거칠고 자유분방한 아이디어를 마음껏 제안하도록 하며, 셋째, 가능한 많은 아이디어를 제안하도록 하며, 넷째, 서로 다른 아이디어들을 조합하여 또 다른 새로운 아이디어로 발전시키는 것을 강조한다.

유아들이 놀이를 진행하는 가운데 흥미를 보이는 주제에 대해 생각나는 데로 글이나 그림으로 표현해 봄으로써 자신이 알고 있는 것과 알아보고 싶은 것들을 찾아보는 과정에서 브레인스토밍을 활용해 볼 수 있다.

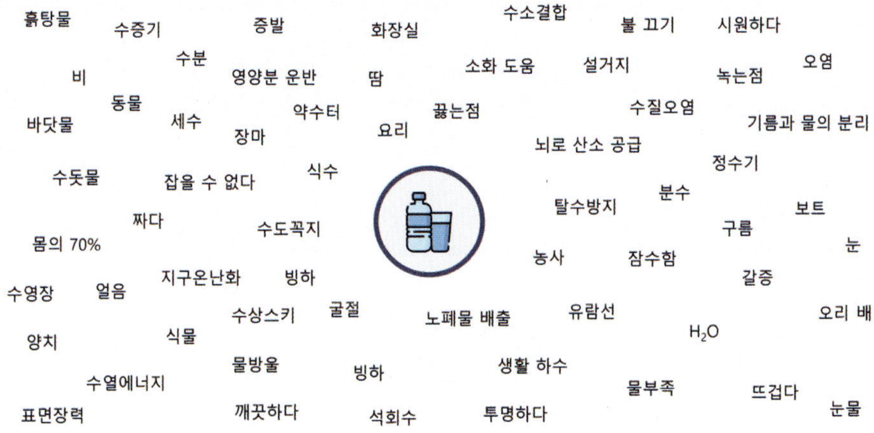

[그림 1-4] '물'을 주제로 한 브레인스토밍 예

(2) 마인드 맵핑(Mind Mapping)

마인드 맵핑은 마음속에 있는 모든 지식과 정보를 자기 자신만의 이미지, 단어, 색상, 상징적 기호 등으로 방사형으로 펼쳐 보고 조직화해서 표현함으로써 창의성을 높이는 생각 지도 만들기 기법이다(이경화 외, 2014). 특히 브레인스토밍 활동 후 산출된 아이디어들을 자연스러운 구조로 만들 수 있으며, 이러한 과정을 통해 학습자는 주어진 주제 및 내용의 전체적인 구조를 쉽게 파악할 수 있다(임선화, 1998; 한순미 등, 2008).

유아들이 관심을 보이는 주제에 대한 브레인스토밍 이후 비슷한 것끼리 찾아보는 유목화 과정을 통해 진행하는 주제망 작성 시 마인드 맵핑을 활용해 볼 수 있다.

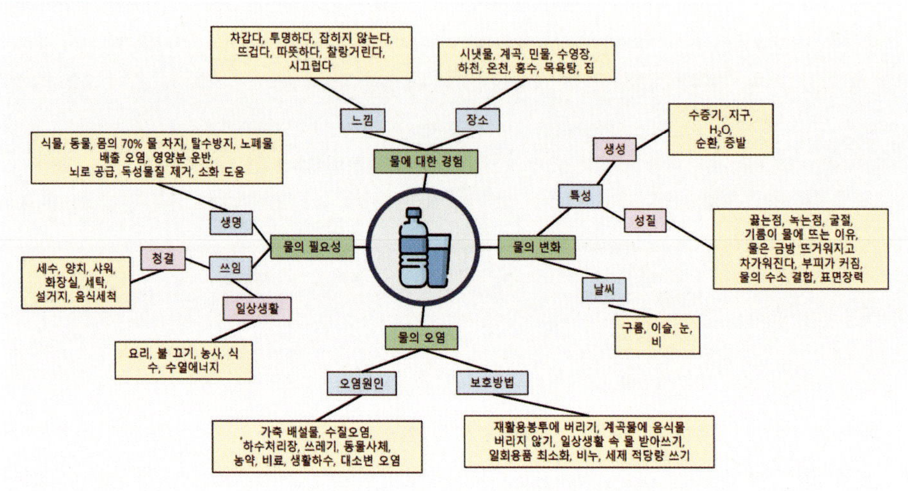

[그림 1-5] '물' 주제망 작성 시 마인드 맵핑 활용 예

(3) 아이디어 체크리스트법(Idea Checklist): 스캠퍼(SCAMPER)

아이디어 체크리스트법은 브레인스토밍을 보완하여 고안한 것이다. 아이디어를 찾기 위한 발상을 자극하는 수단으로 대체(Substitute), 결합(Combine), 적용(Adapt), 변형(Modify)–확대(Magnify)–축소(Minify), 용도 변경(Put to other uses), 제거(Eliminate), 역전(Reverse)–재배열(Rearrange)의 핵심 단어의 첫 글자를 따 SCAMPER 방법이라고도 한다(한순미 외, 2008). 유아들의 자유놀이 상황, 특히 조형 영역에서 스캠퍼(SCAMPER) 방법을 활용하여 유아들의 상상력을 자극하는 발문의 예는 다음과 같다.

〈표 1-3〉 스캠퍼(SCAMPER) 방법을 활용한 교사 발문의 예

	스캠퍼(SCAMPER) 발문	교사 발문 적용 예
S	• 대체(Substitute)하면?	• 애완동물로 공룡을 기른다면 어떨까?
C	• 결합(Combine)하면?	• 얼룩말과 새가 결혼하면 어떤 동물이 나올까?
A	• 적용(Adapt)하면?	• 캥거루처럼 우리 몸에도 배 주머니가 있다면?

M	• 변형(Modify), 확대(Magnify), 또는 축소(Minify)하면?	• 사람이 입이 10개라면 어떨까? • 우리 몸이 코끼리만큼 커진다면 어떨까? • 우리 몸이 개미만큼 작아진다면 어떨까?
P	• 용도 변경(Put to other uses)하면?	• 비행기 음식점이 있다면 어떨까?
E	• 제거(Eliminate)하면?	• 온 세상의 물이 사라진다면 어떨까?
R	• 역전(Reverse), 재배열(Rearrange)하면?	• 내가 엄마가 되고, 엄마가 내가 된다면 어떨까?

출처: 박찬옥 외 (2017). 유아교사를 위한 논리·창의 교육. 경기: 정민사

(4) 시네틱스(Synectics) 방법

서로 관련이 없는 '요소들의 결합'을 의미하는 그리스어 'synectics'에서 유래된 이 방법은 새로운 것을 발명하는 과정에서 유추하는 사고를 하는 현상을 발견한 데에서 비롯되었으며, 해결하고자 하는 문제나 필요한 아이디어를 유사한 대상이나 사태에 비유, 유추, 비교하여 새로운 아이디어를 얻는 발상 방법이다(한순미 외, 2008). 이는 어떤 사물과 현상들을 관찰하고 결합하여 전혀 다른 새로운 것을 이해하고 만들어 내는 방법으로 정리할 수 있다. 즉 유추를 통해서 기존의 것에서 낯설고 새로운 것을 발견하도록 하는 것이 시네틱스 방법이다.

시네틱스 방법은 직접 유추, 개인적 유추, 환상적 유추, 상징적 유추 등으로 분류할 수 있다(황희정, 2011). 유아들과 함께 문제를 해결하는 상황 혹은 다양한 활동을 전개하며 유아들의 새로운 아이디어가 필요할 때 시네틱스 방법을 다음과 같이 활용해 볼 수 있다.

〈표 1-4〉 시네틱스 방법을 활용한 교사 발문의 예

분류	설명	교사 발문 적용 예
직접 유추	해결하려는 문제와 다른 대상을 선택하여 직접 비교 (A에서 B 원리 찾기)	• 교실과 개미집의 비슷한 점을 찾아볼까? • 거북선은 어떤 동물과 비슷한 것 같니? • 낙하산과 우산의 비슷한 점을 찾아볼까?
개인 (의인) 유추	해결하려는 대상이나 현상에 대해 감정이입 (내가 만약 ~ 라면?)	• 나를 자동차라면 어떤 느낌일까? • 내가 경주용 자동차라면 시동이 걸릴 때 어떨까? • 내가 베터리라면 에너지가 없어지면 어떤 느낌일까?
상징적 유추	두 대상 간 관계를 설명할 때 상징을 활용 (반대되는 단어로 문장 만들기)	• '시원한 + 피자' 어떤 것일까? • '조용한 + 천둥소리' 어떤 것일까? • '무서운 + 천사' 어떤 모습일까?
환상적 유추	현실적인 유추로 해결 불가능할 때 활용 (현재는 없는 것)	• 앉아서 다른 곳을 가고 싶다면? (하늘을 나는 의자) • 문을 열자마자 다른 장소에 도착할 수 있다면?

(5) 강제결합법(Forced Relationships)

강제결합법은 서로 관계가 없는 둘 이상의 대상을 강제로 연결하여 창의적인 생각을 끄집어내는 방법이다(전경원, 2014; 한순미 외, 2008). 조금 인위적일 수 있지만, 지식과 경험이 부족할 때, 아이디어가 떠오르지 않을 때 유용하게 사용할 수 있으며, 특히 두 대상의 관계성이 낮을 때 효과적으로 활용할 수 있다. 강제결합법은 소프트뱅크 손정의 회장이 사용한 기법으로 매일 5분 300장 정도의 단어 카드를 만든 뒤, 2~3장을 무작위로 뽑아 억지로 연결하여 수많은 발명품을 만들어내는 방법이다. '음성 신디 사이저', '사전', 'LCD'라는 단어를 결합하여 음성 전자 번역기를 발명한 것은 유명한 이야기이다(Allo Korea, 2014. 5. 3).

사람의 뇌는 항상 생각했던 습관대로 생각하기 마련이다. 유치원을 떠올리면 선생님, 유아, 놀이, 누리과정... 식으로 연관된 것들만 떠오르지만 이러한 생각이 고정관념을 만들기 때문에 연관이 없을 것 같은 두 단어를 연결해 봄으로써

제3의 아이디어를 창출해 낼 수 있다. 2007년 '전화', '음악', '인터넷'의 결합으로 스마트폰이 발명되었으며, '책'과 '컴퓨터'의 결합은 '노트북', '연필'과 '고무'의 결합은 '고무 달린 연필'을 발명하게 하였다.

유아들과는 단어 카드를 만들어 사용할 수도 있지만, 사전, 신문, 잡지, 책을 사용하여 무작위로 그림 혹은 단어를 뽑는 방법으로 강제결합법을 활용할 수 있으며, 단어 하나를 정해놓고, 다른 단어 하나를 뽑아 아이디어를 창출하게 할 수도 있다. 예를 들어, '자동차'라는 단어를 정해놓고, 다른 단어들 '하늘', '전기', '편안함' 등의 단어를 뽑아 '하늘을 나는 자동차', '전기로 가는 자동차', '안마기가 부착된 자동차' 등을 생각해 볼 수 있다.

(6) 속성열거법(Attribute Listing)

속성열거법은 한 주제에 대한 속성을 지속적으로 분석하여 새로운 아이디어를 산출하는 방법이다. 주제에 대한 속성을 분석하기 위해, 계속해서 질문을 하거나, 색다르게 결합하거나, 수정하여 새로운 아이디어를 산출하는 등 물건의 성질을 열거해 보고 그것을 어떻게 바꿀 것인가를 생각해 가는 방법이다(이경화, 유경훈, 2014; 이유진, 2017). 즉 변화시킬 대상을 선정하고, 전체, 부분, 재료와 제조법, 성질 등 모든 속성을 열거하여 종합적으로 개선하는 방법을 찾아내는 방식의 창의적 사고 개발 방법이다.

유아들과 '자동차'를 주제로 '석유', '전기', '에너지 고갈'. '공해', '교통체증' 등의 속성을 찾아낸 후, 자동차를 어떻게 바꾸었으면 좋은지 이야기해 볼 수 있다. 즉 '석유나 전기 등 에너지를 고갈시키지 않고 환경 오염도 시키지 않으면서 날 수 있어서 교통체증을 시키지 않는 자동차'를 생각해 볼 수 있다.

논리·논술 역량키우기 I

우리 반에서 소개하고 싶은 친구를 정한 후, 친구의 장점을 15개 이상 나열하고, 나열한 단어를 활용하여 소개하는 글을 써 보세요!

1.

2.

3.

4.

5.

6.

7.

8.

9.

10.

11.

12.

13.

14.

15.

16.

내친구 ______________(이)는

____

____

____

____

____

______________________________다.

2장

논리적 사고

1. 논리적 사고의 개념
2. 논리적 사고의 특성
3. 논리적 사고와 교사
4. 논리적 사고 개발 방법

일상의 사소한 일에서부터 중대한 결정을 내리는 순간, 그리고 새로운 제안이나 중요한 문제를 해결하는 과정에서 논리적 사고는 중요한 역할을 한다. 상대방의 이해와 공감을 이끌어내기 위해서는 무엇보다 자신의 의견이나 생각에 대해 근거를 제시하는 객관적인 근거에 기초한 논리적 사고가 필요하다. 본 장에서는 논리적 사고의 개념과 특성, 논리적 사고를 위한 교사 역할과 개발 방법에 대해 살펴보고자 한다.

우리말을 바르게 사용하세요!

[틀리기 쉬운 우리말: 낫다1 / 낫다2 / 낳다]

☞ 낫다1: 1. 치유되어 없어짐

예 약을 먹었으니까 감기가 곧 낫겠지?

2. (기분 따위가)풀어지거나 가벼워짐

예 한바탕 운동을 하고 나니 기분이 조금 낫네.

☞ 낫다2: 질이나 수준 등의 정도에서 더 좋거나 앞서 있음

예 전에 만나던 사람보다 더 나은 사람을 만나야지

☞ 낳다: 1. (사람이나 동물이 새끼를) 몸밖으로 내놓음

예 누나는 결혼하고 나서 예쁜 딸 쌍둥이를 낳았다.

2. (무엇이 어떤 결과를) 이루거나 가져옴

예 우리 민족은 6 · 25 전쟁이 낳은 비극을 절대로 잊어서는 안 된다.

3. (국가가 어떤 인물을) 세상에 배출함

예 그는 한국이 낳은 천재이다.

[연습문제] '낫다1', '낫다2', '낳다'를 이용하여 짧은 문장을 만들어 보세요.

1. 낫다1: ______________________________

2. 낫다2: ______________________________

3. 낳다: ______________________________

1. 논리적 사고의 개념

논리적 사고에서 '논리(論理, logic)'는 '말의 이치'를 의미하는데, 영어 'logic'은 'word, thought, idea, argument, reason'의 뜻을 지닌 그리스어 logos에서 유래하였다(김영실, 윤진주, 2016; 박찬옥 외, 2017). "논리"의 사전적 의미는 '말이나 글에서 사고나 추리 따위를 이치에 맞게 이끌어가는 과정이나 원리 혹은 사물끼리의 법칙적인 연관'을 뜻한다(네이버 사전, 2023. 07. 17).

논리적 사고는 문제해결 과정의 각 단계에서 개념과 개념, 사실과 사실의 관계를 추리하고 증거를 수집하고 검토하는 것(한정혜, 2002)으로 대상 혹은 사상 간의 관계, 모순 등 일련의 규칙을 판단하고 평가하는 과정으로 정리할 수 있다(송미경, 1990). 이처럼 논리적 사고는 자신의 생각을 타인에게 설득력 있게 전달하기 위해 필요하며, 어떤 주장이 무리 없이 일관성 있게 제시될 때, 즉 어떤 주장이 타당한 근거의 기반 위에서 주장될 때 논리적 사고가 이루어졌다고 볼 수 있다(나은숙 외, 2020) 논리적인 사고를 할 수 없다면 아무리 많은 지식이 있더라도 자신의 주장을 주위 사람을 설득시켜 실현하기 어려울 것이다. 이러한 중요성 때문에 수많은 학자들이 논리적 사고에 대한 개념을 정의하고 있다.

- 김광수(2012): 어떤 문제를 해결하기 위해 체계적이고 분석적인 지적 활동으로서 증거에 기반하여 결론을 도출하는 연역적 사고력
- 소홍렬(2003): 이미 알고 있는 사실들을 근거로 새로운 것들을 알아내는 추리 능력으로 타당성에 준거를 두고 사건들 간의 관계와 모순 등의 규칙을 사고하는 능력
- HT 인스티튜트(2014): 결론에 대해 적절한 근거와 사실을 제시하여 상대방이나 주변 사람들이 납득할 수 있는 시나리오를 만드는 프로세스
- 박찬옥 외(2020): 사고의 전개 과정에서 전후 주장과 근거 사이의 관계가 올바로 되어 있는 가를 합리적으로 판단하여 성찰하는 것

정리하자면 논리적 사고는 '명확한 근거를 바탕으로 합리적으로 사고함으로써 결론을 도출하는 것'이라 정리할 수 있다.

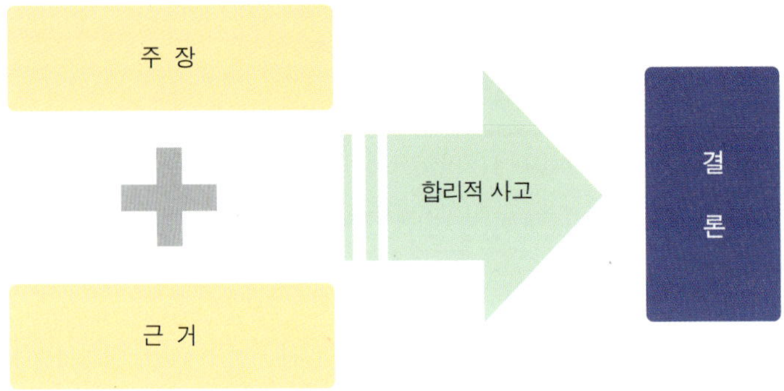

[그림 2-1] 논리적 사고의 정의

논리적 사고는 당면한 문제를 검토하고 평가하며 적절성의 여부를 판단하는 역할을 한다. 따라서 논리적인 사람은 느낌보다는 증거를 토대로 결론을 내리며 해결책의 실행 가능성을 재차 점검한다. 논리적 사고능력은 많이 아는 것보다는 알고 있는 것을 활용하여 주어진 문제 상황을 해결할 수 있는 효율적이고 합리적인 사고를 요구한다. 수많은 정보 중에서 필요한 것을 선별하는 능력과 문제의 원인과 해결책을 다각적으로 모색하기 위해 정보를 활용하는 능력을 필요로 한다(홍혜경 외, 2016).

'쥐, 개, 코끼리 중 어느 것이 가장 무거운가?'라는 질문에 대해 결론을 도출하는 과정을 통해 논리적 사고의 개념을 살펴보면 다음과 같다(HT 인스티튜트, 2014).

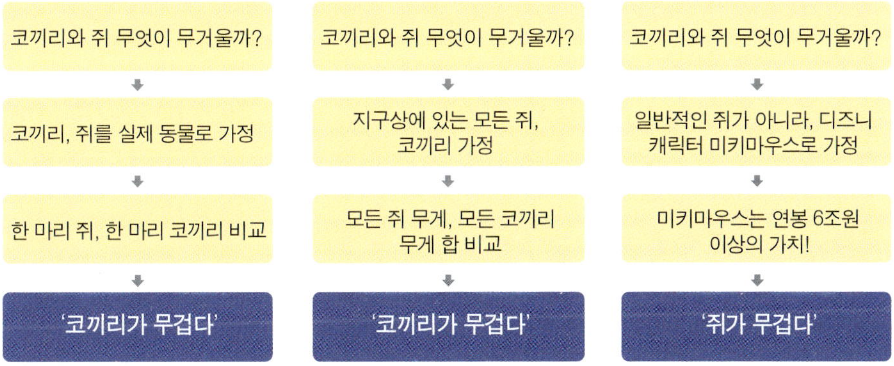

[그림 2-2] 논리적 사고의 예

많은 사람은 주저하지 않고 '코끼리'라고 답할 것이다. 이때 대부분은 한 마리의 쥐와 한 마리의 코끼리의 무게를 비교하여 답을 도출하였을 것이며, '쥐가 가장 무거울 수 있다'라고 대답한 사람은 지구상에 있는 '모든 쥐'의 무게를 합한 것과 '모든 코끼리'의 무게를 합한 것을 비교해서 답을 이끌어낼 수 있다. 실제 지구상에는 셀 수 없이 많은 수의 쥐가 살고 있는 것에 비해, 코끼리는 최근 멸종위기에 처할 정도로 개체 수가 적기 때문에 이 또한 결론과 근거의 관계성에 비추어본다면 '쥐가 무겁다'라는 대답 역시 뚜렷한 근거를 지닌 주장이 될 수 있다. 한편 쥐가 그냥 일반 쥐가 아니라 미키마우스라면 그 가치가 가장 무겁기 때문에 '쥐가 무겁다'로 가치의 무게로 비교한 대답도 나올 수 있으며 이 또한 주위 사람들이 납득할 수 있는 근거가 제시되고 사실에 의해 증명된다면 '이해할 수 있는' 주장이 된다.

이처럼 논리적으로 사고한다는 것은 그 명제가 정답인지 아닌지를 가려내는 프로세스가 아니라, 자신이 생각하는 결론에 대해 적절한 근거와 사실을 제시하여 상대방이나 주변 사람들이 납득할 수 있는 '시나리오'를 만드는 프로세스라 할 수 있다(HT 인스티튜트, 2014).

2. 논리적 사고의 특성

Google, Naver, Daum 등의 다양한 포털 사이트, 그리고 SNS, 유튜브, 특히 2022년 11월 말 출시된 ChatGPT의 등장은 거대한 홍수처럼 쏟아지는 정보를 언제 어디서든 검색하고 활용할 수 있게 해줌으로써 범용 지식의 활용에 대한 새로운 관점을 제안하고 있다. 이렇게 많은 정보가 넘치는 현대 사회는 끊임없이 크고 작은 문제 상황이 발생하는 일상생활 속에서 인간에게 무엇보다 논리적 사고를 요구한다. 명확한 근거를 바탕으로 합리적으로 사고함으로써 결론을 도출하는 의미를 지닌 논리적 사고의 특성을 발달적 측면과 구성 요소 측면에서 살펴보면 다음과 같다.

1) 논리적 사고의 발달적 측면

유아 1: 정말 멋진 주차장을 만들었지, 나는~!
유아 2: 그런데 어떻게 해? 바로 정리 시간이야 이제.
유아 1: 나는 이거 정말 힘들게 만들어서 금요일까지는 전시하고 싶어.
유아 3: 그렇지만, 우리 반 약속! 놀고 난 후에는 완전히 분리 알지?
유아 1: 그래도 난 정리 안 하고 싶어, 정말 정말! 분해하기 싫어.
유아 2: 그럼 정리하지 않을 방법을 생각해 봐. 선생님이랑 친구들을 설득시킬 방법을 말이야!

'나는 생각한다. 고로 존재한다.'라는 데카르트의 말처럼 인간은 끊임없이 생각하고, 또 생각하는 존재이다. 영유아들 역시 유아교육기관에 머무르는 시간 동안 자신의 의도와는 상관없이 계속해서 친구, 교사, 놀이상황으로 인해 문제 상황을 만나게 되고, 이를 해결하기 위해 생각을 멈추지 않는다. 위의 사례에서 볼 수 있듯이, 유아는 자신이 만든 주차장을 부수지 않고 전시하기 위해 생각을 나누고, 가장 좋은 해결책을 찾기 위한 과정을 거치면서 자연스럽게 논리적 사고를 하고 있다. 특히 왜 그런 해결책을 생각하게 되었는지 그 원인을 찾아내어 분석하고 그 과정을 종합하여 답을 유추해 내면서 원리를 깨닫게 된다. 이를 위해 유아와 교사, 유아와 유아 간 의사소통이 단계적으로 활발히 이루어져야 한다.

유아기는 논리적 사고 발달에 있어 중요한 시기이다. 유아는 동화와 조절을 하는 과정을 거치며 외부 자극에 대해 새로운 인지구조를 만들어 평형화를 이루고, 이를 통해 기존의 인지구조보다 더욱 다양하고 복잡한 새로운 인지구조를 형성하며 논리적 사고를 발달시키게 된다(정은주, 2019). 피아제의 인지발달 과정을 통해 논리적 사고의 발달적 측면을 이해할 수 있는데, 피아제는 인지구조의 발달 과정을 감각운동기, 전조작기, 구체적 조작기, 형식적 조작기의 4단계로 구분하여 설명하였다(조형숙 외, 2017).

〈표 2-1〉 피아제의 인지발달단계: 논리적 사고의 발달

단계	시기	내용
감각운동기	0~2세	• 빨기, 잡기, 응시하기 등의 감각적 반사운동 • 눈앞에 없는 사물이나 사건에 대한 정신적 표상, 대상영속성 발달 • 모방 능력 발달
전조작기	2~7세	• 언어 및 그리기 등을 사용하여 대상 표상 • 자기중심적 사고로 인한 제한된 논리적 사고 시작 • 사물이나 대상이 살아 있다고 생각하는 물활론적 사고 • 감각기관을 통한 지각적 정보를 직관적으로 판단하는 직관적 사고 • 전환적 추론, 비가역성, 비보존개념 등의 사고
구체적 조작기	7~12세	• 논리적으로 구체적인 문제해결 가능 • 자기중심적 사고에서 탈피 • 보존개념, 조망수용 능력, 유목화, 서열화 사고 가능 • 추론적 사고가 가능하여 변인을 고려한 과정과 결과에 집중 가능
형식적 조작기	12세 이후	• 논리적 · 추상적 사고 가능 • 논리적 추론을 통한 복잡한 문제해결 가능 • 여러 개 변인을 고려한 연역적 가설 수립, 타당성 검증 가능

언어 등의 상징을 이용한 정신적 표상이 가능한 전조작기부터 논리적 사고가 발달하기 시작하는데 구체적 조작기를 거쳐 형식적 조작기에 도달하게 되면 논리적인 사고가 가능해짐을 알 수 있다. 특히 2세에서 7세에 해당하는 전조작기 유아의 논리적 사고 발달의 특징을 살펴보면 자신의 의사를 언어적으로 표현하기 시작하고, 감각운동적인 행동에만 의존하지 않고, 새로 학습된 언어로 대치하는 등 능력이 발달하게 되며, 두 가지 일의 인과관계에 대한 초기 이해, 분류발달, 의사소통 발달, 사회적 인지발달 등이 가능함을 확인할 수 있다.

논리적 사고 발달단계는 영유아의 사고 발달 수준에 따라 차이가 있을 수 있지만, 일반적인 논리적 사고 발달단계를 이해한다면 논리적 사고의 특징을 이해하는 데 도움이 될 수 있다.

2) 논리적 사고의 구성 요소

논리적 사고는 사고의 전개에 있어서 전후 관계가 일치하고 있는가를 살피고, 아이디어를 평가하는 능력을 포함한다. 이에 논리적 사고는 다른 사람을 공감시켜 움직일 수 있게 하며, 짧은 시간에 헤매지 않고 사고할 수 있게 한다. 특히 논리적 사고는 잘못된 개념을 제거하고 신뢰할 수 있는 탐구 방법을 활용하여 당면하는 문제를 보다 정확하게 이해하고 평가할 수 있게 한다.

한편 이러한 논리적 사고는 주장과 근거 사이에서 합리적 판단을 할 수 있는 '논리적 사고 능력'과 개방적인 마음과 객관성을 유지하게 하는 '논리적 성향'으로 구분할 수 있다(박찬옥 외, 2020).

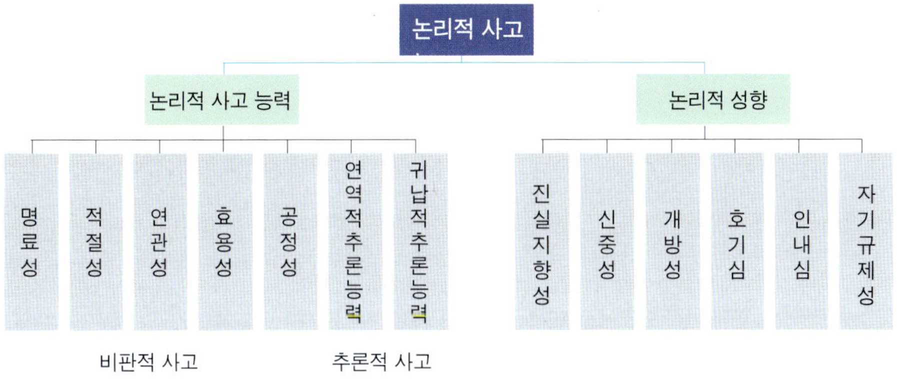

[그림 2-3] 논리적 사고의 구성(출처: 박찬옥 외, 2020)

논리적 사고능력은 크게 비판적 사고와 추론적 사고로 구분할 수 있으며, 비판적 사고는 주장에 대한 근거가 합리적인지를 살펴보는 것으로, 사고의 모든 과정에서 증거를 제대로 사용하였는지, 개념을 올바로 사용하였는지, 방법을 제대로 적용하였는지, 여러 가지 관련 준거를 제대로 적용하였는지, 맥락을 잘 고려하였는지 등의 측면을 고려하는 것이다. 추론적 사고는 어떤 전제로부터 모순 없이 법칙에 맞게 결론을 이끌 수 있는 능력으로, 전제들 속에 암묵적으로 들어 있는 내용을 결론에서 명시해 주는 연역적 추론과 전제들 속에 포함되어 있지 않은 새로운 지식을 결론으로 확보하여 지식을 확장하는 귀납적 추론으로 구분된다.

논리적 사고능력이 있어도 논리적 성향에 문제가 있어서 그 능력을 제대로 발달시키거나 활용되지 못하게 하는 경우도 발생할 수 있기에 논리적 사고의 정의적 특성인 논리적 성향 역시 중요하다. 논리적 성향은 사고를 정직하고 객관적으로 수행하는 성향, 판단에 앞서 신중하게 생각하는 성향, 다양한 견해를 편견 없이 고려하는 성향, 다양한 문제에 호기심을 가지는 성향, 끝까지 포기하지 않고 생각하는 성향, 쟁점의 핵심에서 벗어나지 않게 자신의 사고를 점검하는 성향으로 구분할 수 있다.

쉬어가기

'고약하다'의 유래

- **단어의 의미**: 비위에 거슬릴 정도로 나쁘다. 괴팍하고 사납다. 도리에 벗어나 나쁘다
- **유래**: 이 단어는 세종 시대 대사헌을 지냈던 '고약해'라는 인물에서 유래되었다고 합니다. 고약해는 어전에서 세종을 노려보고 서슴없이 직언을 일삼는 건 예삿일이고 지엄한 어명에 대꾸도 없이 자리를 박차고 나가버리곤 했던 신하라고 합니다. 이후 세종이 하도 기가 막혀 마땅한 이유 없이 반론을 펴는 신하를 보면 "이런 고약해 같은 놈"이라고 지칭하다가 '고약하다'로 변하게 되었다고 합니다.

출처: https://m.blog.naver.com/tsu_star/221442312022

3. 논리적 사고와 교사

유아기는 논리적 사고 발달에 있어 중요한 시기이다. 특히 전조작기 유아는 정신적 표상이 가능하게 되면서 목적에 따른 활동을 하게 되고, 자신의 의사를 언어적으로 표현하기 시작하며, 개념화의 능력이 확대되는 등 논리적 사고가 더욱 발달하게 된다. 하지만 논리적 사고는 단시일 내에 길러지는 것이 아니라 장기적이고 체계적인 교육으로 길러질 수 있다. 이러한 이유에서 교사의 역할은 매우 중요하다.

2009학년도부터 교원양성 교육과정을 이수하고 있는 학생들 대부분은 '교과 논리 및 논술'을 교과교육 영역의 한 과목으로 이수하고 있으며, 나아가 2013학년도 교원 임용 시험부터 논술 시험이 부과되는 등 교사의 전문적 능력으로써의 논리적 사고가 점차 강조되고 있다. 교육부(2023)의 교원자격검정 실무편람에서도 '교과 논리 및 논술'을 '각 교과별 특성에 부합되는 논리적 사고의 근본 법칙 및 논술에 관한 교육에 역점을 둔다'라고 제시하며, 교사에게 논리적으로 사고하고 글을 쓰는 역량을 강조하고 있다. 이러한 관점에서 교사가 되었을 때 논리적 사고를 바탕으로 현장의 실제적인 문제를 해결하고, 자신의 교육적 관점을 주장하기 위해 논리적 사고를 배양할 필요가 있다(신봉섭, 2017).

특히 유아의 논리적 사고 증진을 위한 교사의 역할은 다양한 경험과 새로운 환경 제공하기, 교육프로그램 계획하기, 논리적 표현 능력 습득을 위한 경험 제공하기, 지속적이고 효율적인 교육과정 제공을 통한 논리적 사고 훈련하기로 정리 가능하다(탁희성 외, 2016).

1) 논리적 사고를 위한 다양한 경험과 새로운 환경 제공하기

유아의 논리적 사고 증진을 위한 교사의 역할 중 가장 우선되어야 하는 것은 다양한 경험과 새로운 환경을 제공하는 것이다. 전조작기 유아의 경우, 귀납적 추론 및 연역적 추론과 같은 완전한 논리적 사고가 쉽지 않으므로 교사는 유아교육기관의 일과 안에서 유아가 관심을 보이거나 흥미를 보일 수 있는 다양한 경험과 환경을 제공해줄 필요가 있다. 교사는 일상적인 놀이 안에서 다양한 경험과 새로운 환경을 제공함으로써 논리적 사고를 할 수 있도록 도울 수 있는데, 놀이할 때 발생하는 다양한 문제 상황을 유아가 논리적으로 해결할 수 있도록 모델링할 수도 있으며, 전시회, 공연, 현장체험, 전문가 초빙 등 새로운 환경 안에서 다양한 상황과 만나는 경험을 할 수 있도록 배려함으로써 논리적 사고를 증진할 수 있다.

다양한 경험과 새로운 환경 제공하기

- 교사: 탄소발자국을 줄여야 하는 이유를 자유롭게 이야기해 보자.
- 유아1: 탄소발자국이 점점 늘어나면 지구가 더 오염되니깐 지구가 아파요.
- 유아2: 지구가 오염되어 사람도 동물도 식물도 살기가 힘들어지니깐요
- 유아3: 날씨가 너무 더워서 여름이 너무 힘들어요.

....

- 교사: 그래, 우리 반 친구들이 탄소발자국을 줄여야 하는 이유를 이야기 해주었어.
  그런데 우리가 알아본 이유 말고 더 중요하고 정확한 이유는 없을까?
  다음 시간에는 탄소발자국 전문가들이 계신 에너지 공단을 방문해 보자.
  너희들이 궁금한 것들을 질문 목록으로 작성해서 여쭈어보자.

2) 논리적 사고 능력을 위한 교육프로그램 계획 · 실행 · 평가하기

교사는 교육프로그램을 계획·실행·평가하는 등 다양한 교수 활동을 통해 유아의 논리적 사고를 증진할 수 있다. 즉 논리적 사고 증진을 위한 교육프로그램 계획·실행·평가자로서의 교사는 유아를 새로운 환경으로 인도하고 새로운 관점으로 세상을 바라볼 수 있는 동기를 유발하며 탐구하는 태도를 모범적으로 보여주는 지식탐구 안내자 역할을 수행해야 한다. 또한 논리적 사고를 교육하기 위해

교육과정의 구성 및 실행자, 교수 활동 진행 및 놀이 제공자, 그리고 탐구하고자 하는 동기를 유발하는 촉매자로서의 역할을 통해 유아의 논리적 사고를 증진할 수 있다.

교육프로그램 계획 · 실행 · 평가하기

- 교사: (커다란 무 동화책 표지를 보여주며) 어떤 내용의 그림책일까?
  할아버지가 밭에 무씨를 뿌렸어. 어떤 일이 생겼을까?
  할아버지는 커다란 무를 뽑으려고 했어. 그런데 어떤 일이 생겼니?
  커다란 무는 어떻게 뽑혔을까?

....

- 교사: 커다란 무를 뽑은 다음 할아버지는 어떻게 했을까?
  왜 그렇게 생각했니?
  너희들의 생각을 그림으로 표현하고 친구에게 소개해 주자.

3) 논리적 표현 능력 습득을 위한 경험 제공하기

유아들이 논리적 사고력을 충분히 발휘하기 위해서는 표현 능력 습득을 위한 경험, 특히 사회적으로 용인되는 논리적 표현 능력을 경험할 기회가 필요하다. 교사는 유아의 표현력 발달 수준을 파악하고 유아와의 상호작용을 통해 유아의 의미 있는 언어 표현을 유도함으로써 논리적 표현 능력을 촉진할 수 있다. 이를 위해 교사는 상황에 따라 적절한 언어 표현을 함으로써 유아의 언어 능력을 증진할 수 있으며, 이야기나누기, 독서를 통한 이해와 표현 능력을 촉진할 수 있으며, 사회적 맥락의 언어 지식 학습을 통해 의사소통 교육을 실시할 수 있으며, 일과 안에서 교사-유아의 상호작용을 통해 논리적 표현을 촉진할 수 있다.

논리적 표현 능력 습득 경험 제공하기

- 교사: 남자 놀이, 여자 놀이라 놀려서 속상한 친구들이 있었지?
  남자 놀이 여자 놀이가 정해져 있을까? 친구들의 생각을 이야기해 보자.
- 유아1: 남자 놀이 있어요. 전쟁놀이는 남자 놀이에요.
- 교사: ○○이는 전쟁놀이를 남자 놀이라고 생각하는구나.
  그런데 왜 전쟁놀이가 남자 놀이라고 생각하니?
- 유아1: 흠 남자 친구들이 제일 좋아하고 많이 하잖아요.
- 교사: 남자 친구들이 많이 하니깐 전쟁놀이를 남자 놀이라고 생각할 수 있겠다.
  다른 이유는 없을까?
- 유아2: 싸우고, 소리지 르고, 막 팀 짜서 하는 놀이를 남자 친구들이 좋아하니깐요!
- 유아3: 아니야, 우리 여자 친구들도 가끔은 그런 놀이 좋아해.
  무조건 남자 놀이는 흠..
- 교사: 그렇다면 남자 놀이, 여자 놀이 구분 지어야만 하는 다른 이유가 있는지
  또 찾아보자....

4) 논리적 사고 훈련을 위한 지속적이고 효율적인 교육과정 제공하기

유아의 논리적 사고 촉진을 위해서는 다양한 교육프로그램의 계획·실행·평가를 통한 교육과정 운영이 일회성에 그쳐서는 안 된다. 논리적 사고 증진이라는 목표를 설정하였다면 이를 위해 점층적이고 지속적인 교육과정을 제공함으로써 유아가 이러한 교육과정을 통해 논리적 사고 훈련을 지속적으로 받을 수 있도록 해야 한다. 즉 교사는 유아에게 주어진 다양한 과제 및 활동을 논리적 사고 활동을 통해 이룰 수 있는 교육환경을 마련해주고, 수업 진행 전 개방적이고 유아의 발달 및 과업에 적절한 발문을 준비할 필요가 있다.

지속 · 효율적인 교육과정 제공하기

※ 논리적 사고 발달을 위한 교사의 발문

- 무슨 일이야? 무엇이 문제야? (문제의 핵심 파악)
- 왜 그랬을까? 이유가 무엇일까? 또 다른 이유를 찾아보자. (이유나 근거 설명)
- 이 일이 언제 일어났니? ~전에는 어떤 일이 있었니? 왜 이런 일이 생겼을까? (사건의 상호관계 파악).
- 그렇다면 어떻게 될까? (근거를 토대로 한 결론 도출)

유아는 본능적으로 주변의 새로운 것에 호기심을 가지기 때문에 유아의 논리적 사고능력을 발달시키기 위해서는 논리적으로 사고할 수 있는 환경을 조성하고, 모델링, 질문하기, 그림책 읽기 및 이야기 들려주기 등과 같은 논리적 사고의 매체를 지속적으로 제공해야 한다. 더불어 교사는 유아에게 개방적이고 허용적인 태도로 자유스러운 분위기를 만들어야 하며, 유아가 개인적인 경험을 쌓을 수 있도록 배려해야 한다.

하지만 특히 일과 안에서 질문을 던짐으로써 놀이 및 일상생활 속에서 만나게 되는 다양한 문제 상황을 논리적으로 해결하는 모습을 보여 줄 수 있어야 한다. 교사는 이러한 질문을 통해 유아의 논리적 사고를 기를 수 있는데, 유아의 논리적 사고 증진을 위한 효율적인 발문 방법은 다음과 같다(고연경외, 2012).

방법	내용
효율적으로 질문하기	• 진술만 하기보다는 질문을 통해 유아가 스스로 생각하도록 한다. • 수렴적 질문보다 확산적인 질문을 더 많이 한다. • 스스로 문제를 해결하고 그 결과를 검토할 수 있도록 격려하면서 기다린다. • 물리적 환경을 정비하여 환경 안에서 문제해결 능력을 향상할 수 있도록 한다. • 한 번에 한 가지 질문만 한다. • 유아가 자신의 대답을 명확히 할 수 있도록 배려하거나 정리해 줄 수 있다. • 유아가 추상적이거나 모호한 개념에 몰입되어 있을 때, 요점을 말하도록 한다.
민감하게 들어주기	• 모든 말을 끝까지 마치기 전에 평가하지 않는다. • 유아의 수준, 관심, 요구, 흥미에 적합한 토론 주제를 선택한다. • 눈 맞추기, 미소 짓기, 끄덕임 등으로 관심을 가지고 듣고 있다는 표현을 한다. • 자신의 의견을 표현하기 위해 준비할 수 있는 시간을 충분히 준다. • 유아가 무언가 말하려고 할 때 그 신호에 민감하게 반응한다. • 유아가 자신의 의견을 모두 전달할 수 있도록 충분히 시간을 제공한다.
질문에 대답하기	• 유아에게 자신의 질문을 되물어 스스로 답해볼 수 있도록 격려한다. • 유아가 들을 준비가 되어 있을 때 질문에 대한 답을 한다. • 유아 질문에 대답이 힘들 경우, 함께 문제를 해결할 수 있는 방법을 토의한다. • 구체적인 탐색이 필요한 경우, 실험이나 탐구활동을 적극적으로 활용한다.

[그림 2-4] 논리적 사고를 위한 효율적인 발문 방법

4. 논리적 사고 개발 방법

논리적 사고 증진을 위해서는 유아의 궁금증과 호기심에서 출발한 생각을 바르게 이끌어 주고 발전하도록 도와주어야 한다(박찬옥 외, 2017). 유아들은 일상생활과 놀이상황에서 논리적으로 생각해 볼 수 있는 다양한 경험을 하게 되는데, 이때 바람직한 논리적 사고 개발을 위해서는 정답을 던져주기보다는 생각할 수 있는 방법을 알려주거나 생각할 수 있는 경험을 할 수 있는 환경을 마련해주어야

한다.

논리적 사고를 개발하는 방법에는 여러 가지가 있으나, 유아들을 위해 가장 효율적으로 활용할 수 있는 '피라미드 구조화 방법'과 'So what 방법', 그리고 소크라테스의 '대화법'을 살펴보면 다음과 같다.

1) 피라미드 구조화 방법

피라미드 구조화 방법은 하위의 사실이나 현상에서부터 사고함으로써 상위의 주장을 만들어가는 방법으로, 사실들을 통해 주요 근거들을 얻고, 다시 근거들을 종합함으로써 최종적인 결론을 도출해 낸다(照屋華子 & 岡田恵子, 2001). 즉 [그림 2-5]에서처럼 가장 아래의 사실들에 종합하여 근거 1을 도출 혹은 증명해 내고, 같은 방식으로 근거 2와 근거 3을 도출함으로써 통해 최종적인 결론을 제시하는 것이 피라미드 구조화 방법이다.

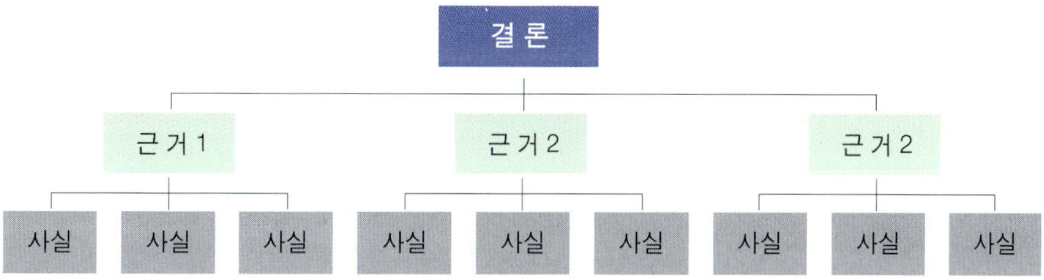

[그림 2-5] 피라미드 구조화 방법

피라미드 구조화 방법은 예를 들어 현재 우리 반 교실에서 발견할 수 있는 현상들 즉, 자유놀이 시 역할놀이 영역에의 집중, 역할놀이 영역에서의 유아들의 갈등, 역할놀이 영역에서의 놀잇감 부족에 대한 항의가 빈번하게 일어난다고 했을 때 이를 통해 "역할놀이 영역에 대한 공간 확충 및 놀잇감 보완이라는 근거 1을 도출할 수 있을 것이다. 이와 비슷한 범위 내에서 모인 근거 2와 근거 3을 모아 "흥미 영역의 재배치는 ~ 해야 한다"라는 결론을 도출할 수 있는데 이러한 메인 메시지들을 모아서 최종적으로 결론을 도출하는 방법이 피라미드 구조화 방법이다. 이러한 피라미드 구조화 방법을 활용함으로써 유아들은 주변에 있는 사람들과 논리적인 사고를 할 수 있게 된다.

2) So what 방법

"So what?" 방법은 "그래서 무엇이지?"하고 스스로에게 묻고 답을 찾는 방법으로, 주변에 있는 정보부터 의미를 찾기 시작하여 가치 있는 결론을 도출하는 방식으로 논리적 사고를 증진하는 방법이다(照屋華子 & 岡田恵子, 2001).

[상황] 쌓기놀이 영역에서 특히 유아들의 갈등상황이 빈번하게 발생한다.

[So what] 우리 반 유아들은 쌓기놀이 영역을 좋아한다.
↓
[So what] 우리 반 유아들은 쌓기놀이 영역에서 놀 수 있는 인원을 제한하고 있다.
↓
[So what] 우리 반 쌓기놀이 영역의 놀잇감이 제한되어 있다.
↓
[So what] 우리 반 흥미영역에서 쌓기놀이 영역의 공간이 차지하는 비중이 높지 않다.
↓
[So what] 쌓기놀이 영역에 대한 보완이 필요하다.
↓
[So what] 쌓기놀이 영역을 넓히고, 놀이 인원을 늘리고, 놀잇감을 보충한다.

[그림 2-6] So what 방법의 예

"So what?" 방법에서 중요한 점은 "그래서 도대체 무엇이 어떻다는 것인가?" 이므로 무엇인가 의미 있는 메시지를 도출해 낼 수 있어야 하는데, 단어만으로 표현하는 것이 아니라, 문장으로 표현함으로써 "어떻게 될 것인가?", "이것으로 무엇을 알아낼 수 있을까?"를 고민하게 함으로써 "어떻게 해야 한다"라는 의미 있는 메시지가 도출될 수 있어야 한다. 즉 무엇인가 의미 있는 메시지 즉, 위에 예에서처럼 "쌓기놀이 영역을 넓히고, 놀 수 있는 놀이 인원을 늘리고, 놀잇감을 보충한다'라는 명확한 주장을 도출할 수 있어야 한다.

3) 대화법

"너 자신을 알라!"를 철학의 출발점으로 삼은 소크라테스는 대화를 통해 다양한 의견을 가진 사람들과 의견을 나누면서 진리를 탐구하고자 하였다(홍혜경 외, 2016). 소크라테스는 문답을 주고받으면서 상대방의 주장을 논박하는 논박형과 논의를 이끌어가는 과정에서 상대방이 스스로 깨치도록 하는 산파술의 방법으로 대화하면서 진리를 깨닫도록 하였다(김희중, 2009). 소크라테스 대화법의 질문 유형은 다음의 표와 같으며, 질문을 할 때 특히 중간에 말을 끊지 않고 끝까지 들으며 상대방을 파악하고 그 수준에 맞추어 질문하고 반응하는 것을 강조하였다(하재홍, 2010).

〈표 2-2〉 소크라테스 대화법의 질문 유형

질문 유형	내 용
탐색형 질문	• 대화의 논제를 찾아가는 과정에서 상대방에게 짧게 묻는 유형의 질문 • " ~ 에 대해 알고 있는 것이 있니?"
정의 요구형 질문	• 탐색형 질문에서 논의할 만한 주제를 찾은 후 정의할 것을 요구하는 질문 • "~ 이 무엇이니?"
논박형 질문	• 대립적인 사고를 할 수 있도록 상대방의 주장의 모순을 드러내는 질문 • "바나나의 색깔이 항상 노란색이라고 할 수 있을까?
유도형 질문	• 여러 질문을 함으로써 무엇을 알아가게끔 하는 유형의 질문 • "이것과 저것을 합하면 어떻게 될까?", "어떤 결과가 나왔니?", "그렇다면 ~일까 ?"
흔들기형 질문	• 상대방의 생각을 흔들어 확신하는지 확인하는 유형의 질문 • "더 좋은 방법이 있지 않을까? 이 방법이 확실하니?"

'피라미드 구조화 방법', 'So what 방법', 그리고 '대화법'을 이외에 유아가 논리적 사고를 습관화할 수 있는 방법으로 김영실과 윤진주(2016)는 올바른 생각과 행동 보이기, 말의 뜻 이해시키기, 길게 말하는 습관 길들이기, 따질 것 따지게

하기, 생각할 시간 주기, 호기심 확장시키기, 말의 논리적 관계 평가하기, 상황에 적절한 발문하기 등을 제시하고 있다. 이는 논리적 사고를 증진시킬 수 있는 방법이 특별한 기법으로만 존재하기보다, 교사가 일상생활과 놀이상황에서 자연스럽게 유아의 논리적 사고를 증진시킬 수 있는 방법 역시 존재함을 나타내는 것이라 정리할 수 있다.

논리·논술 역량키우기 2

'풍선', '나무', '장화' 세 단어를 넣어서 짧지만 스토리가 있는 재미있는 이야기를 지어보세요!

II

창의·논리적 말하기와 글쓰기

3장

논리적 말하기

1. 논리적 말하기의 중요성
2. 논리적 말하기의 원리
3. 논리적 말하기의 방법

타인과 소통을 할 때 논리적으로 말하기는 중요하다. 자신의 의견을 정확하게 전달하기 위한 논리적 말하기 능력은 인간이 갖추어야 할 핵심 역량으로 원만한 대인관계를 형성하고 유지하는 데 큰 영향을 미칠 수 있다. 영유아 교사는 동료, 영유아, 학부모와 많은 대화를 나누면서 관계 형성, 정보 교환, 설명, 주장, 설득 등을 하게 되므로 논리적 말하기의 역량은 더욱 중요하다. 본 장에서는 원만한 대인관계 형성과 효율적인 의사소통을 위해 논리적으로 말하기가 얼마나 중요한지, 논리적으로 말하기의 방법은 무엇인지에 대해 알아보고자 한다.

우리말을 바르게 사용하세요!

[같은 단어, 다른 뜻] 단어는 같지만 발음과 뜻이 다른 말들

단어	발음	뜻	단어	발음	뜻
눈	[눈:]	하늘에서 내리는 눈	눈	[눈]	동물의 눈
밤	[밤:]	밤나무의 열매	밤	[밤]	어두운 밤
말	[말:]	사람이 생각이나 느낌을 표현하는 수단	말	[말]	동물 말
병	[병:]	아픈 현상	병	[병]	담는 병
발	[발:]	길게 늘어뜨려 무엇을 가리는 데 쓰는 물건	발	[발]	사람이나 동물의 발
사과	[사과:]	미안하다고 용서를 구하는 일	사과	[사과]	사과나무의 열매 사과
굴	[굴:]	땅이나 바위가 깊숙이 패어 들어간 곳	굴	[굴]	먹는 굴

[연습문제] 아래 밑줄 친 말의 발음을 써보세요.

1. 올 겨울에는 눈이 유난히 많이 온다. (　　　)
2. 딸기잼 병이 너무 예쁘다. (　　　)
3. 연설가는 말을 아주 유창하게 잘한다. (　　　)
4. 올해는 밤나무의 밤이 풍성하게 열렸다. (　　　)
5. 어제 싸운 친구에게 오늘은 꼭 사과를 해야지. (　　　)

정답: 1. 눈: 2. 병 3. 말: 4. 밤: 5. 사과:

1. 논리적 말하기의 중요성

말하기는 사회관계 속에서 다른 사람들과 교류할 수 있는 언어적 소통 방법이다. 말하는 사람은 상대방에게 자신의 생각이나 의도를 정확하게 전달해야 하나 표현의 오류로 인해 오해가 발생하거나 부정적인 결과를 초래하기도 한다. 따라서 논리적으로 말하기는 원활한 대인관계를 형성하고 유지하는 등의 사회생활에서 중요하다.

논리적 말하기는 논리적 사고에 기초한 말하기를 의미하며, 상대방과 상황을 고려하여 합리적인 증거를 바탕으로 자신의 의견과 주장을 표현하는 언어 능력이다(박찬옥 외, 2020). 영유아 교사의 논리적 말하기 능력의 중요성은 다음과 같다.

첫째, 영유아의 언어발달에 많은 영향을 미친다.

영유아는 모방을 통해 학습하며, 교사와의 언어적인 상호작용을 통해 언어발달이 촉진된다. 따라서 교사는 영유아의 올바른 언어발달을 위해 논리적인 말하기의 모델링이 되어야 한다.

둘째, 학부모와 소통하며 가정과 연계한다.

교사는 영유아의 성장과 발달을 지원하기 위해 학부모와 소통하고 협력해야 한다. 학부모는 영유아의 기관에서의 생활에 대해 궁금해하기 때문에 교사는 영유아의 기관 생활과 발달에 대해 안내하고 설명해야 하며 이때 논리적으로 말해야 소통이 원활하다.

셋째, 영유아의 발달을 지원하기 위해 학부모와 상담을 실시한다.

교사는 영유아의 발달을 지원하기 학부모와 정기적인 상담과 수시로 비정기적인 상담을 실시하게 된다. 이 때 영유아 발달에 관한 자료를 근거로 정확하게 발달 상황을 안내하고 소통해야 하며, 교사가 논리적으로 말함으로써 학부모는 교사에 대한 신뢰가 형성될 수 있다.

넷째, 교육과정의 운영을 위해 교직원 간의 소통과 협력이 필요하다.

2019 개정 누리과정과 제4차 표준보육과정에서는 교육과정 편성·운영 시 자율성을 강조하고 있으며, 질 높은 교육과정을 운영하기 위해서는 교사 간의 소통과 협력이 중요하다. 교육과정 운영을 위해 교직원 간 소통할 때는 자신의 생각과 의견을 논리적으로 정확하게 전달하고 협의해야 한다.

다섯째, 사회인, 직업인으로서 다양한 사람들과 관계를 맺고 소통해야 한다.

교사는 사회인, 직업인으로서 다양한 인간관계를 형성하고 소통한다. 원만한 대인관계를 형성하고 유지하기 위해서는 많은 의사소통이 필요한데 이 때 논리적인 말하기는 중요하다. 자신의 생각을 정확하고 논리적으로 상대방에게 전달하지 못할 경우 소통에 오류가 발생하고 대인관계에서 문제가 발생하게 된다.

여섯째, 문제가 발생할 경우 효과적으로 해결할 수 있다.

효과적인 의사소통은 살면서 여러 가지 문제가 발생할 때 효과적으로 해결하는 방법 중 하나이다. 논리적인 사고와 근거를 바탕으로 논리적으로 말하여 문제를 해결할 수 있다.

박찬옥 외(2020)는 논리적 말하기의 중요성을 개인적 측면과 집단 측면으로 구분하여 다음과 같이 제시하고 있다.

개인적 측면

첫째, 타인과 구별되는 자신만의 개성을 표출할 수 있다.

둘째, 창의적인 아이디어와 자신의 감정을 효과적으로 전달할 수 있다.

셋째, 타인의 요구를 고려한 말하기를 통해 친밀한 관계를 형성하고 유지할 수 있다.

넷째, 타인과의 갈등 상황에서도 원만하게 문제를 해결할 수 있다.

집단적 측면

첫째, 말하고자 하는 내용을 잘 조직하고 설명하여 타인을 이해시킬 수 있다.

둘째, 명료한 자기주장으로 자신이 원하는 목적을 달성할 수 있다.

셋째, 간결하고 명료한 보고와 설명으로 업무를 효과적으로 수행할 수 있다.

넷째, 논리적 사고에 근거한 말하기는 합리적인 문제해결에 도움이 된다.

논리적 말하기는 의사소통 능력의 발달뿐 아니라 대인관계능력, 사고력, 문제해결능력 등 여러 분야의 발달에 영향을 미친다.

논리적 말하기의 의의는 다음과 같다.

첫째, 비판적, 창의적, 통합적 사고력을 기를 수 있다.

둘째, 언어적 표현력을 기를 수 있다.

셋째, 명확한 근거를 통해 자신의 생각이나 주장을 논리적으로 펼치고 상대방을 설득하는 의사소통능력을 키울 수 있다.

넷째, 대인관계에서 신뢰감을 형성할 수 있다.

다섯째, 합리적 문제해결력과 창의적 대안 찾기 능력을 키울 수 있다.

2. 논리적 말하기의 원리

1) 말하기의 유형

말하기는 일반적으로 대화와 같은 사적인 말하기와 발표, 연설, 토론, 상담 등의 공식적인 말하기가 있다.

(1) 사적인 말하기

사적인 말하기의 대표적인 형태로는 대화가 있다. 사적인 말하기는 특정한 주제에 대해 말하기도 하나 일반적으로 관계 형성이나 정서적 교감의 목적이 많다. 따라서 논리성이 상대적으로 낮고 자신의 경험과 생각을 말하는 경향이 높다. 사적인 말하기는 감정이 많이 반영되기 때문에 자신의 생각이나 의견을 정확하게 표현하지 않을 경우 오해가 발생할 가능성이 있다. 특히 우리나라의 언어적 특성상 표현이 다양하기 때문에 정확한 표현은 중요하다.

다음은 표현과 대화의 오류 사례이다.

어느 커플이 버스에 탔다. 버스에서 여자는 계속 남자에게 애교를 부렸다. 남자는 묵묵히 듣고 있고 여자는 계속 대답을 요구하며 애교를 부렸다.
여자가 남자에게 "자기야~ 내가 내가 무슨 둥~이?"라고 묻자
남자는 "망둥이"라고 대답했다.
출처: https://jamming.tistory.com/20

(2) 공식적인 말하기

공식적인 말하기의 대표적인 형태로는 발표, 연설, 토론 등이 있다. 공식적인 말하기는 정확한 지식을 근거로 상대방을 설득하거나 정보를 전달하는 말하기이다. 따라서 논리성이 강조되고 말하기의 주제를 효과적으로 전달할 수 있는 목소리, 단어, 표현 등이 중요하다.

다음은 연설의 사례이다.

다음은 미국의 흑인운동 지도자이자 목사인 마틴 루터 킹의 유명한 연설 'I HAVE A DREAM'의 한 부분이다.

"나에게는 꿈이 있습니다. 언젠가는 조지아주 붉은 언덕 위에서 노예의 후손들과 노예 소유주의 후손들이 식탁에서 형제애를 나눌 수 있을 거라는 꿈이.
나에게는 꿈이 있습니다. 언젠가는 억압의 열기로 뜨거운 저 미시시피마저도 자유와 정의의 오아시스로 변할 거라는 꿈이.
나에게는 꿈이 있습니다. 언젠가는 나의 네 명의 아이들이 그들의 피부색이 아니라 각자의 장점으로 판단되는 그런 나라에서 살게 될 거라는 꿈이."

출처: https://post.naver.com/viewer/postView.nhn?volumeNo=31382768&vType=VERTICAL

2) 논리적 말하기의 원리

논리적인 말하기에는 순환성, 맥락성, 협동성의 3가지 원리가 있다. 구체적인 원리에 대한 설명은 다음과 같다.

(1) 순환성

말하기는 말하는 사람과 듣는 사람 간의 대화가 순환되는 과정에서 발생한다. 즉 상대방의 이야기를 듣고 그 이야기에 대한 자신의 생각이나 주장을 말하고 다시 상대방이 나의 이야기에 대한 주장을 하는 관계가 순환적으로 나타난다. 따라서 논리적 말하기를 위해서는 자신의 이야기나 주장만을 강조하기보다는 상대방의 이야기를 잘 듣는 것이 중요하다.

[그림 3-1] 말하기의 순환성

사례1

원　장: 이번 부모 참여수업은 어떤 주제로 할까요?

A 교사: 참여수업 시기가 5월이므로 가족이나 나를 주제로 하는 것이 어떨까요?

원　장: 그 주제들도 시기에 적절할 것 같군요. 혹시 또 다른 주제 제안이 있나요?

B 교사: 그 시기에 아이들이 외부 활동을 많이 하고 특히 동물원이나 소풍, 캠핑을 많이 가는 것 같습니다. 따라서 동물, 소풍, 캠핑 이런 주제로 하는 것은 어떨까요?

원　장: B 선생님의 의견도 좋네요. 또 다른 의견 있나요? 다른 선생님들의 의견이 없으면 두 선생님의 의견 중 어떤 의견으로 하면 좋을지 결정합시다.

위 사례에서 회의 시간에 원장은 자신의 의견을 제시하거나 강요하기보다는 교사들의 의견을 경청하고 수용하는 태도를 보였다. 순환성의 원리를 토대로 이런 원장의 태도는 교사들이 자신의 의견을 논리적으로 말하기를 도울 수 있으며, 회의가 효과적으로 진행될 수 있도록 돕는다.

영유아교사는 영유아가 자신의 이야기를 잘 전달하지 못하더라도 경청하고 상호작용하는 것이 중요하며, 영유아의 비논리적인 문장을 논리적으로 정확하게 재반응해 주어야 한다.

사례2

영유아: 간식, 먹어요? 몇 개?

교　사: 간식이 먹고 싶니? 몇 개 먹어야 하는지 궁금하구나!

영유아: 몇 개?

교　사: 오늘의 간식은 사과인데 두 쪽이야.

위 사례에서 영유아는 언어발달의 미성숙으로 인해 간식을 먹고 싶고 몇 개 먹어야 하는지에 대한 궁금함을 정확하게 말하지 못하나 교사는 영유아의 생각을 이해하고 오늘의 간식에 대해 설명해 주며 대화를 이어갔다. 이와 같이 영유아가 의사 표현을 정확하게 하지 못해도 교사는 영유아의 마음과 생각을 이해하고 대화가 지속될 수 있도록 노력해야 한다.

(2) 맥락성

논리적으로 말하기 위해서는 말하는 상황이나 맥락을 정확하게 파악해야 한다. 상황이나 맥락에 부적절한 말하기를 할 경우 대화는 더 이상 이어질 수 없다. 또한 경우에 따라 상황이나 맥락이 표면적으로 분명하게 드러나지 않는 경우가 있으므로 이럴 경우 상대방의 이야기를 정확하게 분석하여 숨어있는 의도나 맥락을 이해하고 함축적인 의미를 파악해야 한다.

사례1

교수: 자 수업을 시작해 볼까요?

학생: 화장실 다녀와도 될까요?

교수: 앞 시간이 늦게 끝나서 화장실을 못 다녀왔군요.
다녀오세요.

학생: 감사합니다.

위의 사례에서 교수는 학생이 수업 시간이 시작한 후에 화장실 가는 것에 대해 꾸중하지 않고 앞 수업 시간 때문에 쉬는 시간이 짧았다는 상황을 이해하는 태도를 보였다.

영유아교사는 영유아의 언어발달 미숙으로 인해 의사 전달이 완벽하지 않으므로 영유아가 말하고자 하는 의미를 정확하게 파악하고 반응해야 한다.

사례2

유아: 선생님, 점심 언제 먹어요?

교사: 응 놀이시간이 끝나면 먹을 거야. ㅇㅇ이가 배가 고픈가 보구나.

유아: 네

위의 사례에서 유아는 점심시간을 물어봤으나 교사는 유아의 말을 통해 배가 고프다는 상황까지 이해하고 응답을 했다.

(3) 협동성

말하기는 말하는 사람과 듣는 사람이 공동의 목표를 위해 서로 의견을 나누는 과정에서 나타나는 것이다. 따라서 갈등이 아닌 협력과 합의가 이루어질 수 있도록 대화의 목표에 적합한 내용을 이야기해야 한다. 이를 위해서는 대화를 하는 주체들이 적극적으로 대화에 참여해야 하며, 상대방의 의도를 정확하게 파악하고 목적에 적합하도록 말하기를 해야 한다.

사례1

학부모: 선생님, 우리 진주가 친구들과 잘 지내나요? 집에 와서 친구 이야기를 잘 하지 않아서요.

교 사: 네, 그렇군요. 유치원에서는 친구들과 적극적으로 놀이하지는 않지만 싸우거나 그러진 않아요.

학부모: 네. 어떻게 하면 진주가 친구들과 잘 어울릴 수 있을까요?

교 사: 친구들과 어울리는 경험이 많아지면 좋을 것 같아요. 가정에서도 친구들과 자연스럽게 어울릴 수 있는 기회를 만들어주시면 어떨까요?

학부모: 그것도 좋겠군요.. 유치원 끝나고 동네 친구들과 어울릴 수 있도록 해볼게요.

위의 사례에서 교사는 학부모와 상담을 하며 영유아의 사회성 발달을 위해 학부모에게 교사의 의견을 강압적으로 강요하지 않았으며, 학부모도 교사가 제시한 방법에 대해 적극적으로 수용하며 협력하는 태도를 보였다. 영유아 발달 지원을 위해 부모와 상담을 실시할 때 상대에 대해 불신을 하거나 적대감을 갖거나 소극적인 태도로 대화를 하게 되면 소통이 원활하게 이루어질 수 없다.

영유아교사는 영유아의 발달을 지원해야 하므로 영유아가 요청하거나 또는 요청하지 않아도 지원이 필요하다고 판단되면 협력해야 한다.

사례2

유아: 선생님 비행기를 만들고 싶어요.

교사: 그래. 선생님이 도와줄까?

유아: 네

교사: 그래. 같이 만들어 보자. 어떤 비행기를 만들고 싶어?

위의 사례에서 교사는 영유아가 비행기를 만들고 싶은데 도움이 필요함을 이해하고 도와주겠다고 말한다.

쉬어가기

'꿀 먹은 벙어리'의 유래

- **단어의 의미**: 속에 있는 생각을 나타내지 못하는 사람
- **유래**: 옛날 한 벙어리가 꿀을 너무 많이 먹어 배탈이 났다. 아내가 왜 그러냐고 묻자 벙어리는 계속 꿀단지만 손으로 가리켰다. 그래서 아내는 꿀이 먹고 싶어서 그런 줄 알고 꿀물을 탔다. 꿀을 많이 먹어 배탈이 났는데 또 꿀을 먹으라고 하니 벙어리는 애가 탔다. 이리하여 '꿀 먹은 벙어리'라는 말이 생겨났다.

출처: https://cafe.daum.net/httpcafedaumnetwang/jLps/5647?q=%EA%B3%A8%ED%83%95%EC%9D%98%20%EC%9C%A0%EB%9E%98&re=1

3. 논리적 말하기의 방법

논리적으로 말하기를 잘하기 위해서는 체계적인 연습이 필요하다. 논리적 말하기의 단계와 방법, 유의 사항은 다음과 같다.

1) 논리적 말하기의 단계

논리적으로 말하기 위해서는 다음의 [그림 3-2]와 같이 계획, 말하기, 평가의 단계를 거치며 말하기를 해야 한다.

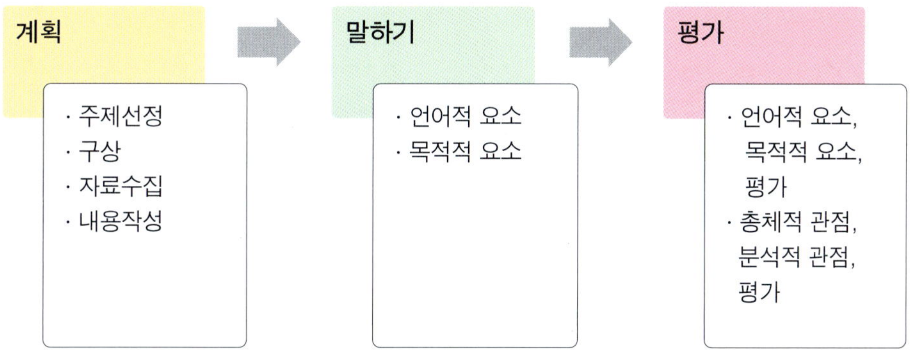

[그림 3-2] 논리적 말하기 단계

(1) 계획

계획단계에서 해야 할 일은 말하기의 주제를 선정하고 어떤 흐름으로 말할 것인지를 구상한 후 관련 자료를 수집하는 것이다.

① 주제 선정

논리적 말하기에서 가장 먼저 해야 할 것은 주제를 선정하는 것이다. 주제에 따라 말하기의 방법이 달라질 수 있다. 즉 주제가 토론이 필요한 것인지, 설명이 필요한 것인지, 단순한 대화가 필요한 것인지에 따라 근거를 제시하여 자신의 생각을 주장할 것인지, 사실에 근거하여 자세하게 설명할 것인지, 가볍게 서로 이야기를 주고 받을 것인지가 달라질 수 있다.

말하기의 주제를 선정할 때 고려해야 할 점은 다음과 같다(Osborn & Osborn, 2006; 박찬옥 외, 2020 재인용).

첫째, 말하기의 목적은 무엇인가?

둘째, 흥미로운 주제인가?

셋째, 말하기의 주제에 대해 충분히 알고 있는가?

넷째, 나의 지식과 경험을 상대방과 공유할 수 있는가?

다섯째, 주제를 효과적으로 전달할 수 있는가?

여섯째, 정해진 시간 내에 전달할 수 있는 주제인가?

② 구상

말하기의 주제를 선정한 후에는 어떤 흐름으로 말할 것인지를 구상해야 한다. 논리적 말하기의 형식에는 두괄식, 미괄식, 쌍괄식이 있다.

■ 두괄식

두괄식은 자신이 강조하고 싶은 내용을 말하기의 처음에 하고 이후 그에 대한 근거나 사실을 말하는 방법이다. 두괄식은 처음에 주장을 제시하기 때문에 듣는 사람의 입장에서 말하기의 주제를 명확하게 이해하고 이야기를 들을 수 있다.

예 요즘 학부모들은 자신의 자녀만을 특별하게 대하길 원해요. 요즘은 자녀가 1명인 경우가 대다수이며 귀하게 자라다 보니 유치원에서도 특별대우 받기를 요구하는 엄마들이 많아요.

■ 미괄식

미괄식은 먼저 근거나 사실을 이야기하고 마지막에 자신의 주장을 결론적으로 이야기하는 것이다. 미괄식은 천천히 이야기를 풀어나가기 때문에 자연스럽고 쉽게 이야기를 전개해 나갈 수 있다.

예 학부모 오리엔테이션이 끝나고 엄마들은 반 배정 기준에 대해 물어보기도 하고, 어떤 친구와 같은 반이 되었는지, 다른 반이 되었는지 궁금해하며 질문들을 많이 해요. 엄마들은 자녀의 친구 관계에 대해 관심이 많은 것 같아요.

■ 쌍괄식

쌍괄식은 말하기의 처음과 마지막에 자신이 강조하고자 하는 이야기를 반복하고 중간에 관련 근거나 사실을 이야기하는 것이다. 쌍괄식은 처음과 마지막에 주장을 반복함으로써 말하기의 주제에 대해 강조하기가 쉽다.

예 자녀를 처음 유치원에 보내는 엄마들은 모든 것이 낯설고 긴장하는 모습을 보여요. 궁금한 것이 많고 세세한 것까지 질문을 해요. 막연하게 '우리 아이 오늘 잘 지내나요?', '오늘 밥은 잘 먹었나요?', '무슨 반찬이 나왔나요?', '화장실은 몇 번 갔나요?', '우리 아이가 오늘 누구와 놀았나요?' 등 질문이 많아요. 아이와 똑같이 엄마도 유치원에 처음 입학한 것처럼 긴장을 해요.

③ 자료수집

말하기의 주제에 적합한 자료를 수집하여 자신의 주장이나 의견에 근거로 사용한다. 자료 수집 방법은 인터넷, 도서, 인터뷰 등 다양한 방법이 있으며 최근에는 챗 GPT도 많이 활용하고 있다. 다만 일부 인터넷 자료 중에는 부정확한 내용들이 있을 수 있으므로 많은 정보들 중 적절하고 정확한 자료를 수집하는 것이 중요하다.

④ 내용 작성

서론, 본론, 결론으로 말하기 내용을 작성한다. 말할 내용의 핵심 단어를 기록하고 구체적인 내용을 작성하면 논리적으로 말하기가 수월하다.

(2) 말하기

논리적 말하기를 위해서는 언어적 요소와 목적적 요소를 고려해야 한다.

① 언어적 요소

언어적 요소는 음성, 발음, 단어, 문장, 신체 동작을 의미하며, 다시 음성, 발음, 단어, 문장, 담화 등 청각과 관련된 직접적 요소와 얼굴 표정과 몸짓 등 신체와 관련된 간접적 요소로 나뉜다. 논리적으로 자신의 생각이나 의견을 잘 말하려면 직접적인 요소와 간접적인 요소를 적절하게 사용해야 한다.

② 목적적 요소

목적적 요소는 자신의 의견을 주장, 설득, 설명하는 목적을 의미한다. 먼저 주장과 설득은 말하는 사람이 자신의 생각을 청자에게 전달하여 설득하는 것으로 근거나 정보를 명확하고 논리적으로 제시해야 한다. 설명은 어떤 일이나 주장에 대해 정확한 전달하는 것으로 청자의 특성에 적합한 주제와 내용을 선정하고 전달해야 하며, 청자가 잘 이해할 수 있도록 말해야 한다. 또한 마지막에 중요 내용을 다시 한번 말하는 것이 효과적이다.

(3) 평가

말하기의 목적이 잘 달성되었는지를 평가하기 위해서는 [그림 3-2]와 같이 요소에 따른 평가와 관점에 따른 평가를 실시할 수 있으며, 요소에 따른 평가는 다시 언어적 요소와 목적적 요소를 평가해야 하며, 관점에 따른 평가는 총체적 관점과 분석적 관점에 따라 평가해야 한다(박찬옥 외, 2020).

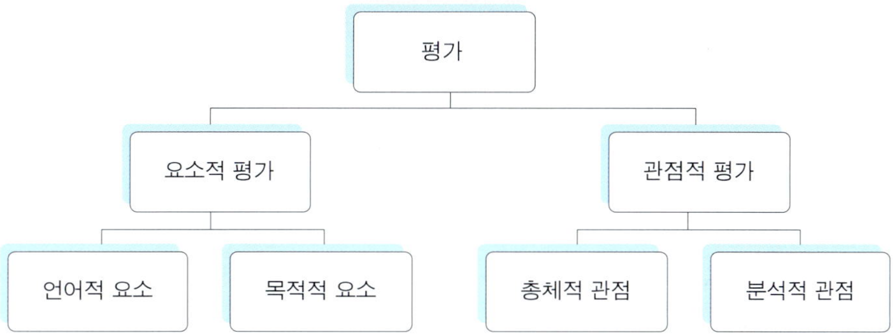

[그림 3-3] 말하기의 평가 유형

① 요소에 따른 평가

■ 언어적 요소

언어적 요소의 평가는 정확한 발음과 음성, 적절한 어휘나 문장, 표정과 몸짓 등이 적절한지를 평가하는 것으로 언어 능력 중심의 평가이다.

■ 목적적 요소

목적적 요소의 평가는 말하기의 목적에 대한 평가로 설명, 주장과 설득이 적절하게 이루어졌는지를 평가하는 것으로 말하는 상황이나 맥락 등을 고려해야 하는 의사소통 능력 중심의 평가이다.

② 관점에 따른 평가

논리적 말하기를 평가할 때는 총체적 관점과 분석적 관점 모두를 고려하여 평가하여야 한다.

■ 총체적 관점

총체적 평가는 말하기의 분위기, 말하는 사람의 태도, 의사소통을 위한 노력 등 전반적인 평가를 의미한다. 총체적 평가의 내용은 다음과 같다(박천옥 외, 2020).

첫째, 말의 전반적인 흐름이 연결되는가?
둘째, 시청각 등의 자료를 적절하게 사용하는가?
셋째, 열정적으로 말하는가?
넷째, 적절한 몸짓을 사용하는가?
다섯째, 청중을 응시하면서 말하는가?
여섯째, 공간을 적절히 이동하면서 말하는가?
일곱째, 청자의 반응을 관찰하면서 말하는가?
여덟째, 청자와 공감하면서 말하는가?

■ 분석적 관점

분석적 평가는 내용의 전달성, 말의 논리적 전개성, 표현과 음성의 명료성, 전문적 내용의 적절성 등을 평가하는 것을 의미한다. 분석적 평가의 내용은 다음과 같다(박찬옥, 2020).

첫째, 목적에 적합한 내용을 전달하였는가?
둘째, 말이 논리적으로 전개되었는가?
셋째, 내용의 연결이 자연스러웠는가?
넷째, 말의 내용이 일관성이 있는가?
다섯째, 적절한 단어와 표현을 사용하는가?
여섯째, 발음이 정확하고 명료한가?
일곱째, 전문적 내용을 전달하였는가?

tip 논리적 말하기의 유의 사항

첫째, 상대방의 이야기를 경청해야 한다.
둘째, 상대방을 비난하지 말고 '나-전달하기' 방법으로 말한다.
셋째, 간결하게 말한다.
넷째, 빠뜨린 내용이 없도록 한다.
다섯째, 자신감 있게 말한다.
여섯째, 적절하게 비언어적 표현을 사용한다.

논리적 말하기의 단계별 체크리스트

논리적 말하기를 잘하기 위해서는 지속적인 노력이 필요하다. 단계별로 다음과 같이 체크를 하므로써 스스로 자신이 논리적으로 말하기를 잘하고 있는지를 점검해볼 수 있다.

〈표 3-1〉 말하기 단계별 체크리스트

단계	문항	예	아니오
계획	말하기의 목적을 분명히 알고 있는가?		
	청자의 특성을 명확히 이해하고 있는가?		
	말하기의 주제가 적절한가?		
	말하기의 구상은 적절한가?		
	자료는 충분히 수집하였는가?		
	수집한 자료는 주제에 적절한가?		
말하기	관련 자료를 근거로 주장하였는가?		
	말하기의 흐름은 적절한가?		
	논리적으로 전개하였는가?		
	주제에 적절하게 말하였는가?		
	말하기의 목적이 잘 드러나는가?		
	주장하는 내용이 잘 드러나는가?		
	마무리가 잘 되었는가?		
평가	목소리가 적절한가?		
	발음이 정확한가?		
	표정이나 몸짓이 적절한가?		
	맞춤법, 어휘, 표현이 적절한가?		
	청자와 공감하면서 말하였는가?		
	말하기의 목적을 달성하였는가?		

2) 논리적 말하기 기법

논리적으로 말하기 위한 방법 중 PREP 기법이 있다(고연경 외, 2018). PREP 기법은 요점(Point), 이유(Reason), 사례 및 근거(Example), 결론 및 요약(Point)의 과정을 걸치는 말하기 기법이다.

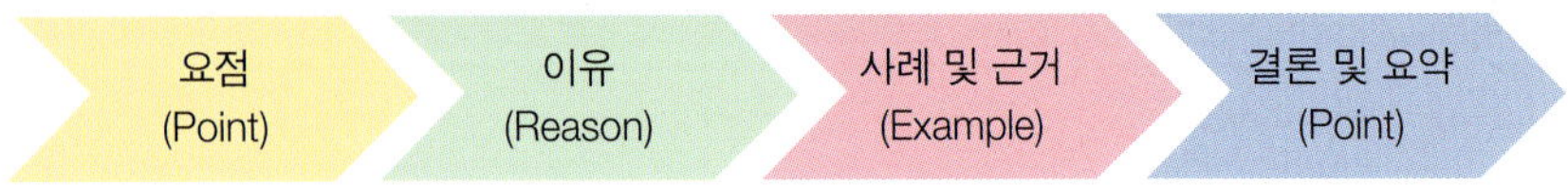

[그림 3-4] PREP 기법

(1) 1단계: 요점(Point)

이 단계에서는 말하고자 하는 주제나 내용에 대한 요점을 찾고, 결정하고, 말할 시기를 판단한다. 말하고자 하는 내용의 요점을 이야기하는 습관의 형성이 필요하다.

> 예 영유아의 생애 초기 안정적 애착 형성은 중요하다.

(2) 2단계: 이유(Reason)

이 단계에서는 말하기의 주제나 내용에 대한 이유를 찾아내고 설명한다. 효과적인 이유를 찾는 것이 중요하며 포괄적인 이유를 제시한다.

> 예 왜냐하면 아이가 생애 초기 안정적인 애착 형성을 하는 경우, 타인에 대한 두려움이 적고 심리적 안정감을 형성하므로 이후 사회적 능력 향상에도 긍정적인 영향을 주기 때문이다.

(3) 3단계: 사례 및 근거(Example)

이 단계에서는 이유를 뒷받침할 구체적인 사례를 제시한다. 객관적인 데이터,

수치, 사실 등을 제시하는 것이 좋다.

예 일찍이 안정적 애착 형성의 중요성은 할로우의 아기 원숭이 실험에서 입증이 되었다. 이 실험에서 상호작용을 해 주는 어미 곁에서 자란 아기 원숭이들이 신체적 건강은 물론 집단생활에도 잘 적응하는 모습을 보인 반면 어미와 떨어져 철사로 만들어진 가짜 어미 인형 옆에서 먹이를 먹고 자란 원숭이들이 집단생활에 심각한 부적응을 보였다. 이 외에도 애착과 관련한 연구들은 생애 초기 안정적 애착을 형성한 영유아들의 사회적 능력 향상을 보여 주고 있다.

(4) 4단계: 결론 및 요약(Point)

이 단계에서는 마지막 단계로 확실한 전달과 설득을 위해 말하고자 하는 주제나 내용의 핵심을 강조한다. 1단계의 요점과 공통된 내용을 반복하고 전달함으로써 기억을 촉진하고 청자의 이해를 강화할 수 있다.

예 다시 말하여 영유아 생애 초기 주 양육자와 형성하는 애착이 안정적일수록 타인과의 관계 형성이 용이하고 이는 사회적 능력 향상에 긍정적 영향을 미칠 가능성이 크다고 할 수 있다.

논리·논술 역량키우기 3

다음의 주제 중 하나를 선택하여 1분 스피치를 해보세요.

☐ 내 친구 소개

☐ 대학 생활에 대한 나의 로망

☐ 팀 과제의 장단점

☐ 일주일 만에 몸무게를 5kg 빼는 방법

논리·논술 역량키우기 4

다음의 상황 중 하나를 선택하여 그 조건을 읽고 제시된 단어나 사물을 표현해보세요.

1. '파란'이라는 단어를 사용하지 말고 '파란색'을 설명해 보세요.
2. '하늘'을 보지 말고 '하늘'의 풍경을 설명해 보세요.
3. '왼쪽'을 보지 말고 '왼쪽'에 실제로 또는 상상하여 무엇이 있는지 설명해 보세요.

4장

창의·논리적 글쓰기

1. 창의·논리적 글쓰기의 중요성
2. 창의·논리적 글쓰기의 원리
3. 창의적 글쓰기의 방법
4. 논리적 글쓰기의 방법

글쓰기는 자기표현과 의사소통을 위해 필요하며, 창의 · 논리적인 글쓰기는 효과적인 소통의 수단이 될 수 있다. 영유아 교사는 영유아의 발달 지원을 위해 놀이 기록, 발달 기록, 교육계획안을 작성하기 위해 창의 · 논리적인 글쓰기의 역량이 필요하다. 본 장에서는 창의 · 논리적인 글쓰기의 중요성, 창의 · 논리적 글쓰기의 원리와 일상생활에서 틀리기 쉬운 여러 가지 문법, 창의 · 논리적 글쓰기를 위한 실제적인 방법에 대해 소개하고자 한다.

우리말을 바르게 사용하세요!

[틀리기 쉬운 우리말: 로서 / 로써,　므로 / ㅁ으로]

☞ '로서'는 지위, 신분, 자격을 나타내는 조사이며, '로써'는 일, 수단, 도구를 나타내는 조사로 사용됨

☞ '~므로'는 '~하기 때문에'라는 이유를 나타내는 표현이며, '~ㅁ으로'는 '~하는 것으로써'의 수단, 방법을 나타내는 표현으로 사용됨

[연습문제] 아래 밑줄 친 내용이 맞게 쓰여졌으면 O, 틀리면 X 하시오.

1. 유아교사로서 영유아를 사랑하는 마음은 가장 중요하다. (　　)
2. 팬으로써 좋아하는 아티스트의 앨범은 꼭 사야지. (　　)
3. 친구의 생일을 축하함으로 선물을 준비했다. (　　)

정답: 1. O, 2. X, 3. X

1. 창의 · 논리적 글쓰기의 중요성

우리는 다른 사람과 소통을 하기 위해서 언어를 사용한다. 언어적 표현에는 글과 말이 있는데 말은 직접 상대와 소통하기 때문에 내용과 의미 전달이 용이하다. 그러나 글은 표현에 따라 내용과 의미를 전달할 때 오류가 날 수 있다. 따라서 글을 쓸 때는 자신이 전달하고자 하는 내용을 정확하고 상대방이 쉽게 이해할 수 있도록 해야 하며, 이를 위해서는 논리적으로 글을 써야 한다.

한편, 논리적 글쓰기를 할 때도 자신만의 개성이 있어야 한다. 수집한 자료를 어떻게 구성하고 문장으로 표현하느냐는 각자 개인적 특성이 반영되며 이로 인해 창의적이고 논리적인 글쓰기가 될 수 있다.

유아교육의 대상인 영유아는 언어적 발달이 미숙하여 기관에서 있었던 경험과 상황을 부모에게 정확하게 전달하기 어렵기 때문에 영유아교사는 영유아를 대신하여 기관에서 있었던 일들에 대해 글로 부모에게 전달하거나 영유아의 발달 상황에 대한 보고서, 가정통신문, 교육계획안, 영유아 및 교육과정 등의 평가, 놀이기록, 가정통신문, 교육일지 등 다양한 문서를 작성한다. 따라서 영유아교사에게 창의·논리적으로 글쓰기는 매우 중요하다.

논리란 '말이나 글에서 사고나 추리 따위를 이치에 맞게 이끌어가는 과정이나 원리'를 의미하며(손평효, 2015), 논리적 글쓰기는 '주제에 대해 명확한 개념과 적합한 근거를 바탕으로 자신의 주장을 논리적이고 체계적인 글로 풀어쓰는 것'을 의미한다(박찬옥 외, 2020).

박찬옥 외(2020)는 논리적 글쓰기의 교육적 가치를 다음과 같이 제시하고 있다.

첫째, 비판적, 창의적, 통합적 사고력을 기를 수 있다.
둘째, 계획, 준비를 통해 정보에 대한 비판적 분석력을 기를 수 있다.
셋째, 글쓰기 과정에서 새로운 분야에 대한 호기심과 탐구력을 키울 수 있다.
넷째, 명확한 근거를 통해 자신의 생각이나 주장을 논리적으로 펼치고 상대방을 설득하는 의사소통 능력을 키울 수 있다.
다섯째, 다양한 전문적 자료를 적절히 인용하는 능력을 키울 수 있다.
여섯째, 합리적 문제해결력과 창의적 대안 찾기 능력을 키울 수 있다.

2. 창의·논리적 글쓰기의 원리

창의·논리적으로 글을 쓰기 위해서는 글의 기본인 문장의 원리와 성분에 대해 알아야 한다.

1) 문장의 원리

문장은 생각이나 감정을 말과 글로 표현할 때 완결된 내용을 나타내는 최소의 단위로 낱말들을 문법에 맞게 배열하여 생각이나 사고를 표현하는 말의 단위이다. 문장의 원리에는 정확성, 경제성, 다양성, 강조성, 동어 반복의 회피 5가지가 있다(김봉군, 1999).

(1) 정확성

문장은 문법에 맞게 정확해야 한다. 정확한 문장을 쓰려면 주어, 조사, 어미, 시제, 서술어 등이 자연스럽게 호응이 되어야 한다. 특히 기본적으로 주어와 서술어의 호응과 부사의 사용에 주의해야 한다.

- 유아들이 즐겁게 노래를 부르며 놀이하고 있다.
- 유아들께서 바야흐로 노래를 부르며 놀이를 할 예정이다.

(나)는 비문으로 주어와 조사가 부적절하고 '부르며'는 현재형인데 '예정이다'는 서술어는 미래형이라서 시제가 부적절하다.

(2) 경제성

문장은 필요한 만큼만 낱말을 사용해야 한다. 유사한 낱말을 반복하거나 대등 동의어, 활용성 없는 낱말, 우회적 표현, 중의적 표현 등의 사용을 자제해야 한다.

- 회의는 정해진 시간에 틀림없이 맞춰서 시작되어야 한다.
  → 회의는 정해진 시간에 맞춰서 시작되어야 한다.
- 나는 쇼핑하는 것을 좋아하는데, 옷 사는 것과 구두 사는 것을 좋아한다.
  → 나는 쇼핑하는 것을 좋아한다. 또는 나는 옷과 구두 사는 것을 좋아한다.

(3) 다양성

문장은 뜻이 같거나 유사해도 다양한 낱말을 사용하여 문장을 다르게 표현할 수 있다.

- 우리 반 유아들은 흥이 많아서 노래와 율동을 좋아한다.
  → 우리 반 유아들이 노래와 율동을 좋아하는 걸 보니 흥이 많은 것 같다.
  → 우리 반 유아들은 흥이 많아서 노래와 율동을 즐긴다.

(4) 강조성

문장은 낱말, 구, 문장 순서 변경, 강조 낱말 반복 등을 통해 내용을 강조할 수 있다.

- 지영이는 만 3세인데 말을 잘한다.
  → 지영이는 만 3세인데 언어발달이 매우 빨라서 말을 아주 잘한다.

(5) 동어 반복의 회피

문장은 강조하거나 꼭 반복할 경우를 제외하고는 같은 낱말, 구, 어미, 조사 등을 반복하지 않아야 한다.

- 민정이는 그림 그리기를 좋아하고, 점토 놀이를 좋아하고, 게임을 좋아한다.
  → 민정이는 그림 그리기, 점토 놀이, 게임을 좋아한다.

2) 문장성분

문장성분이란 한 문장을 구성하는 기능적 단위로 주성분인 주어, 서술어, 목적어, 보어, 부속성분인 관형어, 부사어, 독립어 등을 말한다(네이버 사전).

(1) 문장의 주성분

문장의 주성분은 문장을 구성하는 기본 요소로 주어, 서술어, 목적어, 보어가 있으며, 빠지게 되면 불완전한 문장이 된다.

① 주어

주어는 문장의 주체로 서술어가 나타내는 동작이나 상태의 주체가 되는 말이다. 주어는 다음과 같은 보편적인 특징이 있다(신원애 외, 2022).

• 주어가 존대가 되는 대상일 경우 서술어에 '-(으)시'가 첨가된다.

예 할아버지께서 말씀하신다.

• 같은 문장에서 주어가 반복될 경우 뒤에는 '자기'로 표현한다.

예 혜숙이는 자기가 예쁘다고 생각한다.

• 정상적으로 주어는 도치와 같은 특별한 경우를 제외하고는 문장의 첫머리에 놓는 것이 원칙이나 정상적인 위치에서 벗어나는 경우가 종종 있다.

예 나는 아직 기다리고 있어, 내 짝을.

• 한 문장에서 주어가 2개 이상인 것으로 보이는 경우가 있다.

예 한국은 유치원들이 실외 놀이터가 좁다.

이 문장에서 주어가 한국, 유치원들, 실외 놀이터 3개로 보이지만 서술절 속에 서술절이 또 들어있는 문장이다.

• 주어는 문장의 주성분이지만 상황이나 문맥에서 주어가 생략되어도 주어를 알 수 있는 경우에는 생략될 수 있다. 예를 들면, 속담이나 관용어구, 명령문, '즐겁다', '슬프다' 등의 감정을 나타내는 형용사의 경우 주어가 생략될 수 있다.

예 "지금 바로 손을 씻도록 해!"
"지금 너무 행복해"

② 서술어

서술어는 문장에서 주어의 움직임, 상태, 성질 따위를 설명하는 말이다. 서술어는 문장의 필수 성분이므로 생략하면 안 되지만 같은 서술어가 반복되거나 앞의 문맥에 의해 서술어를 예측할 수 있을 경우에는 생략될 수 있다.

• 동현이는 공룡을 좋아하고 민규는 로봇을 좋아한다.
→ 동현이는 공룡을, 민규는 로봇을 좋아한다.

③ 목적어

목적어는 타동사가 쓰인 문장에서 동작의 대상이 되는 말이다.

• 나는 곰인형을 좋아한다.

④ 보어

보어는 주어와 서술어만으로는 뜻이 완전하지 못한 문장에서, 그 불완전을 보충하는 말로, 보충어, 보족어, 기움말 등으로 불리기도 한다. 서술어가 '되다', '아니다' 일 경우 필수 성분으로 조사 '이', '가'를 붙여서 사용한다.

• 선영이가 우리 반 대표가 되었다.

(2) 문장의 부속 성분

문장의 주성분을 수식하는 요소로 관형어, 부사어, 독립성분이 있다.

① 관형어

관형어는 체언 앞에서 체언의 뜻을 꾸며 주는 말로 단독으로 사용할 수 없다. 관형사, 체언, 체언에 관형격 조사 '의'가 붙은 말, 동사와 형용사의 관형사형, 동사와 형용사의 명사형에 관형격 조사 '의'가 붙은 말 등이다.

• 친구의 놀잇감을 빼앗았다.
• 비가 온다는 날씨 예보가 있었다.
• 거기 있는 컵 좀 줄래?
• 이 옷은 새 옷이야.

② 부사어

부사어는 용언, 관형어, 다른 부사어 또는 문장 전체를 수식하는 말로 부사와 부사의 구실을 하는 단어·어절·관용어, 그리고 체언에 부사격 조사가 붙은 말, 형용사가 어미 '-게' 따위로 활용한 말, 부사성 의존 명사구 등이 있다.

- 유아들이 바깥 놀이터에 나간다.
- 나랑 같이 놀자.
- 진짜 그 말이 사실일까?

③ 독립성분

독립성분은 감탄사, 체언에 호격조사 붙이기, 접속 부사와 같이 문장의 주성분이나 부속 성분과 직접적인 관련 없이 독립적으로 쓰이는 말이다.

- 어머나, 몰라볼 정도로 예뻐졌네!
- 철수야, 파란 하늘 좀 봐.
- 지금은 이야기 나누기 시간이야. 그래서 집중을 해야 해.

쉬어가기

건달의 유래

- **단어의 의미**: 하는 일 없이 빈둥빈둥 놀거나 게으름을 부리는 짓. 또는 그런 사람.
- **유래**: 불교 용어인 '건달바'에서 나온 말이다. 음악의 신인 '건달바'는 술과 고기를 먹지 않고 향기만 맡으며 허공을 날아다녔다. 인도에서는 음악을 전문적으로 하는 배우나 악사를 '건달바'라고 부른다. 옛날 우리나라에서는 배우나 광대를 천시하여 '건달바'라는 말이 놀면서 빈둥거리는 사람을 가리키는 말로 변했다. 이 건달바가 줄어서 건달이라는 말이 된 것이다.

출처: https://cafe.daum.net/httpcafedaumnetwang/jLps/5647?q=%EA%B3%A8%ED%83%95%EC%9D%98%20%EC%9C%A0%EB%9E%98&re=1

3. 창의적 글쓰기의 방법

창의성은 미래인재의 기본 역량 중 하나로 최근 대학에서도 창의적인 역량을 강화하기 위해서 교양 교과로 창의적인 글쓰기에 관한 교과목을 개설하여 운영하고 있다. 감상문, 자기소개서 등의 개인적인 글과 가정통신문, 안내문 등의 공식적인 글을 작성할 때 다른 사람들과 똑같은 내용을 작성하기보다는 자신만의 개성이 드러날 수 있도록 창의적으로 작성하는 것이 좋다. 창의적 글쓰기란 독창적으로 구성되는 모든 글쓰기를 말하며(김민희, 2020), 글에 담긴 내용이 창의적이어야 하며, 창의적 사고의 결과이다(황성근, 2017).

1) 창의적 글쓰기를 위한 사고 전환 방법

창의적 글쓰기를 위해서는 먼저 창의적 사고를 해야 하며 기존의 사고 체제를 바꾸고 고정관념과 편견에서 벗어나야 한다.

이진우(2007)는 창의적 글쓰기의 전 단계로 '관점 바꾸기'와 '다르게 생각하기'를 제시하였다. '관점 바꾸기'와 '다르게 생각하기'는 비판적 사고에서 비롯되며 자신만의 논리를 세우기 위한 사고의 과정이다.

관점 바꾸기

주변의 모든 지각대상에 대해 새로운 물음과 새로운 인식을 하는 것

다르게 생각하기

남과 다른 생각하기 위해서는 대상에 대한 치밀한 분석과 대응 전략이 필요하는 것

한편, 강민경(2012)은 창의적 글쓰기를 위해서는 '고정관념 깨기'가 가장 기초적인 단계라고 설명하였다. 그리고 고정관념을 깨뜨리기 위해서 '반대 방향으로 바라보기', '입장 바꿔 생각하기', '기존 지식과 상식을 비판적으로 사고하기', '이분법적 사고에서 벗어나기', '관습적 생각 뒤집기', '새롭게 정의하기', '사전적 의미 반대로 생각하기'를 제시하였다.

2) 창의적 글쓰기 방법

창의적 글쓰기의 방법은 자유연상을 활용하는 방법, 토론극을 활용한 방법, 문학, 예술, 미디어 등을 활용한 방법 등 다양하다.

(1) 자유연상을 활용한 창의적 글쓰기

이세경(2009)은 자유연상을 활용한 창의적 글쓰기 방법을 제시하였다. 자유연상을 활용한 글쓰기는 자유롭게 상상하고 연상되는 것을 글로 쓰는 것이다. 구체적으로 어휘 나열하기, 감정을 은유나 묘사로 표현하기, 문장 만들기를 하는 방법이다.

• 어휘 나열하기

머릿속에 떠오르는 단어들을 나열하는 것으로 많은 단어를 생각하도록 하며, 단어의 뜻이나 의미와 연관된 것만이 아닌 이미지, 소리, 영상 등 다양한 감각과 연관된 단어를 연상하도록 한다.

• 감정을 은유나 묘사로 표현하기

자신이 느끼는 감정을 감각적인 은유로 표현하거나 사물이나 사실과 연관 지어 표현하는 것으로 세밀한 관찰과 상상력이 요구된다.

• 문장 만들기

상상을 통해 떠올린 단어와 은유 및 묘사하는 단어들을 나열하고 몇 개의 단어를 선택하여 짧은 글을 지어보는 것이다.

(2) 토론극을 활용한 창의적 글쓰기

권남진(2016)은 다음의 〈표 4-1〉과 같이 길포드(Guilford)의 창의적 사고 유형별로 글쓰기 유형을 제시하였다.

〈표 4-1〉 창의적 사고와 글쓰기 유형

창의적 사고 기능 영역	창의적 사고 기능을 활용한 글쓰기 특징	창의적 사고 기능을 활용한 글쓰기 유형
유창성	글쓰기를 시작할 때 다양하고 풍부한 글감을 찾아내고 글쓰기에 대한 부담감을 줄이는 목적으로 이용될 수 있다.	• 브레인스토밍, 마인드 맴핑을 활용한 글쓰기 • 1분 글쓰기
독창성	글쓰기를 통해 참신하고 개성적인 아이디어를 표현할 수 있다.	• 묘사 · 서사 글쓰기 • 은유를 통한 글쓰기 • 상상하여 글쓰기 • 실험 설계하는 글쓰기
융통성	주제에 대해 깊이 생각하여 현상과 주제를 다양한 관점으로 생각하고 사고의 융통성과 표현의 융통성을 표출할 수 있다.	• 이어쓰기 • 완성하는 글쓰기 • 만화 말풍선 채우기 • 바꿔 쓰기 • 짧은 글짓기
정교성	다듬어지지 않은 아이디어나 간단한 이야기를 보다 정교하게 꾸미거나 자세히 표현할 수 있으며, 머릿속의 사고 과정이 조직화 될 수 있다.	• 감각을 이용한 글쓰기 • 한 뼘 이야기 확장하여 글쓰기 • '아는 것, 알고 싶은 것, 알게 된 것'을 이용하여 글쓰기 • 정해진 주제와 단어로 짧은 글짓기

출처: 권남진(2016) 재구성

토론극은 토론 연극을 의미하며 토론 주제를 선정하고 교육연극을 진행하는 과정에서 창의적인 글쓰기를 하는 것이다. 토론 연극의 과정은 다음의 그림과 같다.

단계(과정)		주요 활동
도입	준비활동	학습 목표 및 내용 확인
전개	계획하기	주제 · 상황 계획, 대사 · 움직임 탐구
	연극활동	즉흥 연극 표현(극적 토론)
	창의적 글쓰기	문제해결하기, 창의적 표현하기
정리	정리 및 평가	자기 평가 및 피드백

[그림 4-1] 토론극 과정

[그림 4-1]에서 제시한 바와 같이 토론극 과정 중 준비 단계에서 창의적 글쓰기 과정이 있으며, 이 과정에서 문제를 해결하고 창의적으로 표현하기 활동이 이루어진다.

(3) PBL을 활용한 창의적 글쓰기

최근 PBL을 활용한 창의적 글쓰기 방법이 교육현장에서 많이 적용되고 있다(최미진, 2016; 황성근, 2017). PBL(Problem-Based Learning)은 문제중심학습 또는 문제기반학습으로 학습자가 문제 상황을 이해하고 스스로 문제해결 방법을 찾아가는 교수학습 방법이다. PBL은 문제를 해결해 나가는 과정에서 창의적이고 융합적인 사고를 하게 되므로 창의적인 글쓰기의 기반이 될 수 있다.

황성근(2017)은 PBL에서의 글쓰기 효과를 다음과 같이 설명하였다.

첫째, 단계적 글쓰기를 한다.

PBL은 단계적으로 문제를 해결한다. 따라서 PBL에서의 글쓰기도 PBL의 문제해결 과정을 똑같이 적용하여 단계적이고 체계적으로 글쓰기가 이루어진다.

둘째, 내용 확장적 글쓰기를 한다.

PBL에서는 문제해결의 내용을 단계적으로 확장해 접근하도록 유도한다. 예를 들면, 해결 아이디어, 현재 알고 있는 내용, 더 알아야 할 내용, 활동 계획 등으로 구성하며 내용을 순차적으로 확장한다.

셋째, 사고 융합적 글쓰기를 한다.

PBL에서는 다양한 아이디어를 도출하고 다양한 의견을 수렴하여 이상적인 문제해결 방안을 선정한다. 따라서 PBL 방법에 기반한 글쓰기에서도 창의적, 융합적 사고가 이루어질 수 있다.

최미진(2016)은 PBL을 활용한 글쓰기 수업 과정을 [그림 4-2]와 같이 제시하였다.

이외에 강명혜(2014)는 사물의 다양한 사용 목적을 쓰게 하는 창의성 연습, 그림 제시 후 상상력을 발휘하여 글을 쓴 후 첨삭하기, 글을 제시한 후 공란〈(　)〉을 중간에 배치하여 글을 완성한 후 상상력 공유하기, 작품을 읽은 후 일부분을 새롭게 작성한 후 공유하기, 문학 작품에 대한 독후감을 작성하고 토론, 비판, 첨삭, 평가하기의 방법을 제시하기도 하였다.

단계(과정)	주요 활동	교수 활동
사전활동	• 학습 목표 설정 • PBL활용 글쓰기 수업의 이해 • PBL수업의 연습	• PBL 수업과정 강의 • PBL 연습문제 제시
문제제시	• 문제 제시와 선택 • 모둠구성과 아이스브레이킹 • 모둠 톡방 만들기와 규칙 정하기	• 실제적 문제 제시
문제확인	• 문제 확인 • 다양한 아이디어 제안 • 하위 주제 설정하기	주제 설정 방식 강의 과제 수행계획서 설명
계획수립	• 하위 주제 조정과 선정 • 과제 수행계획서 작성	
자료수집	• 자료수집과 정리	• 자료 수집과 정리 • 이클래스에 제시
대안마련 1	• 자료 종합과 분석 • 모둠별 토론과 대안 마련 • 모둠별 개요 작성	• 자료 수집 강의 • 개요 작성 방식 강의 • 모둠별 개요 설명
대안마련 2	• 모둠별 토론과 대안 조정 • 모둠별 개요 수정	• 글의 구성 강의 • 개요 교수 피드백
글쓰기	• 개별 글쓰기	
결과 정리	• 모둠별 동료 첨삭 • 프레젠테이션 발표 계획	• 개인 글 피드백
결과 발표	• 프레젠테이션 발표 • 모둠별 평가 • 모둠 발표 평가서 작성	• 프레젠테이션 발표 피드백
성찰과 평가	• 모둠원과 자기 학습 평가 성찰일지 작성	• PBL수업 피드백

[그림 4-2] PBL을 활용한 창의적 글쓰기 과정

4. 논리적 글쓰기의 방법

글쓰기를 잘하기 위해서는 많이 생각하고, 많이 읽고, 많이 써봐야 한다. 또한 논리적으로 글쓰기를 잘하기 위해서는 연습이 필요하다. 여기서 제시하는 몇 가지 유의 사항을 참고하며 논리적 글쓰기 단계에 따라 연습을 하면 논리적 글쓰기를 잘할 수 있다.

1) 논리적 글쓰기 단계

한유미(2018)의 논리적 글쓰기 단계를 토대로 글쓰기 단계를 재구성하면 다음과 같다.

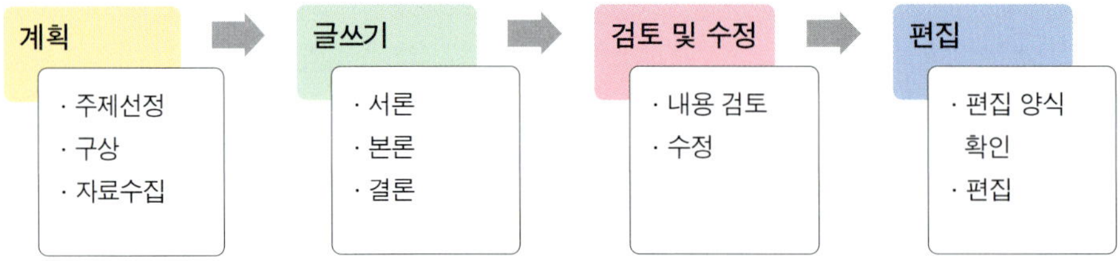

[그림 4-3] 논리적 글쓰기 단계

(1) 계획

논리적 글쓰기를 계획하기 위해서는 주제를 선정하고 어떻게 작성할 것인지 구상하며 글쓰기에 필요한 자료를 수집해야 한다.

① 주제 선정

논리적 글쓰기를 위해 제일 먼저 할 일은 주제를 선정하는 것이다. 자신이 쓰고자 하는 목적을 분명히 이해하고 주제에 맞는 글을 써야 한다.

- 주제 선정 기준 -

자신이 관심이 있는가

잘 알고 있거나 관련 정보(자료)가 있는가

독자가 흥미를 갖는가

참신하고 독창적인가

구체적인가

주제를 선정하기 위해 브레인스토밍(brainstorming), 브레인 라이팅(brain writing), 마인드 매핑(mind mapping) 등의 방법을 사용할 수 있다.

- 브레인스토밍(brainstorming): 자유로운 토론으로 창조적인 아이디어를 끌어내는 방법으로 생각나는 단어들을 자유롭게 표현하며 주제를 선정할 수 있다.
- 브레인 라이팅(brain writing): 큰 주제를 정하고 주제와 관련된 생각들을 단어, 어절, 문장 등으로 자유롭게 작성하는 것이다. 브레인스토밍은 토론형식으로 진행하는 방법이며, 브레인 라이팅은 쓰기를 통해 아이디어를 찾는 방법이다.
- 마인드 매핑(mind mapping): 시각적으로 사고하는 방법으로 큰 주제와 관련하여 떠오르는 생각들을 선이나 도형 등으로 표현하여 연관성을 표시하는 것이다. 이외에도 본인이 수집한 자료들을 검토하며 주제를 선정할 수도 있다.

② 구상

주제를 선정한 후 전체적으로 체계적인 구상을 해야 한다. 목적에 적합한 형식과 서론, 본론, 결론을 어떻게 작성할 것인지, 어떤 내용으로 작성할 것인지를 구상한다. 글의 목적에 따라 다음과 같이 구상할 수 있다.

- 전개적 구상: 시간의 순서나 공간적 질서(장소)에 따라 구상
- 종합적 구상: 단계적 구상(서론, 본론, 결론), 포괄식 구상(두괄식, 미괄식, 쌍괄식), 열거식 구상, 점층식 구상

③ 자료수집

구상을 한 후 글쓰기에 필요한 자료를 수집해야 한다. 여러 매체를 통해 주제와 관련된 다양한 자료를 수집하고, 이를 조직하여 글쓰기를 해야 한다. 자료를 수집할 때는 근거나 출처가 명확해야 하며 저작권을 확인해야 한다. 서현주 등(2021)은 효율적인 자료수집 방법으로 고구마 넝쿨식과 단행본에서의 자료수집 방법을 제시하였다.

- 고구마 넝쿨식: 주제에 관련된 글에서 각주, 미주, 참고문헌 등을 참고하여 계속 자료를 수집하는 방법이다.
- 단행본에서 자료 수집: 주제와 관련된 책을 준비하여 목차에서 본인이 필요로 하는 내용을 찾는 방법이다.

(2) 글쓰기

논리적으로 글을 쓸 때는 서론, 본론, 결론의 구조에 맞게 작성을 해야 한다.

① 서론

서론은 글의 목적, 필요성, 의의와 글의 주제나 전체적인 구상을 제시한다. 서론은 글의 첫인상이므로 독자가 글에 관심을 가지고 계속 읽을 수 있도록 흥미를 유발해야 한다. 따라서 서론에서는 최근의 이슈, 경험, 일화, 명언이나 격언 등을 제시하여 독자의 관심을 유도할 수 있다. 서론은 쓰기 어려운 부분이므로 본론과 결론을 먼저 작성하고 마지막에 작성하는 것도 글쓰기를 쉽게 할 수 있는 방법이다.

② 본론

본론은 글의 가장 중심 내용으로 주제에 대한 주장을 근거를 제시하며 논리적으로 전개한다. 계획단계에서 수집한 자료들을 적절하게 주장과 연결하여 작성하며 서론에서 제시한 내용에 따라 작성한다. 각 문단과 내용들은 논리적, 체계적으로 전개되어야 하며, 구체적으로 작성해야 한다. 본인의 주장뿐만 아니라 다른 사람들의 주장이나 반대 주장에 대해서도 언급하며 본인의 주장을 펼치는 것이 효과적이다.

③ 결론

결론은 본론의 내용을 정리하여 마무리하는 단계이다. 결론에서는 서론에서 제시했던 글의 목적을 다시 한번 제시하며 본론에서 작성한 내용 중 중요한 내용만을 요약, 강조한다. 그리고 주제와 관련된 본인의 주장, 의의, 시사점, 효과 등을 추론하여 제시한다.

(3) 검토 및 수정

논리적인 글쓰기의 초고가 완성되면 내용이 잘 작성되었는지 검토하고 수정하는 작업을 해야 한다.

초안의 전체적인 내용을 다시 읽으며 주제에 적절한지, 논리적으로 전개되었는지, 내용 연계가 잘 되었는지, 문장이 문법에 맞는지, 사용한 어휘와 문법요소가 장르에 적합한지 등을 검토한다. 또한 문장의 길이가 길어지면 주어와 서술어가 불일치하는 경우가 발생하여 비문이 될 수 있으며, 문장의 길이가 짧으면 내용이 연결되기 어려우므로 문장의 길이도 적절하게 조절하여야 한다.

본인은 계속 글을 쓰고 읽기 때문에 객관적으로 검토하거나 새롭게 검토하기 어려울 수 있으므로 다른 사람에게 부탁하는 것도 좋은 방법이며, 시간을 두고 여러 번 반복하여 검토하는 것이 좋다. 내용 검토를 통해 수정이 필요하다고 판단된 내용은 수정한다.

(4) 편집

내용 검토 및 수정이 완료되면 최종적으로 제시된 편집 양식에 맞게 작성이 되었는지 확인하고 편집해야 한다.

글을 쓰는 목적과 기고하는 기관에 따라 편집 양식이 다를 수 있으므로 내용이 정리되면 최종적으로 양식에 적합하게 편집해야 한다. 편집 시 참고문헌은 기본적으로 APA양식에 맞춰 작성하며, 오탈자, 맞춤법, 띄어쓰기, 문법, 글자 크기, 자간, 줄 간격 등을 확인하고 편집한다.

2) 논리적 글쓰기의 고려사항

논리적 글쓰기를 할 때 다음의 사항을 고려해야 한다.

(1) 쉬운 말로 쓰기

너무 어렵게 글을 쓰면 글을 읽는 사람이 이해하기 어려우며 글에 대한 흥미를 잃기 쉽다. 괜히 어려운 어휘 사용이나 문장 표현으로 수준 있게 보이려 하기보다는 글의 대상에 따라 쉽게 읽을 수 있도록 쓰는 것이 좋다.

(2) 간결하게 쓰기

문장이나 내용이 불필요하게 길어질 경우 논제가 흐려지거나 멀어질 수 있다. 특히 은유적인 표현은 글의 논리성 전달을 방해하며, '~하지 않으면 안된다' 식의 이중 부정적 표현은 '~해야 한다.'는 식의 직접적 표현을 사용하는 것이 좋다.

(3) 정확하고 구체적인 단어 사용하기

글을 통해 다른 사람과 의사소통을 하기 위해서는 내용에 적합한 정확한 단어를 사용해야 하며, 이해하기 쉽게 추상적인 단어보다는 구체적인 단어를 사용하는 것이 좋다.

예 성실이는 노는 것을 좋아한다. → 성실이는 인형을 가지고 노는 것을 좋아한다.

(4) 문법에 맞는 문장으로 쓰기

문장을 구성하는 규칙인 문법에 맞춰 글쓰기를 해야 한다.

예 진영이는 물놀이를 하였다, 빨간 딸기 수영복을 입고. → 진영이는 빨간 딸기 수영복을 입고 물놀이를 하였다.

(5) 맞춤법에 맞춰 쓰기

글쓰기의 기본은 맞춤법이다. 맞춤법이 틀리면 글 쓴 사람과 글에 대한 신뢰도 낮아진다. 맞춤법은 계속 변화할 수 있으므로 글을 작성한 후 마지막 단계에서 맞춤법을 꼭 확인해야 한다.

(6) 다양한 단어 및 표현 사용하기

계속해서 같은 단어나 표현을 사용하면 글을 읽을 때 지루할 수 있다. 따라서 다양한 단어나 표현을 익히고 사용하는 것이 좋다.

예 가을이 되면 나뭇잎들은 여러 가지 색깔로 변해 알록달록 예쁜 동산이 된다.

(7) 독자의 특성에 적합한 어휘 사용하기

세대 따라 주로 사용하는 단어나 표현들이 달라질 수 있다. 따라서 독자의 특성을 분석하고 그에 맞는 어휘를 사용해야 주장하는 주제나 내용이 잘 전달될 수 있다.

(8) 어미를 일관되게 사용하기

어미를 사용할 때 시제(~했다), 경어(하셨다), 의문형(~느냐?), 감탄형(~구나), 명령형(~하라), 청유형(~자) 등을 일관되게 사용하는 것이 좋다.

예 할머니, 식사를 하신 후에는 꼭 이를 닦아요. → 할머니, 식사를 하신 후에는 꼭 이를 닦으세요.

(9) 접속어를 적절하게 사용하기

앞과 뒤의 단어, 구, 문장을 연결해 주는 접속어를 적절하게 사용하면 내용의 흐름을 이해하는 데 도움이 된다. 접속어의 유형에는 순차적인 서열인 '~고', 동시적인 병행인 '~며', 중단인 '~다가', 양보인 '~할지언정', 정도인 '~할수록', 문장의 순접인 '그러니, 그래서, 그러면, 따라서', 역접인 '그런데, 하지만, 그러나', 나열인 ' 및, 또(는), 혹은' 등이 있다.

예 유민이는 밥을 먼저 먹고 반찬을 먹는다.

3) 논리적 글쓰기의 유의사항

손평효(2015)는 대학생들의 논리적 글쓰기에서 일인칭 표현, 막연한 추측 표현, 장황한 문장 등 여러 가지 오류가 발생하고 있음을 제시했다. 논리적 글쓰기를 할 때는 다음과 같은 사항을 유의해야 한다.

(1) 추측성 표현 자제하기

논리적 글쓰기는 명확하게 설명하고 주장하는 글이기 때문에 '~ 같다.'라는 추측성 표현을 자제해야 한다. 추측성 표현은 설득력을 떨어뜨리고 글 쓴 사람의 주장을 읽는 사람이 받아들여야 할지에 대한 확신을 갖지 못하게 만들며, 문장이 지나치게 길어지게 만들어서 내용의 명확성을 떨어뜨리는 결과를 초래한다.

- ㅇㅇ중국집의 자장면이 참 맛있는 거 같아요.
  → ㅇㅇ중국집의 자장면이 참 맛있어요.
- 유아의 문제행동 원인을 파악하고 해결책을 찾으면 좋을 것 같아요.
  → 유아의 문제행동 원인을 파악하고 해결책을 찾아야 한다.

(2) 일인칭 표현 자제하기

일인칭 표현은 시작의 수월함과 분량 채우기 등을 위해 사용하는 경우가 많은데 일인칭 표현은 일기나 수필 등의 사적인 내용의 글로 장르가 변경될 수 있으므로 논리적 글쓰기에서는 자제해야 한다.

- 나는 영유아가 차별 없는 교육을 받아야 하는 권리가 있기 때문에 당연히 유보통합이 되어야 한다고 생각한다.
  → 영유아가 차별없는 교육을 받아야 하는 권리가 있기 때문에 당연히 유보통합이 되어야 한다.

> • 나는 유아교사가 각각 장단점이 있기 때문에 이를 보완하기 위해서는 교사 간 협력이 중요하다고 생각한다.
>
> → 유아교사는 각각 장단점이 있기 때문에 이를 보완하기 위해서는 교사 간 협력이 중요하다.

(3) 경어체 사용 자제하기

특별한 목적을 위해서 경어를 사용하는 것은 괜찮지만 부적절하게 사용하거나 과도하게 사용하는 것은 객관적인 사실을 전달하고 자신의 주장을 강조해야 하는 논리적 글쓰기에서는 자제해야 한다.

> • 요즘 영유아교사의 자질과 자격에 대한 논의가 뜨겁습니다.
>
> → 요즘 영유아교사의 자질과 자격에 대한 논의가 뜨겁다.
>
> • 부모님들은 아동학대에 대해 예민하여 지나치게 교사들을 의심하고 CCTV 영상 공개를 요구하고 있습니다.
>
> → 부모들은 아동학대에 대해 예민하여 지나치게 교사들을 의심하고 CCTV 영상 공개를 요구하고 있다.

(4) 지나친 감정 개입 자제하기

논리적 글쓰기에서는 객관적인 사실과 표현이 되도록 감정 개입을 자제해야 한다. 개인적인 불만과 감정은 논리적으로 상대방을 설득하거나 설명하는 것을 방해한다.

> • 교육부의 수장이 바뀔 때마다 교육의 주요 정책들은 자꾸 바뀌게 된다. 이런 상황에 대해 학부모들은 짜증이 나고 답답하다.
>
> → 학부모들은 교육부의 수장이 바뀔 때마다 교육의 주요 정책들이 바뀌는 것에 대해 문제로 인식한다.

- 저출산으로 인해 취원 유아 수가 감소하여 갑자기 교사의 채용을 취소하는 경우가 있는데 어처구니가 없다.
  → 저출산으로 인해 취원 유아 수가 감소하여 갑자기 교사의 채용을 취소하는 경우가 있는데 이는 문제가 있다.

(5) 과도한 의문형 사용 자제하기

때로는 긴 설명보다 하나의 의문문이 강한 설득력을 가질 수 있다. 그러나 지나친 의문형의 사용은 논점에서 멀어지며 논리성을 떨어뜨리는 결과를 초래한다. 굳이 질문이 필요하지 않는다면 직접적으로 의견을 제시하는 것이 좋다.

- 유아가 학기 초 기관에 잘 적응하기 위해서는 어떻게 하는 것이 좋을까요?
  → 유아가 학기 초 기관에 잘 적응하기 위해서는 교사와 가정의 연계가 중요하다.
- 놀이시간에 유아 간 갈등이 발생했을 때 과연 한 명의 유아가 잘못한 것일까? 그 유아만 야단치면 갈등이 해결될까요?
  → 놀이시간에 유아 간 갈등이 발생했을 때 한 명의 유아만 잘못한 것은 아니다.

(6) 사적인 이야기의 근거 제시 자제하기

지나치게 긴 사적인 경험을 제시하는 것은 문장이 길어지고 불필요한 표현이 증가하며 비문이 될 가능성이 높다. 또한 개인적 경험을 일반화하는 오류가 발생할 수도 있기 때문에 사적인 이야기를 과도하게 제시하는 것은 자제하는 것이 좋다.

- 학기 초 우리 반 유아들이 놀잇감 공유를 잘 이해하지 못하고 서로 놀잇감을 가지고 놀겠다고 싸움이 많이 일어났다. 그래서 나는 놀잇감을 가지고 싸우는 일이 일어나지 않을 방법을 고민하였고 싸움의 원인이 된 놀잇감을 교실에서 치워서 싸움의 원인을 제거하였다.

→ 학기 초 유아들이 놀잇감 공유를 잘 이해하지 못하고 싸움이 많이 일어나서 해결 방법을 고민하였다. 그래서 싸움의 원인이 된 놀잇감을 교실에서 치우는 방법을 사용하였다.

- 만 3세 반인 우리 반에는 유치원에 입학할 때 기저귀를 떼지 못하고 오는 아이들이 있다.

→ 간혹 만 3세여도 기저귀를 떼지 못하고 유치원에 입학하는 경우가 있다.

(7) 장문화 자제하기

글쓰기의 초보자들은 문장이 길어지는 특징이 있다. 즉 자신의 주장을 위해 유사한 내용을 반복하거나 부연 설명을 과도하게 한다. 문장이 길어지면 글의 논지가 흐트러지고 비문이 발생하기 쉽다. 따라서 논리적 글쓰기를 위해서는 문장을 간결하게 작성하여 상대방에게 자신의 주장을 정확하게 전달하는 것이 좋다.

- 나는 고등학교 때 주위 사람들의 권유로 유아교육과에 입학하게 되었고, 입학한 후에 유아교사가 어떤 직업인지에 대해 교수님들이 설명하여 알게 되었으며, 지금은 좋은 유아교사가 되기 위해서 학과 공부도 열심히 하고 관련된 자원봉사도 하고 있다.

→ 나는 주위 사람들의 권유로 유아교육과에 입학하였으며 입학 후 유아교사의 직업에 대해 알게 되었다. 지금은 좋은 유아교사가 되기 위해 열심히 노력하고 있다.

(8) 서술어의 반복과 긴 표현 자제하기

서술어는 문장의 주성분으로 어떤 서술어를 사용하느냐에 따라 문장의 의미가 달라진다. 논리적 글쓰기는 서술어에 한계가 있으므로 잘못하면 서술어가 반복될 수 있다. 또한 내용의 강조나 분량 확보, 어휘력의 부족으로 인해 서술어가 길어질 수 있다. 이러한 경향은 간결과 명확성이 중시되는 논리적인 글쓰기에 부정적인 결과를 초래할 수 있다.

- 여기서 우리가 생각해야 하는 것은 유보통합이 당장 유치원 교사와 보육교사의 자격기준을 똑같이 하거나 공립교사와 사립교사의 신분을 똑같이 하겠다는 것이 아님을 확실하게 알고 있어야 하는 것이다.

  → 유보통합이 당장 유치원 교사와 보육교사의 자격 기준, 공립교사와 사립교사의 신분을 똑같이 하겠다는 것이 아님을 확실하게 알고 있어야 한다.

(9) 불필요한 고어체 사용 자제하기

'~ 하는 바이다.', '~할진대' 등의 고어체를 자주 사용하는 것은 현대에서 자주 사용하지 않는 표현으로 글을 읽는 사람의 특성을 고려하거나 시대의 특성을 고려하지 않는 것이다. 따라서 다양한 분야의 독서를 통해 적절한 표현력을 많이 습득하고 사용해야 한다.

- 이러한 이유로 나는 유보통합을 찬성하는 바이다.

  → 이러한 이유로 나는 유보통합을 찬성한다.

(10) 결론에서 '좋은 게 좋다'는 식의 표현 자제하기

논리적 글쓰기의 결론에서는 자신의 주장과 주장에 대한 근거를 명확하게 제시해야 한다. 급하게 좋은 인상으로 마무리하는 것은 논리적 글쓰기의 잘못된 습관이다.

- 누리과정이 유아교육현장에서 빨리 정착하기 위해 문제들이 빨리 해결되었으면 좋겠다.

  → 누리과정이 유아교육현장에서 빨리 정착하기 위해 앞에서 제시한 각각의 문제에 대한 심도 있는 분석과 해결 방안 제시가 필요하다.

논리적 글쓰기의 단계별 체크리스트

글쓰기를 할 때 논리적으로 글을 쓰고 있는지를 확인하고 진행하는 것은 중요하다. 다음의 표는 논리적 글쓰기가 잘 진행되고 있는지를 확인할 수 있는 체크리스트이다.

단계	문항	예	아니오
계획	• 글의 목적을 분명히 알고 있는가?		
	• 글의 독자의 특성을 명확히 이해하고 있는가?		
	• 글의 주제가 적절한가?		
	• 글의 구상은 적절한가?		
	• 자료는 충분히 수집하였는가?		
	• 수집한 자료는 주제에 적절한가?		
글쓰기	• 관련 자료를 참고하여 작성하였는가?		
	• 글의 흐름은 적절한가?		
	• 논리적으로 전개하였는가?		
	• 주제에 적절하게 작성하였는가?		
	• 글의 목적이 잘 드러나는가?		
	• 주장하는 내용이 잘 드러나는가?		
	• 마무리가 잘 되었는가?		
검토 및 수정	• 제목이 적절한가?		
	• 비문이 있는가?		
	• 맞춤법, 어휘가 적절한가?		
	• 문장이 논리적 글쓰기에 적절한가?		
	• 반복하여 글을 읽어보았는가?		
마무리	• 편집 양식에 적합한가?		
	• 참고문헌이 적합하게 작성되었는가?		
	• 출처가 올바른가?		

tip 글쓰기의 윤리

서현주, 조경덕, 조미영(2021)은 다음과 같은 글쓰기의 윤리를 강조하였다.

• 표절

표절(剽竊)이란 다른 사람이 창작한 것을 일부 또는 전체를 도용하여 자신의 창작물인 것처럼 발표하는 것을 말한다. 표절은 단순한 도용이 아니라 그 사람의 기본적인 인성 및 도덕성에 대한 문제까지 연결되므로 글쓰기를 할 때는 표절에 주의하여야 한다. 현재 창작에 대한 중요성과 보호를 위해 저작권법(2023.8.8. 개정)과 저작권법 시행규칙(2022.6.13. 개정)이 시행되고 있으며, 저작권을 침해하였을 경우 법적 처벌까지 받을 수 있다.

• 언어폭력

언어폭력(言語暴力)이란 온갖 음담패설을 늘어놓거나 욕설, 협박 따위를 하는 일을 말한다(네이버 사전, 2023). 최근 인터넷이 발달하고 익명성이 보장되어 많은 언어적 폭력이 온라인상에서 나타나고 있다. 또한 청소년들 사이에서 학교폭력의 한 형태로 언어폭력이 나타나고 있다. 언어폭력은 신체적인 상해를 입히지는 않으나 정서적, 정신적 해를 끼치게 되며 이는 정신적, 신체적 질병을 유발하기도 한다. 언어폭력의 심각성을 이해하고 자신이 작성한 글이 다른 사람에게 마음의 상처를 입히지 않도록 주의해야 한다.

쉬어가기

'어처구니(於處軀尼)'의 유래

• **단어의 의미**: 1. 맷돌의 손잡이

2. 궁궐이나 지체 높은 집의 지붕을 올릴 때 지붕 위 처마 끝에 올리는 흙으로 만든 익살맞게 생긴 동물들의 조형물

"어처구니(於處軀尼) 없다"라는 말은 한자어로 "어디에다가 몸을 둘지 모른다"는 의미로, "하도 엄청나거나", "너무도 뜻밖인 일"을 당하거나 "해서는 안 될 커다란 실수"를 저질렀을 때 자주 쓰인다.

• **유래**: 1. 맷돌을 사용하려는데 나무 손잡이(어처구니)가 없다면 얼마다 당황스럽겠는가. 그래서 유래되었다.

2. 궁궐이나 집을 지을 때 이 "어처구니"를 깜박 잊고 올리지 않은 것을 발견하곤 사람들이 기와장이들을 쳐다보며 "쯧쯧, 어처구니가 없구먼!"하고 혀를 차곤 했다. 뒤늦게야 '어처구니'가 없음을 알게 되어 매우 당황스러운 상황에서 유래되었다.

출처: https://20h20h.tistory.com/156

논리·논술 역량키우기 5

다음은 틀리기 쉬운 우리말입니다. 맞는 말에 동그라미 쳐 보세요.

마사지 – 맛사지	뭉기적뭉기적 – 뭉그적뭉그적	간질이다 – 간지르다
셀렘 – 설레임	미끌어지다 – 미끄러지다	웬만하면 – 왠만하면
인마 – 임마	오랜만이야 – 오랫만이야	단언컨대 – 단언컨데
곰곰이 – 곰곰히	뒤치다꺼리 – 뒤치닥거리	개구쟁이–개구장이
움쿰 – 웅큼	구렛나루–구레나룻	궁시렁거리다–구시렁거리다

정답: 마사지, 뭉그적뭉그적, 간질이다, 셀렘, 미끄러지다, 웬만하면, 인마, 오랜만이야, 단언컨대, 곰곰이, 뒤치다꺼리, 개구쟁이, 움쿰, 구레나룻, 구시렁거리다

논리·논술 역량키우기 6

아래의 표에 제시된 단어를 1~6번까지 하나씩 선택하여 문장을 만들어 보세요. 단어를 번호 순서대로 사용할 필요는 없습니다.

1	2	3	4	5	6
그	가수	슬프다	춤추다	울타리	~ 대신에
어떤	사자 조련사	기쁘다	표현하다	딸꾹질	~와 함께
많은	귀신	화나다	전달하다	고양이	~때문에
얼마의	은행원	속상하다	요구하다	피자	~ 후에
적은	발레리나	걱정한다	선정하다	책	~이거나
좁은	우주인	기다리다	토론하다	초콜릿	~로서
셋	피아니스트	버릇없다	노래하다	과자	~로 부터
한두 가지	교사	젊다	관찰하다	햄버거	~로 하여금
이전에	강아지를 산책시키는 사람	조용하다	안내하다	핸드폰	~에게
멋진	애인에게 차인 사람	완벽하다	글을 쓰다	컴퓨터	~까지

예 어떤 교사는 핸드폰 때문에 학생들이 수업에 집중하지 못하는 것을 관찰하고 걱정한다.

Ⅲ

창의·논리적 사고와 유아교육

5장

창의·논리적 사고와 놀이지원

1. 창의 · 논리적 사고와 교육과정
2. 창의 · 논리적 사고와 놀이기록

2019 개정 누리과정에서 가장 강조하는 것은 유아중심 · 놀이중심이라고 할 수 있다. 그렇기에 교사의 역할 중 가장 중요한 것은 유아들이 관심을 보이고 즐기는 놀이를 주의 깊게 관찰하며 민감하게 반응하고 지원해 주는 것이다. 교사가 유아의 놀이를 지원하기 위해서는 유아들의 놀이를 해석할 수 있어야 하고, 그 놀이에서의 흐름을 읽어나갈 수 있어야 한다. 또한, 유아들의 놀이가 마무리된 후에는 그 동안의 놀이의 내용 및 흐름을 창의적 · 논리적으로 잘 기술할 수 있어야 할 것이다. 따라서 본 장에서는 2019 개정 누리과정에서의 논리 · 논술교육의 의미를 정리하고, 창의 · 논리적으로 기술하는 유아의 놀이기록에 대하여 다양한 예시를 통하여 살펴보고자 한다.

우리말을 바르게 사용하세요!

[틀리기 쉬운 우리말: 맞히다 / 맞추다]

☞ 맞히다: 1. 문제에 대한 답을 틀리지 않게 함
2. 침, 주사 따위로 치료를 받게 함
3. 물체를 쏘거나 던져서 어떤 물체에 닿게 함

☞ 맞추다: 1. 서로 떨어져 있는 부분을 제자리에 맞게 대어 붙임
2. 둘 이상의 일정한 대상들을 나란히 놓고 비교하여 살핌
3. 서로 어긋남이 없이 조화를 이룸

[연습문제] 아래 밑줄 친 내용이 맞게 쓰여졌으면 O, 틀리면 X 하시오.

1. 화살 다섯 발을 쏘아서 다섯 번을 다 맞추었다. (　　　)
2. 나는 가장 친한 친구와 답을 맞추어 보았다. (　　　)
3. 퀴즈의 답을 맞히다. (　　　)

정답: 1: X, 2: O, 3: O

1. 창의·논리적 사고와 교육과정

2019 개정 누리과정은 유치원과 어린이집에 다니는 3~5세 유아에게 공통으로 적용되는 국가수준의 교육과정이다. 국가수준의 교육과정이라는 것은 교사들이 교육을 행하는데 있어 가장 기본적인 바탕이 되는 것이다.

1) 누리과정 제정과 개정

유치원 교육과정은 1969년 최초 국가에서 제정, 공포된 이후 여러 차례의 개정을 거치다가 2007년에 '개정 유치원 교육과정'이 제정되었다. 또한, 2007년에는 어린이집의 표준보육과정도 최초로 고시, 시행되었다. 우리나라의 유아교육과정은 이원화되어 운영되고 있었기 때문에, 유치원에서는 유치원 교육과정을, 어린이집에서는 표준보육과정이 각각 운영되며 여러 문제점이 발생되었다. 이에 이원화된 운영체제 정비의 필요성이 대두되었고, 2011년 유아교육과 보육에 대한 국가의 책임이 강화되며 교육과정의 적용대상을 기관이 아닌 5세에서 3~4세 유아까지의 연령으로 확대하는 교육과정의 필요성이 제기되었다. 이에 2012년 7월 유치원과 어린이집에 다니는 3~5세 유아를 위한 통합교육과정인 '공통과정'인 「3~5세 연령별 누리과정」이 고시되어, 2013년 3월부터 시행되었다. 이후 2015년 3월, 「3~5세 연령별 누리과정」은 누리과정 운영 시간을 3~5시간에서 4~5시간으로 저정하여 개정·고시되었다. 교육부는 국정과제 구현과 출발선 평등 실현을 위해 2017년 12월 '유아교육 혁신방안'을 발표하였는데, 주요 내용으로는 '유아가 중심이 되는 놀이 위주의 교육과정 개편'이 명시되었다. 2017년 개편된 「3~5세 연령별 누리과정」은 유치원 교육과정과 3~5세 보육과정을 통합한 공통과정으로서 유치원과 어린이집 유아들이 공통의 교육내용을 경험할 수 있도록 하는 성과를 이루었다. 그러나 「3~5세 연령별 누리과정」은 연령별 교육내용이 과하다는 문제가 있었다.

이에 새로운 시대의 요구에 따라 교육내용을 간략화하고 유아가 주도하는 놀이를 통해 배움이 구현될 수 있도록 유아·놀이 중심 교육과정으로서 2019년 7월에 「2019 개정 누리과정」을 제정, 고시하였고, 전국의 유치원과 어린이집에 다니는 3~5세 유아에게 공통적으로 적용되는 교육과정으로서 2020년 3월부터 시행하였다(교육부, 보건복지부, 2019).

2) 「2019 개정 누리과정」의 특성

「2019 개정 누리과정」에서는 배움으로서의 유아 놀이의 의미와 가치를 강조하고 있다. 유아는 놀이하면서 가장 잘 배우며, 놀이를 통한 배움을 지원하는 것은 유아기 교육의 본질이기 때문이다. 유아와 놀이 중심의 공통 교육과정으로서 개정 누리과정이 실행력을 갖추기 위해서는 유아놀이에 대한 이해가 필요하다. 유능한 유아에게 놀이는 배움의 내용, 방식, 과정이라는 점에서 유아와 놀이를 분리해서 이해하는 것은 불가능하다(교육부·보건복지부, 2019).

개정 누리과정에서 놀이는 유아가 흥미와 관심을 가지고 자발적으로 즐겁게 참여하며 배우는 과정이다. 개정 누리과정은 놀이가 유아의 삶이자 배움의 방식임을 강조한다. 즉, 유아에게 놀이는 단순한 경험이 아니라 세상을 살아가며 만나는 수많은 문제를 해결하고 배워 가는 앎과 삶의 방식이다. 유아가 주도적으로 참여하는 놀이는 세상에 대해 알고 있는 또는 알아야 할 모든 내용을 유아 자신의 방식으로 표현하는 행위이자 배움 그 자체라고 할 수 있다. 교사는 유아의 놀이에서 놀이의 의미와 특성뿐만 아니라 놀이가 배움으로서 지니는 가치도 이해할 수 있어야 한다(교육부·보건복지부, 2019).

3) 「2019 개정 누리과정」 유아 놀이에서 의미 읽기

교사가 유아 놀이에서 의미를 읽는다는 것은 유아가 놀이에서 무엇을 경험하고, 어떻게 배우며 놀이를 이어 가는지를 이해하는 것이다. 교사가 놀이를 이해하기 위해서는 유아의 놀이에 시선을 주고, 주목하고, 의미를 기록할 필요가 있다.

교사는 유아의 놀이를 따라가면서 유아의 놀이를 읽을 수 있다. 교사가 유아의 놀이를 따라간다는 것은 유아가 놀이에서 무엇을 경험하고 배우는지, 어떻게 놀이하고 배우는지, 그리고 놀이를 어떻게 만들고 이어가는지를 이해하는 것이다.

유아의 놀이를 따라가기 시작하면 교사는 놀이하며 배우는 유아의 유능함을 발견하게 된다. 유아가 놀이에서 개정 누리과정 5개 영역의 내용과 그 이상을 경험하고 있다는 것을 보게 되는 것이다. 이때 교사는 유아의 놀이 경험에 대하여 짧은 2~3줄의 문장이나 몇 장의 사진 등을 남길 수 있다. 이 기록은 유아 배움의 내용, 방식, 과정을 포함한다. 기록을 통해 교사는 개정 누리과정이 어떻게 실행되었는지를 보여 줄 수 있다. 따라서 기록은 교사의 교육적 행위이다(교육부, 보건복지부, 2019 개정 누리과정 놀이이해자료, 2019).

(1) 3세반의 짧은 놀이 이야기에서의 놀이 의미 읽기

다음은 「2019 개정 누리과정 놀이이해자료」 '놀이 사례에서의 의미 읽기' 중 유아의 놀이 경험 이해, 교사의 놀이 이해, 개정 누리과정 영역 내용과의 연계 부분을 일부 발췌한 내용이다. 이를 함께 읽어보며 교사가 유아의 놀이를 읽어가는 과정, 놀이 기술의 과정 등에 대하여 함께 생각해 볼 필요가 있다.

사례

▶ **사례 제목:** 이야기, 이야기, 또 다른 이야기

▶ **사례 선정의 의미와 놀이의 의미:**

유아는 끊임없이 이야기를 만든다. 이야기는 새로운 이야기로 연결되고, 그 이야기는 놀이에 생동감을 준다. 그러한 이야기는 때로는 짧기도 하다. 이 과정에서 우리는 3세 유아의 놀이가 너무 짧다거나 놀이가 나타나지 않는다고 걱정하기도 한다. 주제가 있고 이와 연결되는 놀이만이 놀이라고 할 수 있을까?

▶ **놀이 경험 이해**:

〈유아의 놀이 경험〉

은지와 수연이는 아침 등원 시간에 만나 반가움을 나눈다. 그리고 나서 음률 공간에서 코끼리 코 악기로 수영장, 수영장 미끄럼틀로 상상하여 표현하고, 실로폰 채로는 사람으로 가상하여 수영장 놀이를 한다. 두 유아는 수영장 놀이와 자신의 경험(수영장 침대, 물속에서 나와 추웠던 경험 등)을 연결하여 침대를 만들고, 실로폰 채가 춥지 않도록 침대 이불을 만들어 덮어 주며 놀이를 이어간다. 그러다 침대와 이불이었던 코끼리 코를 배로 만들어 떠내려가는 배 이야기로 변화시킨다.
그리고 두 유아의 이야기에는 실로폰이라는 새로운 놀이 자료가 추가된다. 그러자 실로폰은 위험한 다리가 되고, 위험한 다리를 건너갈 수 있는 슈퍼맨이 등장하는 이야기로 변화한다. 이처럼 이야기들이 끊임없이 연결된다.
이러한 이야기 짓기 놀이에서 상상을 기꺼이 받아 주는 또래가 있어 유아는 몰입한다. 그래서 이야기가 계속될 수 있다. 3세 유아의 소통 능력은 뛰어나다. 이러한 소통 능력으로 인해 유아는 놀이에 즐겁게 참여한다.

〈교사의 놀이 이해〉

교사는 악기도 유아에게 이야기 짓기의 소재가 되는 놀이 자료가 될 수 있다는 것을 알게 되었다. 또한 3세 유아도 또래와 상상 이야기를 주고받으며 놀이할 수 있다는 것을 알게 되었다.

〈5개 영역 내용 연계〉

의사소통

듣기와 말하기 → 상대방이 하는 이야기를 듣고 관련해서 말한다.
책과 이야기 즐기기 → 말놀이와 이야기 짓기를 즐긴다.
- 유아는 놀이하는 또래의 이야기를 듣고 관련 지어 말하며 놀이를 이어 간다. 유아는 상상을 통해 다양한 상황(수영장, 침대, 이불, 표류하는 배, 다리 등에서 놀이하는 상황)을 지어내고, 지어낸 상황에 맞게 이야기를 짓는 것을 즐긴다.

예술경험

창의적으로 표현하기 → 극놀이로 경험이나 이야기를 표현한다.
- 유아는 수영장, 침대, 표류하는 배, 다리 등에서 놀이하는 상황을 자유롭게 이야기로 표현한다.

출처: 교육부, 보건복지부(2019), 2019 개정 누리과정 놀이이해자료, p.38–45.

위의 사례에서 교사는 음률 공간에서 놀이를 하는 두 유아의 놀이 과정을 따라가며 3세 반 교사로서 늘 고민을 해왔던 것들, 즉, 주제를 따라가며 하는 놀이만이 놀이라고 할 수 있는 건지, 너무 짧은 시간 지속된 놀이도 놀이라고 할 수 있는지 등에 대한 의문을 해소해 나간다. 2019 개정 누리과정을 적용하며 영아반 담임을 맡게 된 교사들은 위의 교사와 같은 고민을 하고 한 번쯤은 했으리라 생각된다. 다른 연령과 비교하여 주제와 관련된 놀이의 지속 시간이 길지 않고, 유아들이 한 주제로 몰입되어 놀이가 잘 이루어지지 않는다는 점 등의 고민을 하였을 것이다. 그렇다면 위의 사례처럼 유아들이 시작하여 전개된 놀이를 정리해 기록하며 교사로서 찾아낸 의미 등을 정리해 보는 것도 좋은 방법이 될 수 있다.

(2) 유아들의 일상생활에서 시작된 놀이의 의미 읽기

다음의 사례는 「2019 개정 누리과정 놀이이해자료」 '놀이 사례에서의 의미 읽기' 중 일상생활에서 시작된 유아들의 놀이에 대하여 유아의 놀이 경험 이해, 교사의 놀이 이해에 대한 부분을 일부 발췌한 것이다. 사례 선정의 의미를 잘 읽어 보며 유아들의 일상생활에 대한 교사의 놀이지원, 주제 선정에 대한 의미 등을 함께 생각해 볼 필요가 있다.

사례

▶ **사례 제목:** "그럼 우리가 수박을 심자"

▶ **사례 선정의 의미와 놀이의 의미:**

유아의 놀이는 간식 시간과 같은 일상생활에서 시작되기도 한다. 맛있는 수박을 더 먹고 싶은 유아는 어떤 생각을 했을까? 일상생활에서 시작한 유아의 상상과 탐구는 어떠한 놀이가 되었을까?

오후 간식으로 수박, 토마토와 우유가 나온다. 한 유아가 간식으로 나온 수박을 더 먹고 싶어 하지만 수박이 없다는 것을 알게 되자, 수박을 먹고 싶은 바람을 담아 이야기를 시작한다.

▶ **놀이 경험 이해**:

〈유아의 놀이 경험〉

유아는 간식 시간에 좋아하는 수박을 더 먹고 싶다는 생각을 했다. 이러한 바람에서 출발하여 씨앗을 심어서 싹을 내기 위해 수박씨 심기에 도전하였다. 수박을 키워서 하나씩 집으로 가져가겠다는 공통의 목표도 세웠다. 그리고 나서 씨앗들의 모양과 특징을 비교하였다. 한 개의 씨앗에서 한 개의 수박이 열릴 것이라는 가설도 세웠다. 유아는 자신이 심은 씨에 매일 정성스럽게 물을 주면서 수박 싹이 하나씩 올라올 때마다 기뻐하였고, 수박 씨앗 15개가 모두 싹으로 나오자 환호하기도 하였다. 또 싹이 자라는 과정을 애정을 가지고 관찰하면서 수박 싹에게 이름을 지어 주고 싹 중에서 키가 제일 작은 '귀요미', 키가 제일 큰 '키큰이', 상처가 많아서 '상처순이', 혼자 다른 방향으로 나서 '삐짐이' 등 싹의 특성을 살린 고유한 이름을 만들었다.

이렇게 간식시간에 제공된 수박을 계기로 수박을 더 먹고 싶다는 즉흥적 바람에서 시작된 수박 심기는 자발적으로 수박씨를 모으고, 직접 씨앗을 심고, 싹을 키우고, 특징을 관찰하고, 이름을 지어 주고, 나아가 다른 씨앗에 관심을 넓히는 과정으로 자연스럽게 연결되고 공유되며 지속되었다. 유아들은 자발적으로 수박과 수박씨에 대한 경험과 느낌을 자유롭게 나누었다. 싹을 키우기 위한 지속적인 관심과 노력이 담긴 놀이는 유아에게 성취감과 즐거움을 주었고, 유아가 세운 가설에 대한 검증을 생활 속에서 자연스럽게 할 수 있었다. 물론 애써 키운 싹에서 수박 열매가 맺히지 않을 수도 있다. 그러나 수박을 집으로 가져간다는 목표 달성 여부를 넘어서 수박 싹을 키우는 과정에서 싹에 대한 상상, 실험, 공유라는 소중한 경험을 하게 되었다. 이러한 경험은 다른 연령의 유아에게도 퍼져 나갔고 다른 씨앗에 대한 관심으로도 확장되어 더불어 살아가는 세상에서의 따뜻하고 긍정적인 경험을 나눌 수 있었다.

〈교사의 놀이 이해〉

교사 역시 먹던 씨에서 싹이 나올 수 있다는 것과 수박의 싹이 수박잎의 모습과 같다는 것이 신기했다. 그래서 유아가 신기해하는 것에 공감할 수 있었다.

출처: 교육부, 보건복지부(2019), 2019 개정 누리과정 놀이이해자료, p.72-79.

위의 사례는 교사들이 늘 고민하게 되는 주제 선정에 대한 고민을 덜어줄 수 있는 좋은 예가 될 수 있다. 사례 선정의 이유에서도 이야기를 하고 있지만, 이전의 교육과정과 달리 놀이의 주제는 유아들의 흥미와 관심에 따라서 매우 다양하게 선정될 수 있다. 또한, 놀이 역시 유아들의 일상생활에서 시작되어 자연스럽게 전개되는 것이 많다. 주제와 활동 선정 및 계획 등에서 교사의 주도성이 높아 유아들이 교사의 계획에 따라 활동을 해나갔던 것에 비교하여 2019 개정 누리과정에서의 주제는 유아들의 일상생활 등 유아들이 중심이 되어 유아들의 상상과 탐구가 바탕이 되어 전개되어 나간다. 교사는 어떤 주제를 선정하여 계획할 것인가를 고민하기 보다는 유아들의 관심과 생활, 상호작용에 집중하며 관찰하고 유아들의 상상과 탐구 활동 속으로 함께 빠져보는 것이 좋을 것이라 생각된다.

(3) 지역사회와 연계된 놀이의 의미 읽기

다음의 사례는 「2019 개정 누리과정 놀이실행자료」 '교사의 놀이지원 사례' 중에서 지역사회와 연계된 놀이에 대한 놀이의 의미를 정리한 것이다.

사례1

▶ **사례 제목:** 우리 공원을 알려요

▶ **사례 선정의 의미와 놀이의 의미:**

9월 어느 날, 5세 반이 공원 가는 길에 하진이가 공원을 둘러싸고 있는 담장의 기와에 용무늬가 있는 것을 발견한다. 공원에는 있는 흥미로운 것에 대해 많은 이야기를 하게 되고, 공원에서 본 여러 가지 문양과 건물, 시설물 등을 그리며 공원 이야기 놀이는 시작되었다.

유아들은 새롭게 알게 된 공원의 자랑거리를 알릴 수 있도록 마크를 만들기로 하였고, 더 많은 사람들이 알도록 그 마크로 현수막과 공원 배지를 만들자고 하였다. 현수막은 기관의 현관에 걸렸고, 공원 배지는 오늘도 우리 친구들 가방 맨 위에 달려 있다.

▶ **놀이 경험 이해**:

〈유아의 놀이 경험〉

항상 다니던 공원이었지만, 유아들은 그곳에서 우연히 기와의 용무늬, 창렬문, 무덤 등을 새롭게 발견하면서 공원에 대해 더 깊은 관심과 흥미 갖게 되었어요. 유아들의 공원에서 본 것들을 그리고 역사적 사실에 상상을 더하며 이야기를 짓기를 즐겼어요. 유아들은 공원의 역사와 그 의미를 새롭게 알게 되면서 그것에 대해 알리고 자랑하고 싶은 마음을 마크 만들기 놀이를 통해 표출하게 되었어요. 마크를 만드는 과정을 통해 유아들은 심미를 경험하고, 서로 다른 의견을 조율하고 협의하는 과정을 통해 함께 의사소통 하며, 다른 친구의 의견을 존중하고 긍정적인 방법으로 갈등과 문제를 해결하는 것을 경험하였어요.

〈교사의 놀이 이해〉

유아들은 추석 이후 교실 놀이에서 조선 시대에 관심을 보이면서, 왕 놀이를 즐겼어요. 그래서 그런지 공원의 담벼락과 기와에 새겨진 용 무늬에 보자, 관심을 보이기 시작했어요. 담벼락에 새겨진 용무늬에 대한 관심은 교실에 돌아와서도 이어졌고, 유아들 사이에 용은 공원을 지키는 수호신으로 자리매김하였어요. 그러면서 유아들은 공원 이미지를 그림으로 그려갔습니다. 유아들은 교사가 생각했던 것보다 공원을 자랑스러워하였으며, 공원을 알리는 공원 마크를 만들기 원했고, 이런저런 작업 끝에 만들었어요. 매일 다니는 공원을 새로운 관점으로 바라보며 계속 공원에 대한 마음을 키워가는 유아들의 모습을 기대합니다.

출처: 교육부, 보건복지부(2019), 2019 개정 누리과정 놀이실행자료, p.149, p.160.

위의 사례는 교육현장에서 이루어지는 지역사회와의 연계활동에 대한 예시를 잘 보여주고 있다. 놀이는 어느 날 인근 공원 산책 도중 한 유아가 공원 담장 기와에 새겨진 용무늬를 발견하면서 시작되었다. 매일 다니던 공원 산책길에서 새로운 것을 발견하고 놀이에 연계했던 유아들의 놀이를 세심하게 관찰하고 그 안에서 의미를 찾아내고 지원한 교사의 노력으로 지역사회 공원의 문화재는 새로운 역사적 의미를 찾게 되었다.

활동: 놀이 속 의미 찾기 1.

▶ 교실 상황: 주말을 지내고 온 몇 명의 유아들이 캠핑놀이를 즐기고 있습니다. '캠핑' 놀이에서 찾아볼 수 있는 의미를 생각하여 간략하게 작성해 보세요.

〈 캠핑 놀이 속 의미 찾아보기 〉

〈 캠핑 놀이 속 의미 찾아보기의 예 〉

주말지낸이야기 그림에 '캠핑'을 다녀왔다는 이야기를 해주면서 행복한 가족들의 모습을 그리는 유아들이 많아졌습니다. 유아들의 주말 경험은 교실에서의 캠핑놀이로 연결이 되었습니다. 유아들과 이야기를 나누다 보니 '캠핑'이라는 단어 자체의 뜻이 궁금해졌고, 캠핑이라는 단어를 사전에서 찾아보며 캠핑의 사전적 정의가 '야외에서 숙식을 해결하는 행위'라는 것도 알게 되었습니다. 신기하게도 캠핑의 사전적 정의는 유아들이 생각하고 이야기해 주었던 캠핑의 의미, 즉, 고기와 마시멜로를 구워 먹고, 집이 아닌 곳에서 잠을 자는 것이라는 이야기와 일치하고 있었습니다. 누군가 정확하게 알려주지 않아도 유아들은 경험을 통해 캠핑의 의미를 이해하고 있었습니다. 캠핑놀이를 하며 캠핑 때 야외에서 먹으면 맛있는 여러 음식의 특징을 알아보고, 캠핑장에서 시원하고 재미있게 지낼 수 있는 놀이를 떠올려봤으며, 교실 전체를 캠핑장으로 만들어 신나게 놀이를 할 수 있었습니다. 더운 여름을 시원하고 재미있게 보낼 수 있는 캠핑! 다가오는 여름방학, 가까운 곳에서 유아들과 즐거운 캠핑을 하루 즐겨 보시면 어떨까요?

활동: 놀이 속 의미 찾기 2.

▶ 교실 상황: 종이를 접어 딱지치기 열심히 하던 유아들의 놀이가 점점 확장되더니 딱지치기 토너먼트 대회까지 열리게 되었습니다. 딱지치기 놀이 속에서 찾아볼 수 있는 의미를 생각하여 간략하게 작성해 보세요

〈 딱지치기 놀이 속 의미 찾아보기 〉

〈 딱지치기 놀이 속 의미 찾아보기의 예 〉

딱지놀이는 목표가 뚜렷해서 놀이에 몰입하는 힘이 있었고, 교사가 개입하지 않아도 놀이가 주도적으로 이루어졌어요. 딱지놀이를 하는 과정에서 유아들의 생각과 의견들이 상호주관적으로 공유하고 합의됨으로써 심리적 친밀감과 소속감의 경험이 증진되어 다양한 친구들을 사귀는 기회가 되었어요. 그리고 자연스럽게 발생되는 갈등 상황이나 문제상황을 해결하는 과정에서 다양한 인지와 사회적 기술이 이루어졌고 특히 딱지 치는 과정에서 딱지 잡는 힘, 위에서 내려치는 힘, 눈과 손의 협응 능력, 신체 무게 중심이동, 균형감각 등 다양한 신체적 발달이 이루어졌어요. 1학기 동안 놀이가 지속됨에 따라 놀이를 통해 배울 수 있는 교육적인 의미를 충분히 이끌어낼 수 있었어요. 무엇보다 토의를 통해 많은 친구들이 함께 참여하는 방법 및 다양한 문제상황을 해결할 수 있었어요.

출처: 교육부(2020), 2019 개정 누리과정 놀이운영사례집, p.288.

2. 창의·논리적 사고와 놀이기록

개정 누리과정은 교사가 선계획하여 '계획–실행–평가–계획'으로 이어지던 기존의 '선형적' 과정을 지양한다. 교사는 유아의 놀이 일상생활, 활동을 잘 관찰하고 기록하다가 유아의 배움을 지원하기 위한 계획을 수립하는 것이 좋다(교육부, 보건복지부, 2019 개정 누리과정 놀이실행자료, 2019).

1) 놀이의 흐름 이해하기 및 기술하기

유아의 배움을 잘 기록하고 평가하기 위해서 교사는 결과가 아닌 과정에 주목하여야 한다. 또한, 개정 누리과정은 과도한 부담이 되는 평가의 형식을 탈피하고자 하였으므로 기록 및 평가에 있어서 틀에 맞춘 과도한 문서화보다는 형식과 분량에 기관별·학급별로 자율성을 부여하기에 놀이 흐름의 기록 및 기술에도 정해진 형식은 없다. 따라서, 교사들은 유아들의 놀이의 흐름을 잘 따라가며 놀이의 의미를 읽어나가고, 그 속에서 유아들이 얻게 되는 배움에 대한 것들을 각자 나름의 효율적인 방법으로 기록할 수 있어야 한다.

(1) 3세반의 3월 다양한 놀이 기록하기

우리반 친구들

나를 소개해요 - 친구얼굴 보물찾기

친구이름 OX 퀴즈

친구 얼굴 그리기

〈두친구〉 명화 활동

이렇게 놀이했어요

6살이 되어 새로 만난 우리반 친구들 !
꽃잎3반에는 어떤 선생님과 친구들이 있을까요~?
새로운 선생님과 친구들의 이름과 얼굴을 익혀볼 수 있는 놀이들을 진행하였어요.
보물찾기를 통한 재미있는 자기소개, OX게임을 통해 친구 이름 외우기,
짝을 지어 서로의 얼굴을 그려주기, 〈두친구〉 명화를 감상하고 친구와 재구성해보기!
이외에도 여러 놀이들을 통해 꽃잎3반 친구들과 점점 가까워질 수 있었어요 :)

우리 교실

우리반에 필요한 약속

우리반 약속판을 만들어요

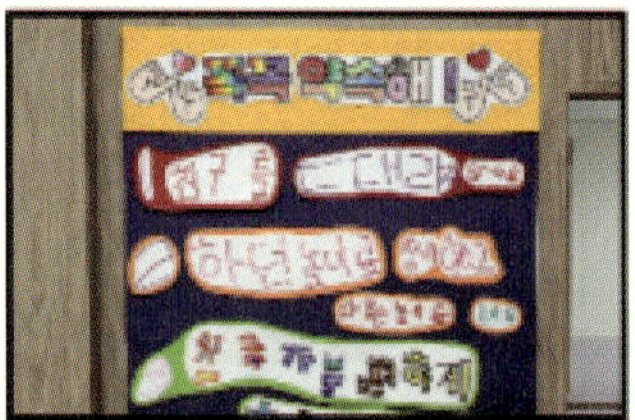

꽃잎3반 놀이약속판

이렇게 놀이했어요

친구들과 즐겁게 놀이하기 위해서는 꼭 필요한 약속과 규칙.
꽃잎3반 친구들이 놀이하면서 불편했던 경험들을 함께 이야기 나누면서
우리반에 필요한 약속들을 정해보았어요!
그리고 함께 약속판을 만들어 큰 목소리로 읽어보기도 했답니다 ~

우리반의 첫 새노래는 바로 〈유치원에 가면〉 !
유치원에 가면을 꽃잎반에 가면으로 바꾸어보았어요.
우리반에는 어떤 놀잇감, 어떤 친구들이 있는지 이야기나누며
다양한 노랫말로 바꾸어 우리반만의 노래를 불러보는 즐거운 시간이었어요 :)

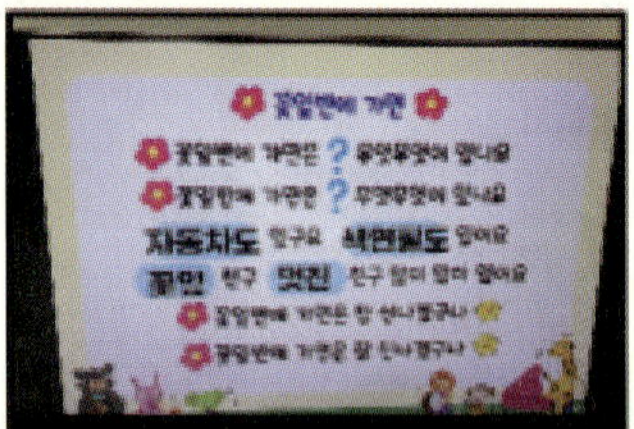

〈꽃잎반에 가면〉 새노래

※ 놀이이야기는 전체적인 흐름을 담을 수 있는 사진을 첨부하여 우리 아이의 사진이 없을 수도 있습니다.
※ 카메라 대신 유아의 손을 맞잡고 놀이를 지원하기 위함이니, 학부모님의 너른 양해 부탁드립니다.

- 1 -

친구랑 함께 놀이해요

친구와 함께하는 컵쌓기 놀이

친구와 함께하는 곤충놀이

사라진 친구를 찾아라!

친구와 함께하는 책읽기

이렇게 놀이했어요

친구들과 친해지는 방법에는 역시 놀이가 최고 ~
한달동안 자신이 하고 싶은 놀이를 자유롭게 선택하여 친구들과 함께 놀이했어요.
자유로운 놀이를 통해서 우리 아이들은
친구들에게 다가가는 방법과 갈등을 긍정적으로 해결하는 방법을 알아가고,
친구들과 함께하는 즐거움을 느낄 수 있었답니다.
우리 아이들이 다양한 놀이들을 통하여 얼마나 성장할지 기대되는 3월이었습니다 :)

즐거운 유치원

강당

블럭방

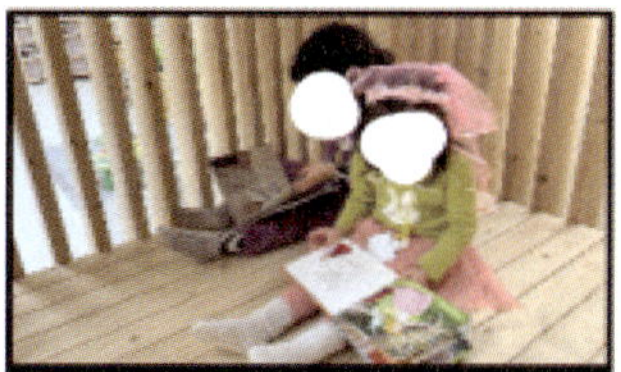
도서관

지니블럭

실외놀이터

3월 놀이 투표

이렇게 놀이했어요

○○유치원에는 교실 외에 다양한 특별실이 있어요! 매일 달라지는 특별실 활용을 통해 즐거운 유치원 생활을 이어가고 있지요.
한달동안 어떤 놀이나 활동이 기억에 남는지,
또 우리반 친구들은 어떤 특별실을 좋아하는지 투표도 해보며 설렜던 3월을 마무리하였어요.
새로운 친구들과 새로운 공간에 적응하기 위해 노력했던 우리 꽃잎3반 친구들!
따뜻한 봄바람이 살랑살랑 불어오는 4월에는 또 어떤 재미있는 놀이이야기가 이루어질지 많이 기대해주세요 :-)

※ 놀이이야기는 전체적인 흐름을 담을 수 있는 사진을 첨부하여 우리 아이의 사진이 없을 수도 있습니다.
※ 카메라 대신 유아의 손을 맞잡고 놀이를 지원하기 위함이니, 학부모님의 너른 양해 부탁드립니다.

- 2 -

위의 놀이이야기 사례는 한 공립유치원의 3세 반 3월의 놀이이야기의 실제이다. 3월에는 유아들이 새 기관 및 교사, 학급에 적응을 하며 기본적인 생활 습관을 다지는 시기로, 심도있는 주제가 전개되기 쉽지 않은 경우가 많다. 따라서 3월의 놀이기록은 주로 유아들의 적응을 중심으로 다양한 탐색 및 적응 활동에 대한 안내가 주가 될 수 있을 것이다. 그러나 이전의 교육과정에서 실행되던 생활주제에 따른 주간계획안과는 달리, 교사의 계획에 따라 유아들이 활동을 따라가는 것이 아니라, 3월 동안 유아들이 관심을 보였던 활동을 교사가 기록하여 놀이가 정리된 후 기록되어 나간다는 차이가 있을 것이다. 놀이의 주제가 반드시 하나로 통일될 필요는 없다. 그러나 하루 일과 중 이루어지는 모든 놀이를 또 다 정리하고 지원할 수도 없을 것이다. 그렇기에 교사는 영유아들의 놀이를 관찰하고 영유아들의 고민을 함께 나누며 놀이 속에서 배움의 내용을 생각해 보아야 할 것이며, 다양한 환경적, 상호작용적 지원을 해나가며 놀이를 확장해 나가야 할 것이다.

(2) 하나의 주제가 전개되어 나가는 놀이의 흐름을 기록하기

다음의 사례는 「2019 개정 누리과정 놀이운영사례집」 중에서 5세 반의 놀이에 대한 기록이다. 아래 QR을 스캔하여 '놀이흐름'과 '교사의 지원부분'을 살펴보며 비교해 보도록 하자.

사례1 제목: 구슬길을 마당까지

구슬길을 마당까지

(교육부(2020), 2019 개정 누리과정 놀이운영사례집)

4월에 시작하여 11월까지 이어진 놀이로, "구슬 굴리기 놀이에서 구슬길 만들기 놀이"로 전개가 되었으며, 놀이는 팽이를 찾다 교실 구석에서 발견한 구슬로 굴리기를 하다 구슬이 굴러가는 구슬길을 만드는 놀이에 대한 기록이다.

위 사례에서 '놀이흐름'과 '교사의 지원 부분'은 같은 놀이의 흐름을 정리한 것이다. '놀이흐름'에서는 유아들의 놀이의 흐름을 따라가며 유아들이 직면하게 된 문제를 해결해 나가며 놀이가 확장되고, 변화되어 가는 과정을 보여주고 있다. '교사의 지원부분'은 같은 놀이에서 놀이의 확장을 위한 교사의 지원을 중심으로 흐름을 정리하였다. 물론, 두 가지 방법 모두 놀이의 흐름을 정리할 때 사용할 수 있다. 놀이의 흐름을 정리하고 기술할 때는 어떤 목적으로 정리를 하는가에 따라 다양한 방법을 사용할 수 있을 것이다. '놀이흐름'에 기술된 것처럼 사진으로 정리되어 놀이가 흘러가는 과정을 보여주는 형식은 놀이의 흐름을 학부모에게 안내하거나, 학급에서 이루어진 여러 놀이의 진행과정 등을 정리하여 앞으로의 놀이 진행과정을 예측하여 살펴보고자 할 때 효율적일 수 있으며, '교사의 지원부분'에 기술된 예시는 교육과정 평가, 교사 지원에 대한 고찰, 자기장학, 동료장학 등의 자료로 활용할 수 있을 것이다.

(3) 하루에 일어난 다양한 놀이를 기록하기

다음의 사례는 「2019 개정 누리과정 놀이운영사례집」 4세 반에서 하루에 일어난 다양한 놀이 기록에 대한 예시이다. 아래의 QR을 스캔하여 '교실상황 및 환경 부분'과 '놀이흐름', '놀이의 뒷이야기'부분을 자세히 살펴보도록 하자.

사례1 제목: 하루에 일어난 놀이

하루에 일어난 놀이

(교육부(2020), 2019 개정 누리과정 놀이운영사례집)

학기 초부터 시작된 놀이, 2학기에 새롭게 시작된 놀이, 간헐적으로 나타나거나 유아들의 관심이 사라지는 놀이 등 다양하게 이루어지고 있는 놀이에 대한 맥락을 알아보고, 하루에 일어난 다양한 놀이들을 기록한 예시이다.

위 사례의 '놀이의 뒷이야기'에서 교사가 이야기를 하였듯이 교실에서는 늘 하나의 주제가 일관되게 펼쳐지고 있지는 않다. 교사가 계획하지 않아도 유아들은 수많은 놀이를 진행해 나가고 있다. 진행되는 놀이 중에 가치가 없는 놀이는 없을 것이다. 주된 놀이 주제를 중심으로 놀이가 펼쳐지고 있지 않을 때, 중심 놀이가 잠시 끊겨 이어지고 있지 않을 때 등의 상황 등에서도 교사들은 놀이를 흐름이나 내용을 정리하며 평가를 해야 할 경우가 있다. 그러한 경우 위의 사례와 같은 방법들을 활용해서 정리해 보는 것도 효율적인 방법이 될 수 있다.

(4) 다양한 방식으로 놀이 기록하기

놀이기록 또는 놀이이야기는 정해진 형식이나 틀이 있는 것이 아니기 때문에 각 유치원의 특성에 따라 다양한 형식이 존재한다.

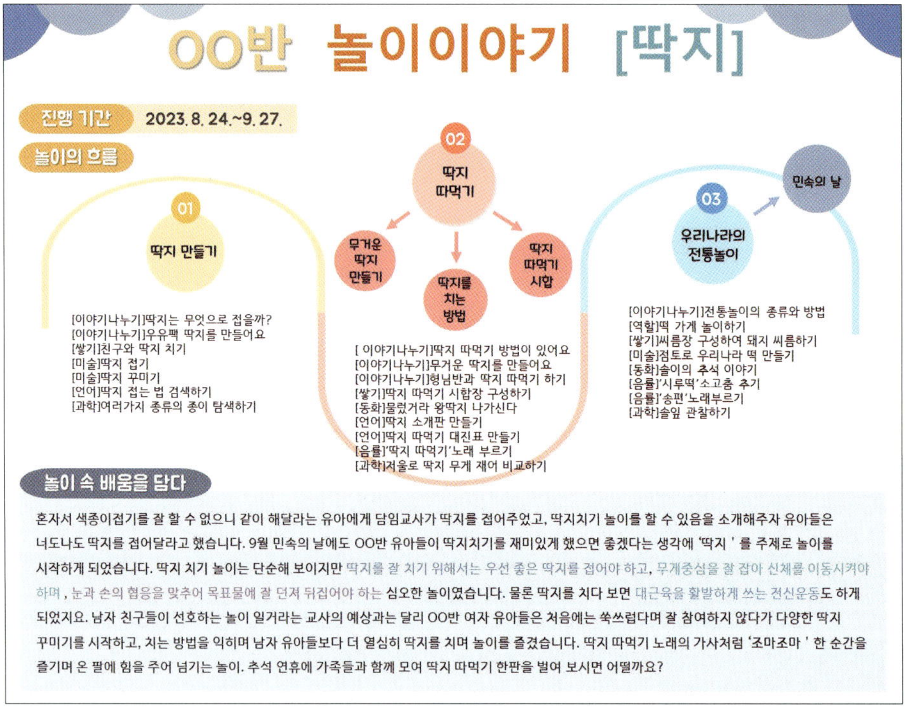

위의 사례는 4세 반의 9월에 이루어진 '딱지'를 주제로 정리된 놀이이야기 중 일부이다. 위의 사례는 첫 장에서 놀이의 흐름이 어떻게 흘러갔는지를 간단한 그림으로 표현해 주었고, 놀이가 진행되며 유아들과 함께 했던 활동들을 아래에 정리해 주었다. 또한, 활동 아래의 '놀이 속 배움을 담다'라는 항목에서는 놀이 주제를 통하여 유아들이 알게된 점, 교사가 함께 놀이를 전개한 이유, 놀이의 의미 등을 정리하였다.

지금까지 살펴본 것처럼 놀이의 기록, 놀이이야기는 어떠한 형식이나 틀, 내용이 정해져 있지 않기 때문에 시기별로, 연령별로, 각 유치원별로 모두 다르게 기술될 수 있다. 그렇지만, 모든 놀이의 기록 속에는 교사가 유아들의 놀이를 관찰하며 찾아낸 놀이의 의미, 놀이의 흐름, 유아들이 중심이 되어 이끌어나가는 놀이의 모습이 담겨있어야만 할 것이다.

논리·논술 역량키우기 7

오늘 하루 동안 내가 한 일들을 모두 적어보세요.

하루 동안 내가 한 일들을 시간의 흐름에 따라 정리해 보세요.

(시간에 흐름에 따라 일어난 일들 사이에서 벌어진 문제 상황과 해결방안도 같이 기술해 보세요.)

6장

창의·논리적 사고와 활동지원

1. 창의·논리적 사고를 위한 활동의 이해
2. 창의·논리적 사고를 위한 활동의 실제

본 장에서는 유아의 논리 · 창의적사고와 활동지원을 위해 활동 계획시 고려되어야 할 점에 대해 살펴보고자 한다. 또한, 유아의 논리 · 창의적 사고를 위한 활동 지원을 위하여 문제해결을 통한 논리 · 창의적 사고 교육의 단계를 제시하였다.

우리말을 바르게 사용하세요!

[틀리기 쉬운 우리말: 데로 / 대로]

☞ 데로: 1. 장소를 나타내는 의미인 경우 사용됨
2. '곳'으로 바꾸어도 의미가 통하는 경우 사용됨

☞ 대로: 1. 위의 경우를 제외한 경우 '대로'로 사용함
예 말하는 대로

[연습문제] 아래 밑줄 친 내용이 맞게 쓰여졌으면 O, 틀리면 X 하시오.

1. 부탁하는 데로 해주었다 ( )
2. 나는 시키는 대로 했다 ( )
3. 조용한 데로 가서 이야기하자 ( )

정답: 1: X, 2: O, 3: O

1. 창의·논리적 사고를 위한 활동의 이해

유아교사에게 필요한 논리적 말하기와 글쓰기를 연습하고, 자신의 생각을 창의적이고 다양한 방법으로 표현하는 경험은 중요하다. 이러한 경험을 통해 교사는 유아교육현장에서 보다 논리적이며 창의적인 교수학습을 실현함으로써 유아들의 자연스러운 논리 창의적 사고를 지원할 수 있게 된다. 이를 위해 유아의 창의·논리적 사고 발달의 중요성을 알고 유아교육 현장에서 유아의 논리적 사고와 창의적 사고 발달을 촉진할 수 있는 다양한 교수방법에 대해 탐색하고 수업계획을 수립하는 것이 필요하다. 유아의 창의·논리적 사고활동을 위해 교사가 적절한 지원을 하기 위해서는 유아들의 놀이상황을 관찰하고 일상생활에서 사고를 촉진하는 상호작용과 활동지원이 이루어져야 한다.

본 장에서는 유아의 창의·논리적 사고를 위한 활동지원을 위해 활동계획 및 활동과정에 대한 내용을 살펴보고자 한다.

1) 유아의 창의·논리적 사고를 위한 활동계획

유아교육 현장에서 이루어지는 다양한 수업 활동을 실시하기 위해서는 활동계획안을 논리적으로 작성하고 수업을 준비할 필요가 있다. 수업계획안을 작성하는 것은 유아의 논리적인 사고를 촉진하기 위한 효과적인 수업 운영에 있어 중요하다. 교사는 유아가 실제 놀이한 내용을 적합한 방식으로 기록하고, 그에 따른 교사의 지원 내용도 함께 작성할 수 있다. 계획안은 유아가 놀이하며 배우는 과정을 이해하는 자료가 되며, 이를 작성하면서 유아에게 필요한 놀이 지원도 함께 계획할 수 있다(교육부b, 2019). 이를 통해 문제를 파악하고 원인과 결과를 분석하며 비판적사고를 촉진하기 위한 다양한 발문을 고안해 봄으로써 효과적인 활동지원이 이루어질 수 있다.

논리적 사고를 지원하기 위한 다양한 수업을 계획하고 수업사례를 분석해 봄으로써 수업에 대한 이해를 높일 수 있다. 수업사례 분석은 교실의 다양함과

복합성을 바탕으로 교사가 경험하는 딜레마 상황에 대하여 자세하게 기술한 사례를 분석하여 문제해결을 위한 의사결정을 하는 행위를 의미한다. 교사의 놀이 지원 및 결과와 관련된 고민과 딜레마 상황을 포함한 수업사례 쓰기와 이를 분석하는 과정은 교사의 놀이검토, 놀이계획, 놀이 지원 과정에서 나타난 교사의 행위에 대한 반성적 사고를 하도록 돕는 틀을 제공해 줄 수 있다(성원경 외, 2020). 유아의 발달과 흥미를 고려하고 교육 활동을 풍요롭게 하기 위해 다양하고 폭넓은 경험과 상황을 통해 수업을 계획하고 창의적이고 융통성 있는 교육운영이 될 수 있도록 한다. 특히 창의·논리적사고를 지원하기 위해 활동 계획을 수립할 시에는 논리적 사고와 창의적 사고의 구성 요소를 잘 파악하고 그에 맞는 발문이 포함되어질 수 있도록 한다.

유아의 논리적이고 창의적사고를 보다 촉진하기 위한 수업을 계획하기 위해서는 유아의 흥미나 관심에 따른 수업 계획이 이루어져야 한다. 또한 유아들의 놀이의 흐름에 따른 맥락을 고려하고 수업안에 보다 논리적이고 창의적인 사고 요소가 반영이 되어질 수 있도록 수업을 계획한다. 이를 위해 유아들의 관심과 흥미에 따른 수업 계획이 이루어져야 하며, 놀이 흐름에 따라 유아의 경험과 친근한 소재를 활용하여 유아들에게 친근하고 익숙한 주제를 확장해 나간다. 또한, 창의·논리적 사고 요소 포함하고 논리적이고 능동적인 상호작용이 계획안에 반영되어질 수 있도록 한다. 유아 창의·논리적사고를 위한 수업계획시 고려점을 구체적으로 제시하면 다음과 같다.

(1) 유아의 관심과 흥미를 고려한 활동 계획

유아의 흥미나 관심에 따른 놀이 상황에서 다양한 배움이 이루어지고 교사는 유아들의 놀이를 이해하고 놀이 지원이 이루어져야 한다. 놀이 상황에 따라 교사가 활동을 적절하게 준비하여 운영하는 것은 유아들의 놀이가 보다 확장되고 심화될 수 있도록 지원한다. 적절한 활동이 이루어지기 위해서는 계획을 수립하고 효과적인 수업이 될 수 있도록 준비가 필요하다. 교사는 일상생활에서의 관찰을 통해 유아의 흥미에 따른 적합한 활동 지원이 이루어질 수 있도록 하고 유아들의 주도적이고 자발적인 참여가 이루어질 수 있도록 한다. 유아의 관심과 흥미를 교사는 답이 정해진 질문을 하거나 일방적으로 지식을 전달하기 위해 개입하는 것이 아니라 유아의 흥미와 관심에 교감하며 놀이를 지원하는 상호작용이 필요하다(교육부, 2019). 유아의 논리적사고를 위한 수업을 계획하기 위해서는 유아들이 놀이 상황 안에서 자연스럽게 연계될 수 있는 활동을 계획하거나 유아들이 흥미를 가지고 있는 주제 등을 고려하여 활동을 계획한다. 예를 들어 유아들이 재활용품을 활용하여 놀이감 만들기를 하고 있을 때 자신이 만든 놀이감을 소개하는 활동을 한다. 자신이 만든 놀이감의 특징과 다양한 정보를 논리적으로 표현할 수 있다.

(2) 유아의 놀이 흐름에 따른 활동 계획

놀이는 유아의 생활이자 교육 그 자체라고 할 수 있다. 놀이를 하면서 유아는 다른 사람들과 관계를 맺고, 주변에 대한 지적 호기심을 충족시키며 삶에 필요한 지식, 기능, 태도를 익히고 사고를 확장해 간다(교육부, 2019). 교사는 수업을 계획시 유아의 놀이의 흐름을 관찰하고 놀이가 확장되어질 수 있도록 적절한 활동을 지원해야 한다. 유아들의 다양한 놀이 상황에서 나타나는 창의적이고 논리적인 활동을 자연스럽게 확장되도록 지원하기 위해 토론이나 이야기나누기 활동으로 이어질 수 있다. 유아들의 놀이 흐름에 따른 논리적 사고 지원을 위한 수업을 계획할 때는 수업의 흐름이 자연스럽게 연계되고 적절한 수업계획인지 살펴본다. 교사로서 놀이의 흐름을 파악하고 놀이안에서 이루어지는 배움의 내용과 과정을 적절히 지원하기 위해 논리적인 사고를 바탕으로하는 체계적인 계획수립이 필요하다. 교사는 유아의 놀이를 관찰하면서 기록을 통해 유아들의 놀이 흐름을 이해하고 놀이의 실행을 통해 배움이 일어나는 과정을 알 수 있다.

예를 들어 달리기에 대한 놀이가 전개되고 있을 때 예를 들어 유아들이 토끼와 거북이 동화를 읽고 토끼의 행동과 거북이의 행동에 대해 생각해 보고 각 입장에 대해 논리적으로 이야기를 나누어 보거나 '나라면 어떻게 했을까' 등에 대해 이야기 나누어 볼 수 있다.

(3) 유아의 경험과 친근한 소재를 활용한 활동 계획

일상생활을 통해 유아들이 나타내는 논리적 사고의 흐름을 이해하고 다양한 관점에서 생각해 봄으로써 비판적인 사고를 형성하고 전하고자 하는 자신의 생각을 논리적으로 전달할 수 있어야 한다. 유아들을 위한 수업 운영 시 문제상황의 원인과 결과를 이해하고 논리적으로 문제를 해결해 가는 과정이 잘 반영될 수 있도록 수업을 계획한다. 계획하기란 교사가 유아의 놀이를 통한 배움을 지원하기 위하여 교육과정 내용과 시간을 조직하는 것이다. 개정 누리과정에서는 교사가 미리 모든 것을 계획하여 그대로 실행하는 것을 지양하고 실행된 교육과정을 담는 것을 강조하여, 만들어진 교육과정이 아니라 만들어가는 교육과정에 의미를 둔다(교육부, 2019b).

교사는 전체 또는 개별 유아가 진행하고 있는 놀이에 초점을 두되 유아가 생활 속에서 경험하고 있는 크고 작은 관심사, 일상생활을 편안하게 유지하기 위하여 필요한 경험, 계절이나 날씨와 같은 자연적인 현상, 기관의 특별한 행사 등을 반영하여 계획할 수 있다(교육부, 2019). 유아들의 일상생활에서 경험하는 내용에서 사실과 정보에 기초한 원인과 결과를 파악해 본다. 예를 들면 재활용을 해야하는 이유에 대해 사실과 정보를 파악하고 재활용을 하지 않았을 때 어떤 결과가 나타나는지 예측해 볼 수 있다. 또는 미술영역에서 자주 사용하는 풀뚜껑을 잘 닫지 않아서 문제가 발생했을 때 원인과 결과를 분석해 보고 문제를 해결할 수 있다.

(4) 창의·논리적 사고 요소를 포함한 활동 계획

유아들의 일상생활 속의 모습을 관찰하고 유아의 흥미과 관심을 보이는 수업을 계획하고 유아와의 논리적인 상호작용을 촉진할 수 있는 주제를 선정한다. 원인과 결과에 대한 관계를 생각해 보고 분석해 보는 과정이 자연스럽게 포함되어질 수 있는 수업계획을 통해 유아의 논리적 사고를 높일 수 있다. 다양한 관점을 반영하여 서로 다른 생각에 대해 이야기나누고 나와 다른 사람의 의견을 존중할 수 있는 상호작용을 포함하는 수업을 계획한다.

수업계획시 유아들의 논리적 사고를 높이고 주도적으로 활동에 참여할 수 있는 내용으로 구성되도록 한다. 논리적사고의 요소는 대부분의 수업계획시 포함되는 중요한 요소로서 수업계획시 구체적으로 반영되었는지 살펴본다. 수업계획시 문제 인식 및 원인을 파악하고 문제 해결을 위한 정보를 수집하고 자료를 탐색한다. 각 사실들을 비교하고 분류해 보는 다양한 방법을 통해 사실에 대해 이해하고 분석할 수 있다. 사실과 정보에 기반한 논리적 근거를 통해 결과를 예측하고 설득력 있게 자신의 주장을 나타낼 수 있도록 한다.

예를 들어 일회용품 사용에 대한 찬반 토론을 통해 일회용품 사용시 장점과 단점에 대한 정보를 찾아보고 관련 내용에 대해 이야기를 나눈다. 사실에 근거하여 자신의 생각을 명확하게 이야기할 수 있도록 수업을 계획하여 운영한다. 찬반 토론 등을 통해 찬성과 반대의 입장에 대해 토론하고 자신의 생각을 보다 논리적으로 표현해 볼 수 있다.

(5) 능동적인 상호작용을 촉진하는 활동 계획

유아와 유아, 유아와 교사, 유아와 환경 간에 능동적인 상호작용이 이루어지도록 한다. 유치원과 어린이집에서 유아는 또래, 교사 및 자신을 둘러싼 환경 등과 관계를 맺으며 성장한다. 또한 유아는 놀이에서 또래 친구와 교사, 자연 환경 등과 적극적으로 상호작용하면서 세상을 이해하고 배움을 이루어 간다. 교사는 유아가 놀이에서 만나는 다양한 관계에 관심을 기울이고 함께 상호작용을 하며 배움을 지원해야 한다(교육부b, 2019). 유아가 주도하는 놀이 중심의 개정 누리과정에서는 유아와 유아 간의 상호작용이 더 활발하고 빈번하게 일어난다. 유아는 또래들과 함께 놀이하면서 자신의 생각을 표현하고, 친구들의 의견을 듣고 때때로 생각을 바꾸기도 한다. 더 재미있게 놀이하기 위해 양보하고, 배려하고, 나와 다른 의견을 수용하여 조절하는 경험도 할 수 있다. 교사는 유아들이 자유롭고 활기차게 놀이할 수 있는 분위기를 제공하여 유아 간의 다양한 상호작용을 격려해 주어야 한다(교육부b, 2019).

유아는 놀이에서 다양한 사물, 자료, 자연물 등을 만지고 움직여 보며 새로운 흥미와 관심을 가지게 되고, 이는 창작적 표현으로 이어지기도 한다. 교사는 유아와 환경 간의 상호작용에 주의를 기울이고 존중하며 유아들이 환경과 즐겁게 상호작용할 수 있도록 지원해야 한다(교육부a, 2019). 특히, 예비유아교사들은 유아들의 활동지원을 위해 계획을 수립하고 기록하고 다양한 발문을 예측하여 반응적으로 상호작용할 수 있는 연습이 필요하다.

2) 유아의 창의·논리적사고를 위한 활동내용

논리적 사고는 유아의 생활 속에서 문제들을 당면할 때 '어떻게 해결할 것인가'에 대한 합리적인 판단을 도와주고, 자신의 판단을 다른 사람에게 설득력 있게 주장할 수 있는 능력을 배양한다. 바람직한 논리 교육은 생각할 수 있는 방법을 알려주는 것으로 유아가 다양한 문제상황을 자연스럽게 접할 때, 하나의 문제를 해결하는 과정 속에서 논리적 사고가 향상된다(박찬옥 외, 2020). 유아의 논리적 사고를 촉진하기 위해서는 유아에게 다양한 문제 상황에서 논리적으로 자신의 생각을 이야기하고 문제를 해결할 수 있는 경험을 풍부하게 제공한다.

유아의 창의·논리적사고를 위한 활동은 다양한 문제를 해결해 나가는 과정에서 효과적으로 적용되어질 수 있다. 이러한 다양한 문제 해결을 통한 창의적이고 논리적인 활동을 구성할 때에는 문제를 발견하고 문제를 정의하는 과정이 필요하다. 또한, 자료를 탐색하고 다양한 해결방안을 탐색할 수 있으며 문제해결을 위한 실행과정과 평가가 이루어질 수 있다.

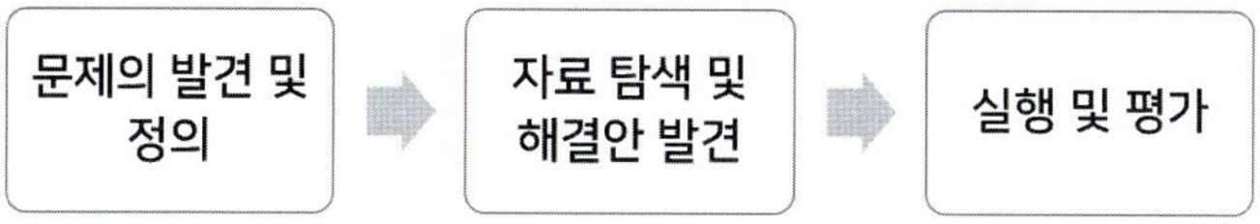

[그림 6-1] 문제해결을 통한 논리와 창의성 교육의 단계

논리적 사고와 창의적 사고를 향상시키기 위해서는 영유아와 영유아 교사가 하루 일과 속에서 당면하는 모든 문제에 대하여 새로운 산출물이나 해결책을 만들어 내기 위한 사고과정을 중심으로 교육해야 한다(박찬옥 외, 2016). 1장에서 제시한 바와 같이 논리적 사고는 비판적사고, 추론적 사고와 논리적 성향으로 나뉘며 창의적 사고는 확산적 사고, 수렴적 사고와 창의적 성향으로 구분될 수 있다. 이와 같은 내용을 바탕으로 박찬옥 외(2016)이 제시한 문제해결을 위한 논리적 사고와 창의적 사고의 요소를 제시하면 다음과 같다.

〈표 6-1〉 문제해결을 위한 논리와 창의적 사고 요소

<table>
<tr><th rowspan="2">단계</th><th colspan="2">논리적 사고</th><th colspan="2">창의적 사고</th></tr>
<tr><th>요소</th><th>구분</th><th>요소</th><th>구분</th></tr>
<tr><td rowspan="3">문제의 발견 및 정의</td><td rowspan="2">• 문제와 개념 명료화하기 (문제파악하기)
• 문제의 원인 인식하기
• 문제해결을 위한 정보 수집하기</td><td rowspan="2">비판적 사고</td><td>• 다양한 시각으로 상황과 문제 조망하기</td><td>확산적 사고</td></tr>
<tr><td>• 어떤 장면이나 상황에 대해 스스로 문제 제기하기</td><td>수렴적 사고</td></tr>
<tr><td>• 다양한 문제에 관심과 호기심 갖기</td><td>논리적 성향</td><td>• 당연하게 받아들여졌던 사실에 대해 의문 품기
• 새로운 가능성을 탐색하기</td><td>창의적 성향</td></tr>
<tr><td rowspan="3">자료 탐색 및 해결안 발견</td><td>• 어떠한 사실이나 상황의 옳고 그름과 좋고 나쁨을 가려내기
• 요점과 요지 및 의도 파악하기
• 순서화하기
• 다양한 해결 방법을 비교 · 분류 · 대조하기
• 논리적 근거 찾기
• 오류 찾기
• 결과 예측하기</td><td>비판적 사고</td><td>• 주어진 정보를 기초로 상상하기
• 가능한 많은 양의 아이디어 산출하기
• 고정적인 사고방식을 변화시켜 다양한 해결책 찾아내기
• 기존의 사고에서 탈피하여 희귀하고 참신한 아이디어나 해결책을 산출하기
• 아이디어를 정교하게 다듬어 발전시켜 표현하기
• 문제를 다양한 관점에서 조망하기</td><td>확산적 사고</td></tr>
<tr><td>• 나열되어 있는 개념을 하나의 의미로 종합하기
• 원인과 결과 관계 분석하기
• 논리를 근거로 추론하기</td><td>추론적 사고</td><td>• 개념이나 사물을 그 속성이나 요소로 분석하기
• 사전의 전후관계 따져보기</td><td>수렴적 사고</td></tr>
<tr><td>• 판단 유보하기
• 개선안 제시하기
• 반대되는 주장이 있을 가능성 따져보기</td><td>논리적 성향</td><td>• 문제 상황에 적극적으로 대처하기
• 자신의 아이디어의 가치를 인정하기</td><td>창의적 성향</td></tr>
<tr><td rowspan="3">실행 및 평가</td><td rowspan="2">• 최선의 해결 방안 선정하기
• 결정된 입장 시각화하기
• 분명하고 설득력 있게 표현하기
• 적용하고 평가하기</td><td rowspan="2">비판적 사고</td><td>• 다양한 표현하기</td><td>확산적 사고</td></tr>
<tr><td>• 실행 후 발견된 문제를 해결할 수 있는 방법 생각하기
• 개념을 통일해 하나의 의미로 정립하기</td><td>수렴적 사고</td></tr>
<tr><td>• 정직하고 객관적으로 생각하기
• 끝까지 포기하지 않고 문제를 해결하기</td><td>논리적 성향</td><td>• 문제가 해결될 때까지 끈질기게 물고 늘어지기</td><td>창의적 성향</td></tr>
</table>

출처: 박찬옥 외(2016). 55~60쪽 재정리함.

3) 유아의 창의·논리적사고를 위한 활동구성

수업계획을 논리적으로 잘 구성하기 위해서는 수업계획안의 활동명, 기대목표, 활동자료, 활동내용 등을 적절하게 기록해야 한다. 특히 활동내용의 계획시 도입, 전개, 마무리의 흐름이 자연스럽게 이루어지고 논리적 사고 요소를 촉진할 수 있는 다양한 발문을 포함하도록 한다. 유아의 창의·논리적사고를 위한 활동구성을 하기 위한 수업계획안을 작성하기 위한 구체적인 내용은 다음과 같다.

(1) 활동 목표

목표는 활동의 방향성을 제시하며 활동을 통해 달성되어야 할 구체적인 내용을 이해할 수 있다. 유아들에게 기대되는 목표를 잘 수립하여 활동을 통해 유아들에게 의미있는 경험이 되어질 수 있도록 한다. 목표를 수립하는 것은 교육의 시작이며 수업의 의미있는 성취방향을 제시하는 마무리가 될 수 있다.

홍찬의(2017)는 활동 목표를 바르게 작성하기 위해 고려해야 할 점으로 다음과 같은 내용을 제시하였다.

첫째, 지식, 기능, 태도에 관한 목표가 고르게 선정되도록 하며 유아가 수행하거나 성취해야 할 행동들을 관찰 가능하고 명료한 문장으로 표현한다.

둘째, 활동형태와 관련된 목표가 포함되어야 한다. 활동목표에 다양한 활동형태를 경험하면서 유아가 습득하게 될 내용이 잘 드러나도록 작성한다.

셋째, 활동내용과 관련된 목표가 포함되어 어떠한 맥락에서 활동이 선정되었는지 연계성을 나타낸다.

넷째, 행동적 목표 또는 표현적 목표의 구조에 맞춰 작성한다. 행동적 목표를 작성할 때는 준거와 도달점을 명시해야 하며 표현적 목표로 작성할 때에는 경험해야 할 문제와 과제를 명시해야 한다.

다섯째, 구체적으로 작성한다. 목표만 읽어봐도 어떠한 수업이 이루어질 것이라는 대략적인 짐작이 가능하도록 작성한다.

교육 목표를 이해하고 실현하기 위해 목표에 따른 수업을 계획하고 운영하는 것은 수업의 맥락을 잘 이해하고 효과적인 수업운영을 이끌 수 있도록 한다.

(2) 활동자료

활동을 계획할 때 유아의 창의·논리적사고를 위한 활동에 필요한 자료를 선택하고 준비해야 한다. 활동의 목표를 달성하고 유아들에게 효과적인 수업 운영을 하기 위하여 활동내용에 맞는 적합한 활동자료를 선정하는 것이 중요하다. 활동자료는 유아의 발달 수준과 흥미, 수업내용에 부합하는지 등을 고려하여 적절한 자료를 준비한다. 활동자료를 작성시의 고려해야 할 점은 활동자료를 구체적으로 기록하며 매체의 개수, 출처 등을 작성하고 설명을 제시한다. 예를 들면 토끼와 거북이(출판사명, 년도), 토끼 목걸이 1개, 거북이 목걸이 1개 등 수업에 활용되는 활동자료를 자세히 기록한다.

(3) 활동내용

유아의 창의·논리적사고를 위한 활동을 위하여 유아들이 경험되어져야 하는 의미있는 내용으로 체계적으로 구성한다. 활동은 도입, 전개, 마무리의 흐름으로 자연스럽게 연결되어질 수 있도록 한다.

① 도입

도입은 유아의 창의·논리적사고를 위한 활동 시작시 유아들의 자연스러운 흥미를 높이는 중요한 과정이다. 유아들이 활동내용에 관심과 흥미를 갖도록 하기 위하여 적절한 도입 방법을 활용하는 것이 좋다. 효과적인 도입 방법을 활용함으로써 유아들이 활동에 대한 흥미와 호기심을 높이고 활동에 주도적으로 참여할 수 있다. 유아의 논리·창의적사고를 위한 활동은 일상생활 속에서 우연히 발생하는 경험으로부터 유아 교육이 시작될 수 있다. 예를 들어 토끼와 거북이 활용하여 수업을 할 때 주의집중의 도입 방법으로 토끼나 거북이 인형이나 사진, 달리기 사진, 비밀 주머니 등을 활용할 수 있다. 이전 자신의 경험과 연관지어 토끼와 거북이 동화를 읽었던 경험이나 거북이를 키우거나 보았던 경험 등을 떠올리면서 활동에 대한 흥미와 관심을 높일 수 있다.

② 전개

활동 내용을 구성할 때 전개 부분은 활동의 가장 핵심이 되는 부분이다. 수립한 목표에 접합한 교육 활동이 전개될 수 있도록 활동의 흐름을 체계적으로 구성하도록 한다. 활동의 전개의 흐름이 유아들의 흥미에 따라 유연하게 이루어질 수 있도록 활동을 구성한다. 유아의 논리·창의적사고를 위한 활동을 위한 전개는 내용에 따라 다양한 교수매체와 방법을 활용하여 운영될 수 있다. 특히, 문제해결을 통한 논리와 창의성 교육을 위해서는 내용에 따라 다양한 방법과 과정으로 운영될 수 있다. 문제를 인식하고 해결해 가는 과정을 통해 일상생활에서의 다양한 문제나 어려움을 인식하고 문제점을 해결하기 위한 다양한 방법을 모색하는 과정이 전개에서 다루어질 수 있다. 이를 위한 논리적 사고와 창의적 사고 요소를 포함하는 발문을 활용하면 유아의 논리·창의적사고를 위한 활동이 효과적으로 이루어질 수 있다. 논리적 사고와 창의적 사고는 교사와 유아와의 적절한 상호작용을 통해 반영될 수 있으므로 활동의 흐름에 맞는 논리적 창의적 사고 요소를 포함하여 활동을 구성해 보는 것이 좋다.

예를 들어 토끼와 거북이 동화에서 논리적 사고 요소를 반영한 발문의 예는 〈표 6-2〉와 같다.

〈표 6-2〉 토끼와 거북이 동화 활용 수업시 논리적 사고 요소 반영 발문 예시

순서화 하기	달리던 토끼는 언덕 앞에서 어떻게 했지요? 그 다음에 어떤 일이 있었지요?
문제의 원인 인식하기	토끼는 왜 거북이에게 달리기에서 졌을까요?
결과 예측하기	토끼가 잠을 자지 않고 계속 뛰었다면 어떻게 되었을까요?

③ 마무리

마무리 활동은 주제에 관해 어떤 내용을 다루었는지 돌아보고 평가해 보는 시간이다. 유아들이 무엇을 경험하였고 수업을 통해 느낀 점 등을 평가할 수 있으며 다음 활동에 대한 제안이 이루어질 수 있다. 추가적으로 포함하고 싶은 내용이나 더 알고 싶은 내용에 대해서도 마무리 활동으로 포함할 수 있다(최현정 외, 2020).

주제와 관련된 도서나 자료를 영역에 비치하여 유아들의 활동이 보다 확장될 수 있도록 돕고 지난 활동을 회상해 볼 수 있도록 지원할 수 있다. 유아에게 관련 자료를 제공해 줌으로써 개별적인 흥미에 따른 활동을 지속할 수 있도록 한다. 예를 들어 토끼와 거북이 동화를 활용한 수업시 마무리 발문은 〈표6-3〉과 같다.

〈표 6-3〉 토끼와 거북이 동화 활용 수업시 마무리 발문 예시

요약하기	새로 알게 된 내용은 무엇인가요? 어떤 내용의 활동이었는지 설명해 줄 수 있나요?
확장하기	오늘 활동을 어떤 다른 방법으로 해보고 싶나요? 토끼와 거북이 이야기를 누구에게 알려주고 싶나요?
반성적 사고하기	토끼와 거북이 활동을 하고 아쉬웠던 점은 무엇인가요? 활동에 참여하면서 느낀 점은 무엇인가요?

유아의 창의·논리적 사고 활동을 위해 수업계획안을 구성해 보고 사고 요소를 반영하여 발문을 계획하고 준비하는 것은 효과적인 수업운영을 위하여 중요한 과정이다. 계획한 대로 진행되지 않더라고 사전에 교사가 활동을 예측해 보고 설계해 보는 과정은 수업을 효과적으로 운영하기 위해 필요하다. 수업계획을 바탕으로 교사는 보다 융통성 있는 수업과 유아들의 참여와 주도성을 가질 수 있는 수업이 될 수 있도록 해야 한다.

활동: 수업계획안 작성하기

▶ 상황: 유아들은 '토끼와 거북이' 동화를 이전에 들어 알고 있습니다. 이후 수업으로 토끼와 거북이의 입장에 대한 이야기 나누기 수업계획안을 작성해 보세요.

활 동 명		← 내용을 파악할 수 있는 대표적인 제목으로 흥미를 끌 수 있는 활동명을 작성해 보세요.
활동목표	• • •	← 지식, 기술, 태도를 반영하고 활동유형이나 내용을 예측할 수 있는 내용을 포함하여 구체적으로 작성해 주세요.
활동자료	•	← 활동자료를 수량, 내용 등을 구체적으로 작성해 주세요.
활동방법	**내용**	**설명**
도입		← 유아의 경험 및 흥미, 새로운 요소 등을 고려한 도입을 작성해 보세요.
전개		← 능동적인 참여를 촉진하고 확산적 발문, 유아의 논리창의적 사고를 촉진하는 상호작용 포함하여 작성해 보세요
마무리		← 활동을 요약하거나 회상해보는 내용, 확장 및 더 알고 싶은 점, 반성적 사고를 통한 성찰을 포함하는 내용을 작성해 주세요.

2. 창의·논리적 사고를 위한 활동의 실제

유아의 창의·논리적 사고 활동을 위한 수업운영이 효과적으로 이루어지기 위해서는 수업에 대해 충분한 이해도를 가지고 사전에 적절한 교수매체를 준비해 두고 수업의 흐름이 자연스럽게 이루어질 수 있도록 준비해야 한다.

본 장에서는 유아의 창의·논리적 사고 활동을 위한 수업 운영의 대표적인 실제 사례로 이야기나누기, 토론 및 토의 등의 내용을 다루어보고자 한다.

1) 이야기나누기

이야기나누기는 모든 발달영역과 학습을 이끄는 중요한 교수–학습 과정으로 교사와 유아, 유아와 유아 간의 언어적 상호작용이 가장 빈번하게 일어나는 시간이다. 이야기 나누기는 교사와 유아가 서로 주도권을 갖는 역동적인 상호작용을 통해 유아가 주제에 대한 이해 및 논리적 사고력과 창의적 사고력을 발달시킬 수 있다(박찬옥 외, 2016). 이러한 이야기나누기는 유아의 창의·논리적 사고를 위한 활동을 지원하고 상호작용을 촉진하는 대표적인 활동이다.

이야기 나누기가 원활하게 잘 이루어지기 위해서는 유아들이 주도적으로 이야기나누기에 참여할 수 있도록 허용적이고 자율적인 분위기를 만들어야 한다. 교사의 논리적이고 수용적인 상호작용을 통해 유아의 사고를 자극하고 다양한 사고가 확장될 수 있다.

이야기나누기는 목적에 따른 분류로 주제관련 이야기나누기, 활동을 안내하기 위한 이야기나누기, 문제상황에 대한 이야기나누기, 일상생활에 대한 이야기나누기, 놀이상황에서의 이야기나누기 등으로 분류한다(허미애, 2007). 이야기나누기는 이와 같이 유아교육기관에서 일상적으로 이루어지는 다양한 상호작용을 포함하며 이야기나누기를 통해 유아의 창의·논리적 사고를 촉진하고 지원할 수 있다. 또한, 교사와 유아의 자연스러운 상호작용을 통해 유아의 창의·논리적 사고를 촉진하고 다양한 문제에 대한 해결능력을 높일 수 있다.

(1) 주제 관련 이야기나누기

이야기나누기는 유아들이 흥미를 보이는 주제를 중심으로 이야기를 나누며 그 주제에 대한 이해와 관심을 높일 수 있다. 주제에 대한 유아들의 관심과 흥미를 높이고 능동적인 상호작용을 촉진하기 위하여 유아들이 이야기나누기에 주도적으로 참여할 수 있도록 허용적이며 수용적인 분위기가 필요하다. 또한, 주제에 따라 창의·논리적 사고 관련 요소를 반영한 상호작용을 포함함으로써 이야기나누기가 더욱 풍성해지고 질 높은 내용으로 구성되어질 수 있다. 유아의 논리·창의적사고를 위한 활동을 촉진하기 위해 다양한 방식의 이야기나누기가 이루어질 수 있도록 한다.

예를 들면, 가을이 되어 나뭇잎이 변화하는 것을 보고 유아들이 나뭇잎 색깔이 왜 변하는지 관심을 갖게 되는 경우 그 주제에 대하여 이야기를 나누어 볼 수 있다. 단풍잎에 대하여 실물도 탐색하고 관련 자료도 찾아봄으로써 나뭇잎의 색의 변화에 대한 이해할 수 있게 된다.

〈표 6-4〉 활동: 나뭇잎 색깔은 왜 변하나요?.

활 동 명	나뭇잎 색깔은 왜 변하나요?		
관련주제	가을	대상연령	만 5세
활동유형	이야기나누기	소요시간	15분
활동목표	• 가을이 되어 색이 변하고 떨어지는 나뭇잎에 관심을 갖는다. • 나뭇잎의 색깔이 변하는 이유에 대해 안다. • 자기 생각을 자유롭게 말하고 이야기 나누기에 즐겁게 참여한다.		
누리과정 관련요소	• 의사소통: 듣기와 말하기〉자신의 경험, 느낌, 생각을 말한다. • 자연탐구: 탐구과정 즐기기〉궁금한 것을 탐구하는 과정에 즐겁게 참여한다. • 자연탐구: 자연과 더불어 살기〉날씨와 계절의 변화를 생활과 관련짓는다.		
활동자료	• 낙엽, 천, 바구니, 멀티플래시(나뭇잎의 색이 변해요. 출처: ○○○)		

활동방법	내용	논리 창의 관련 요소
도입	1. 나뭇잎의 소리를 탐색한다. – 너희들과 함께 보고 싶은 것이 있어서 가지고 왔어요. 바구니에 뭐가 들었을까요? ① – 어떤 소리가 나는지 들어볼까요? –바스락 소리가 나는 것에는 무엇이 있을까요? ② –왜 그렇게 생각했나요? '저는 다른 생각이 있어요!'하는 친구 있을까요? 2. 가을 나뭇잎에 대해 이야기 나눈다. – 색이 변한 나뭇잎들을 본 적이 있나요? ③ – 어디서 봤나요? – 어떤 색으로 물들어 있었는지 이야기해 볼까요? 나무에 달린 나뭇잎들은 어떻게 움직였나요? 와! 아름다운 가을 나무를 보았군요.	①주어진 정보를 기초로 상상하기(창) ②가능한 많은 양의 아이디어 산출하기(창) ③다양한 문제에 관심과 호기심 갖기(논)
전개	3. 가을이 되면 나뭇잎 색이 변하는 이유에 대해 이야기 나눈다. – 왜 가을이 되면, 나뭇잎의 색이 변할까요? ④ – 왜 그렇게 생각했나요? ⑤ 다른 계절이 아닌 가을에 나뭇잎의 색이 변할까요? 그럼, 가을이 되면 모든 나뭇잎들의 색이 변할까요? ⑥ 물들지 않는 나뭇잎도 보았어요? ⑦ 어떤 나무였는지 이야기해 줄 수 있나요? 4. 나뭇잎이 떨어지는 이유에 대해 이야기 나눈다. 가을 나무에 대해 하고 싶은 이야기가 있는 친구 있을까요?⑧ '저도 나뭇잎이 떨어지는 것을 본 적이 있어요!'하는 친구 있나요? 'OO이 이야기를 듣고 관련해서 더 하고 싶은 이야기가 있어요!' 하는 친구 있을까요? ⑨ – 나뭇잎은 왜 떨어질까요? ⑩ – 우리가 함께 생각해보니 이렇게 많은 생각들이 모였어요. 5. 궁금증을 해결하는 방법을 찾아본다. –우리의 궁금증을 어떻게 해결할 수 있을까요? ⑪ –도서관에 가서 책을 찾아보면 좋겠다고 생각했군요. –왜 책으로 찾아보는 방법이 좋을 것 같다고 생각했나요?⑫ –또 다른 생각이 있는 친구 있을까요? –이는 지금 다 같이 볼 수 없으니 컴퓨터로 찾아보는게 좋겠다고 생각했어요? –그래요 그럼 영상을 찾아볼까요?	④개념이나 사물을 그 속성이나 요소로 분석하기(논) ⑤논리적 근거 찾기(논) ⑥고정적인 사고 방식을 변화시켜 다양한 해결책 찾아내기(창) ⑦판단 유보하기(논) ⑧가능한 많은 양의 아이디어 산출하기(창) ⑨요점과 요지 및 의도 파악하기(논) ⑩사건의 전후관계 따져보기(창) ⑪다양한 해결 방법을 비교·분류·대조하기(논)

전개	6. 영상검색을 통해 궁금증을 해결한다. – 어떤 단어로 검색을 하면 좋을까요? ⑬ –우리가 칠판에 적어둔 궁금증을 볼까요? ('나뭇잎의 색이 변해요' 플래시를 시청한다.) 7. 플래시를 회상하며 이야기 나눈다. –영상을 보고 '저는 이걸 새롭게 알게 됐어요!'하고 이야기해 줄 친구 있나요? ⑭ –'저는 이런 궁금증을 해결했어요!'하고 소개해 볼 친구 있을까요? –'친구의 이야기를 듣고 덧붙이고 싶은 이야기가 있어요!' 하는 친구 있나요? ⑮ –아직 해결하지 못한 궁금증이 있을까요?	⑫논리적 근거 찾기(논) ⑬아이디어를 정교하게 다듬어 발전시켜 표현하기(창) ⑭개념을 통일해 하나의 의미로 정립하기(창) ⑮아이디어를 정교하게 다듬어 발전시켜 표현하기
마무리	1. 활동을 회상하고 평가한다. –오늘은 가을이 되어 변하는 나뭇잎에 대해 이야기 나눠 봤어요. –'저는 이게 가장 기억에 남아요!'하고 이야기해 줄 친구 있을까요? –더 알아보고 싶은 것은 무엇인가요? –'다음번엔 이렇게 하면 더 좋을 것 같아요!'하는 생각 있을까요? ⑯ –오늘 이야기를 나누며 아쉬웠던 점이 있나요? ⑰ –○○이는 책으로 찾아보지 못해 아쉬웠어요? 점심먹고 도서관에 가서 나뭇잎 책들을 찾아보기로 해요~!	⑯고정적인 사고방식을 변화시켜 다양한 해결책 찾아내기(창) ⑰실행 후 발견된 문제를 해결할 수 있는 방법 생각하기(창)
활동의 유의점	• 실외활동을 통해 가을 식물의 변화를 직접 보고 느낀 후에 전개하는 것이 효과적이다. • 유아들이 스스로 문제를 인식하고 탐색해볼 수 있는 기회를 충분히 제공한다. • 문제를 해결하는 과정에서 사고를 확장시켜줄 수 있는 발문에 유의한다.	
확장활동	• 가을철 식물의 변화를 그림으로 표현한다. • 나뭇잎 프로타쥬를 해본다. • 색이 변하는 과정을 간단한 연극으로 표현해본다.	

(2) 문제상황에 대한 이야기나누기

유아들은 일상생활에서 다양한 문제상황에 직면하고 각 상황에 따라 문제를 해결하는 과정을 통해 성장한다. 문제상황에 대한 이야기나누기는 유아들이 다양한 문제상황에서 사고할 수 있는 다양한 내용을 이야기나누기를 통해 서로의 생각을 공유하고 문제를 해결해나가는 과정이라고 볼 수 있다. 이야기나누기는 자율적이며 유아들이 능동적으로 참여하는 과정이며, 유아들이 자유롭게 자신의 생각을 이야기할 수 있기 위해서는 허용적이고 수용적인 분위기가 중요하다.

예를 들어, 일상생활 속에서 유아들이 문제 상황을 인식하고 해결하기 위한 규칙이나 약속을 정하기 위해 이야기나누기를 한다. 필요한 규칙이나 약속을 교사가 정해서 지키는 것이 아니라 유아들이 주도적으로 문제를 인식하고 문제에 대해 탐색함으로써 보다 주도적인 해결방안을 도출해 낼 수 있다. 규칙을 도출하는 과정에서 유아의 창의·논리적 사고를 촉진하며 능동적으로 문제를 해결하는 방법을 경험할 수 있다.

〈표 6-5〉 활동: 놀이할 때 지켜야 할 규칙이 있어요.

활 동 명	놀이할 때 지켜야 할 규칙이 있어요.		
관련주제	유치원과 친구	대상연령	만 5세
활동유형	이야기 나누기	소요시간	20분
활동목표	• 규칙이 필요한 이유에 대해 생각해 보고, 교실 놀이할 때 지켜야 할 규칙을 안다. • 자신의 생각을 분명하게 표현할 수 있다. • 다른 사람의 이야기를 듣고, 자신의 생각과 비교할 수 있다.		
누리과정 관련요소	• 사회관계: 더불어 생활하기 〉 약속과 규칙의 필요성을 알고 지킨다. • 의사소통: 듣기와 말하기 〉 자신의 경험 · 느낌 · 생각 말한다. • 의사소통: 듣기와 말하기 〉 상황에 적절한 단어를 사용하여 말한다.		
활동자료	• 그림 자료 (블록을 던지는 그림, 선생님 그림), 보드마카		

활동방법	내용	논리 창의 관련 요소
도입	1. 네모반의 이야기를 듣는다. ① 네모반은 하루도 조용한 날이 없어요. 아이들은 오늘도 교실 이곳, 저곳을 뛰어다니면서 큰소리로 이야기하고 있어요. 네모반의 아이들은 재미있게 교실 놀이를 하고 싶지만 그럴 수가 없었어요. 네모반 선생님과 아이들은 어떻게 하면 교실에서 놀이를 재미있게 할까 고민하기 시작했어요. 2. 네모반 선생님과 아이들의 고민에 대해 생각해 본다. –선생님과 아이들의 고민은 무엇인가요? ② –네모반 아이들의 기분은 어땠을까요? ③ –왜 그렇게 생각했나요? –네모반의 아이들은 왜 놀이를 재미있게 할 수 없었을까요? ④ –그런 행동이 왜 문제라고 생각했나요? ⑤ –'저는 다른 생각이 있어요!'하고 이야기해줄 친구 있나요?	①다양한 문제에 관심과 호기심 갖기(논) ②문제의 원인 인식하기(논) ③어떤 장면이나 상황에 대해 스스로 문제 제기하기 ④다양한 시각으로 상황과 문제 조망하기(창) ⑤어떠한 사실이나 상황의 옳고 그름과 좋고 나쁨을 가려내기(논)
전개	3. 네모반에서 발생할 수 있는 문제에 대해 생각해 본다. –네모반 아이들에게 무슨 일이 있었나요? –쾅쾅이는 재미있는 놀이를 한 것뿐인데, 왜 쾅쾅이 때문에 재미있게 놀지 못했다고 생각했나요? ⑥ –교실에서는 왜 걸어 다녀야 할까요? ⑦ –뛰어도 되는 곳은 어떤 곳일까요? –왜 놀이터는 뛰어도 되는 곳이라 생각했나요? ⑧ 4. 놀이할 때 방해 받은 경험에 대해 이야기한다. –여러분도 놀이할 때 속상하다고 느낀 적이 있나요? '저는 이런 속상한 일이 있었어요.'하고 이야기해줄 친구 있나요? ⑨ –ㅇㅇ이는 왜 속상했을까요? ⑩	⑥어떠한 사실이나 상황의 옳고 그름과 좋고 나쁨을 가려내기(논) ⑦다양한 시각으로 상황과 문제 조망하기(창) ⑧당연하게 받아들여졌던 사실에 대해 의문품기 ⑨문제해결을 위한 정보수집하기(논) ⑩원인과 결과 관계 분석하기(논)

전개	5. 놀이를 할 때 지켜야 할 약속에 대해 이야기 나눈다. –친구들과 재미있게 놀이하기 위해 어떤 약속이 필요할까요? ⑪ –왜 그런 약속이 필요하다고 생각했나요? ⑫ –'저는 조금 다른 생각이 있어요!'하는 친구 있나요? ⑬ –서로 생각이 다를 때, 어떻게하면 함께 재미있게 놀 수 있을까요? –속상한 마음은 어떻게 표현하면 좋을까요? ⑭ –마음이 속상한 친구가 있을 때 어떻게해주면 좋을까요?	⑪분명하고 설득력 있게 표현하기(논) ⑫논리를 근거로 추론하기(논) ⑬반대되는 주장이 있을 가능성 따져보기(논) ⑭새로운 가능성을 탐색하기(창)
마무리	6. 정해진 약속을 정리하여 말한다. –오늘 무엇에 대해 이야기해 보았나요? –우리가 정한 약속은 무엇일까요? ⑮ –이야기를 나누며 새롭게 알게 된 것은 무엇인가요? ⑯ –'이게 가장 기억에 남아요!'하고 이야기해 줄 친구 있나요? –아쉬웠던 점은 무엇인가요? ⑰	⑮최선의 해결방안 선정하기(논) ⑯다양한 표현하기(창) ⑰적용하고 평가하기(논)
활동의 유의점	• 유아들이 문제를 인식하고 해결방법에 대해 스스로 생각해 볼 수 있는 기회를 제공한다. • 즐겁기 위해 만들어가는 약속임을 느낄 수 있도록 지속적인 활동으로 계획한다.	
확장활동	• 우리 반 교실의 약속판을 만들어 본다. • 언어활동으로 네모반 교실 이야기 각색 활동을 해본다.	

2) 토론

토론은 어떤 문제에 대해 서로의 의견을 말하며 논의하는 것이며, 토의는 여러 사람이 모여 주제에 대한 의견을 나누는 것을 말한다. 토론은 토론 참가자들이 공통된 주제를 통해 상호 의견을 교환한다는 측면에서는 토의와 유사한 부분이 있지만 상반되는 의견 속에서 서로 옳다고 생각하는 주장에 대해 근거를 논리적으로 제시하고 반박하는 과정을 갖는다는 것이 차이가 있다(김지현, 2012). 토론은 서로의 주장을 상대방이 설득할 수 있도록 객관적 근거 등을 통해 자신의 주장에 대한 논리적 타당성을 제시한다.

토론은 유아들의 능동적인 참여를 높이며 활동의 동기와 흥미를 높일 수 있는 활동으로 최근 유아교육기관에서도 많이 활용되고 있다. 토론을 통해 자신과 타인의 관점을 인식하고 이해하는 기회를 마련해 줄 수 있으며, 유아가 실제 상황에서 갈등 해결 능력을 기를 수 있다. 유아에게 다양한 토론 활동을 경험할 수 있는 기회를 제공함으로서 자신의 생각을 표현하고 다른 사람의 생각을 존중할 수 있는 태도를 기를 수 있다. 또한, 토론 활동은 유아가 집단 안에서 생활하면서 겪게 되는 문제나 갈등 상황을 해결할 수 있는 방안을 모색할 수 있는 기회를 제공한다(최현정 외, 2020).

토론을 통해 주의깊이 경청하는 능력 제고, 무비판적인 수용태도 개선, 자신과 타인의 의견에 심사숙고하는 태도 함양, 타인을 설득하는 능력 향상, 합리적인 의사결정 방법 터득 등에서의 효과를 기대할 수 있다(박찬옥 외, 2016). 다양한 토론 활동을 통해 유아의 논리·창의적사고를 높이고 사실과 근거에 따른 주장을 제시함으로써 자신의 의견을 적절히 전달할 수 있게 된다. 또한, 다른 사람의 의견을 경청하고 나와 다른 생각의 다름을 이해하고 존중할 수 있게 된다. 이를 위한 유아 토론 활동으로 찬성과 반대의견을 통한 찬반 토론, 다양한 문제를 해결하고 갈등을 조율하기 위한 문제해결을 위한 토론 등 다양한 토론활동이 이루어질 수 있다. 유아들의 발달 수준과 흥미 등을 고려하여 주제를 선정하고 토론 방법을 적용해야 한다.

(1) 찬반토론

찬반토론은 딜레마 상황에 대해 찬성할지 반대할지 결정한 후 그 이유에 대하여 이야기함으로써 찬성과 반대 의견들을 융합하여 최선의 결론을 내릴 때 사용하는 토론 유형이다(박찬옥 외, 2016). 찬반토론의 주제는 유아의 삶과 관련이 있으며 토론에 참여하는 유아들이 관심을 가지고 있는 주제로 선정하는 것이 좋다. 유아교육기관에서 경험하게 되는 갈등 상황 등과 같이 유아들이 함께 접하는 주변의 문제나 환경오염, 기아문제, 세계 평화, 이상 기후 문제 등 각종 사회문제뿐 아니라 도덕적 가치관에 관련된 문제들도 토의 주제로 다루어질 수 있다(구광현 외, 2012). 토론 활동이 원활하게 이루어지기 위해서는 되도록 소집단으로 이루어질 수 있도록 하며 유아들의 참여 기회가 골고루 이루어지도록 한다.

찬반토론시 교사는 중립적인 입장에서 의견을 조율해 주거나 중재할 수 있는 역할을 한다. 토론을 위해 그림 자료나 도서 등의 자료를 준비하여 유아들의 이해를 돕고 유아들이 충분히 생각할 수 있는 시간을 주도록 한다. 토론 활동은 무엇보다 자신의 의견을 이야기하고 다른 사람의 의견을 듣는 태도가 중요하므로 자유롭게 이야기하고 경청하는 분위기가 이루어질 수 있도록 한다(최현정 외, 2020).

〈표 6-6〉 활동: 내 생각을 이야기해요

활 동 명	내 생각을 이야기해요		
관련주제	나와 가족	대상연령	만 4세
활동유형	토론	소요시간	15분
활동목표	• 자신의 생각에 대한 근거를 들어 말할 수 있다. • 토론 주제에 대해 의견들을 통해 최선의 결론을 내릴 수 있다.		
누리과정 관련요소	• 사회관계: 더불어 생활하기〉서로 다른 감정, 생각, 행동을 존중한다. • 의사소통: 듣기와 말하기〉상대방이 하는 이야기를 듣고 관련해서 말한다.		
활동자료	• 이야기 준비(일부러 1접시와 실수로 10접시 깬 것), 막대인형 2개(토순이, 다람이)		

활동방법	내용	논리 창의 관련 요소
도입	1. 설거지와 관련한 사전경험에 대해 이야기 나눈다. – '선생님 저 설거지 해본 적 있어요!'하고 이야기해 줄 친구 있나요? ① 2. 영이와 순이의 이야기를 소개한다. –설거지를 해본 친구들이 많이 있군요 –토순이와 다람이의 이야기를 들어볼까요? (막대인형으로 두 상황을 소개한다.) –토순이: 나는 엄마를 도와드리려고 설거지를 했는데 실수로 접시를 10장이 깨졌어. –다람이: 나는 장난을 치다가 일부러 접시를 1개를 깨뜨렸어. –누가 더 잘못한 걸까요? ② –우리 친구들의 생각이 다양하네요. 그럼 다른 생각들에 대해 토론을 해볼까요? –누가 저 잘못한 걸까요?	①문제해결을 위한 정보 수집하기(논) ②나열되어 있는 개념을 하나의 의미로 종합하기(논)
전개	3. 토론을 통해 서로 다른 생각들을 나눈다. –'이야기를 듣고 하고 싶은 이야기가 있어요!'하는 친구 있나요? ③ –'선생님! 저는 다람이가 더 잘못했다고 생각해요.'하는 –친구들 있나요? ④ –왜 그렇게 생각했나요? ⑤ –'선생님 저도 같은 생각이에요! 그런데 조금 더 하고 싶은 말이 있어요!'하고 생각을 더해줄 친구 있나요? ⑥ – 다르게 생각하는 친구도 있나요? ⑦ –접시를 깨트리면 무조건 잘못된 행동일까요? ⑧ –'저는 토순이가 더 잘못했다고 생각해요!'하는 친구 이야기해 줄래요? –왜 토순이가 잘못했다고 생각하나요? ⑨ –토순이는 왜 실수였다고 생각하나요? ⑩ –실수로한 행동들은 다 정당한 행동이 될까요? ⑪	③가능한 많은 양의 아이디어 산출하기(창) ④문제와 개념 명료화하기(논) ⑤분명하고 설득력 있게 표현하기(논) ⑥아이디어를 정교하게 다듬어 발전시켜 표현하기(창) ⑦문제를 다양한 관점에서 조망하기(창) ⑧어떠한 사실이나 상황의 옳고 그름과 좋고 나쁨을 가려내기(논) ⑨논리적 근거 찾기(논) ⑩원인과 결과 관계 분석하기(논) ⑪판단 유보하기(논)

마무리	4. 토론의견을 모으고 결과를 마무리한다. –오늘은 서로 다른 친구들의 생각을 들어보는 토론을 해보았어요. –토론을 하면서 어떤 기분이 들었는지 오늘은 표정으로 말해볼까요? ⑫ –친구들의 이야기를 듣고 '저는 생각이 달라졌어요!' 하는 친구 있나요? ⑬ –새롭게 알게 된 사실이 있는 친구 있나요? –그럼 오늘 토론을 통해 얻은 결론을 정리해 볼까요? ⑭ –다음에 토톤을 할 때는 '이렇게 해보고 싶어요!'하는 생각이 있나요? ⑮	⑫다양한 표현하기(창) ⑬최선의 해결방안 선정하기(논) ⑭개념을 통일해 하나의 의미로 정립하기(창) ⑮자신의 아이디어의 가치를 인정하기(창)
활동의 유의점	• 서로의 생각이 다를 수 있음을 인지할 수 있도록 수용적인 분위기를 조성한다. • 교사는 사회자의 역할을 수행하며 중립적인 입장을 취한다.	
확장활동	• 교실 속 문제상황을 주제로 함께 문제를 해결하는 토론활동을 해본다.	

〈표 6-7〉 활동: 금도끼 은도끼

활 동 명	'금도끼 은도끼'		
관련주제	생활도구	대상연령	만 4세
활동유형	토론	소요시간	15분
활동목표	• 자신의 생각을 말로 분명하게 나타낸다. • 다른 사람의 의견을 이해하고 존중한다. • 등장인물의 특징과 그가 처한 상황에 관심을 가지고 이해한다.		
누리과정 관련요소	• 의사소통: 듣기와 말하기〉자신의 경험, 느낌, 생각을 말한다. • 의사소통: 책과 이야기 즐기기〉책에 관심을 가지고 상상하기를 즐긴다. • 사회관계: 더불어 생활하기〉서로 다른 감정, 생각, 행동을 존중한다.		
활동자료	• '금도끼 은도끼' 동화책, 펠트지, 두꺼운 도화지, 이름표, 금도끼 · 쇠도끼 모형, 약속판		

활동방법	내용	논리 창의 관련 요소
도입	1. 동화 내용을 회상한다. –우리 오전에 금도끼 은도끼 동화를 들었는데 어떤 이야기었는지 생각해 볼까요? –어떤 등장인물이 나왔나요? ① –나무꾼은 어떤 행동을 했어요? –'제가 나무꾼이라면 산신령에게 이렇게 이야기할 것 같아요!'하고 이야기해 줄 친구 있나요? –연못에 일부러 도끼를 던진 행동이 잘못된 행동인 것 같아요? ○○이는 잘못된 행동이 아니라고 생각한다구요? 생각이 모두 다양하네요. ② –더 이야기 나눠보고 싶다고 생각했어요? 그럼 토론을 해 보도록 할까요?	①문제해결을 위한 정보 수집하기(논) ②문제를 다양한 관점에서 조망하기(창)
전개	2. 토론을 위해 팀을 나눈다. –칠성이의 행동이 잘못된 행동이라고 생각하는 토론자는 손을 들어볼까요? ③ –이번에는 칠성이의 행동이 잘못되지 않았다고 생각하는 토론자 손 들어볼까요? ④ –잘못된 생각이라고 생각하는 토론자는 오른쪽 의자에, 잘못된 행동이 아니라고 생각하는 친구는 왼쪽 의자에 앉아볼까요? 3. 토론을 하면서 지켜야 할 약속을 정한다. –토론을 할 때에는 어떤 약속이 필요할까요? –말하는 사람은 어떻게 해야 할까요? –그럼 듣는 토론자는 어떻게 해야 할까요? –우리 약속한 것들을 기억하며 토론해 보기로 해요. 4. 토론을 한다. –나무꾼의 행동에 대해 '저는 이렇게 생각해요!'하고 이야기해 줄 친구 있나요? ⑤ –'선생님 저도 같은 생각이에요! 그런데 조금 더 하고 싶은 말이 있어요!'하고 생각을 더해줄 친구 있나요? ⑥ –다르게 생각하는 친구들의 이야기도 들어볼까요? ⑦	③문제와 개념 명료화하기(논) ④반대되는 주장이 있을 가능성 따져보기(논) ⑤가능한 많은 양의 아이디어 산출하기(창) ⑥아이디어를 정교하게 다듬어 발전시켜 표현하기(창) ⑦분명하고 설득력 있게 표현하기

전개	-왜 그렇게 생각하나요? ⑧ -산신령은 어떤 생각을 했을까요? ⑨ -'친구들의 생각을 듣고, 생각이 달라졌어요!'하는 친구 있나요? ⑩	⑧논리적 근거 찾기 ⑨문제를 다양한 관점에서 조망하기(창) ⑩판단 유보하기(논)
마무리	5. 활동을 평가한다. -'금도끼 은도끼' 동화의 내용을 바탕으로 토론을 해보았어요. -토론을 하면서 어떤 기분이 들었는지 박수 소리로 표현해 볼까요? ⑪ -가장 기억에 남는 친구의 생각을 소개해줄 친구 있을까요? -새롭게 알게 된 사실이 있나요? -다음 토론에서 ○○이가 말한 부분을 해결하려면 어떻게 해볼 수 있을까요? ⑫	⑪다양한 표현하기(창) ⑫실행 후 발견된 문제를 해결할 수 있는 방법 생각하기
활동의 유의점	• 다양한 관점에서 생각해볼 수 있도록 발문한다. • 서로의 생각이 다를 수 있음을 인지할 수 있도록 격려한다.	
확장활동	• 금도끼 은도끼 동화를 각색해 본다. • 각색한 동화를 바탕으로 동극을 해본다.	

(2) 문제해결을 위한 토론

문제해결을 위한 토론은 문제 상황, 제시된 표, 그림, 동영상 등을 참고하여 주어진 문제를 토론을 통해 창의적으로 해결하는 유형이다. 토론을 함으로써 문제점을 확인, 문제의 원인 인식, 그에 따른 주장과 근거 제시, 충동적으로 말과 행동을 했을 때 벌어질 수 있을 부정적인 결과에 대한 예측, 대안 제시, 최선의 해결책과 실천방안을 이끌어 내게 된다(박찬옥 외, 2016).

〈표 6-8〉 활동: 걱정바구니

<table>
<tr><td>활 동 명</td><td colspan="3">걱정바구니</td></tr>
<tr><td>관련주제</td><td>유치원과 친구</td><td>대상연령</td><td>만 5세</td></tr>
<tr><td>활동유형</td><td>토론</td><td>소요시간</td><td>15~20분</td></tr>
<tr><td>활동목표</td><td colspan="3">• 고민이 생겼을 때 해결하는 방법에 대해 안다.
• 토론을 통해 자신의 생각에 대해 이야기할 수 있다.
• 토론에 적극적으로 참여하고 친구의 이야기를 경청한다.</td></tr>
<tr><td>누리과정 관련요소</td><td colspan="3">• 사회관계: 나와 다른 사람의 감정알고 조절하기〉나와 다른사람의 감정알고 표현하기
• 사회관계: 다른 사람과 더불어 생활하기〉공동체에서 화목하게 지내기
• 예술경험: 예술적 표현하기〉극놀이로 표현하기</td></tr>
<tr><td>활동자료</td><td colspan="3">• 걱정편지 종이, 필기도구, 걱정바구니</td></tr>
<tr><td>활동방법</td><td colspan="2">내용</td><td>논리 창의 관련 요소</td></tr>
<tr><td>도입</td><td colspan="2">1. 걱정이 많은 친구의 이야기를 들어본다.
–○○이가 걱정이 생겼다고 해요. 어떤 걱정인지 들어볼까요? ①
–□□이도 ○○이의 이야기를 들었어요?
–고민이나 걱정이 생기면 기분이 어떤가요? ②
–왜 마음이 속상한 기분이 들까요? ③

2. 고민이 생겼을 때 해결할 수 있는 방법에 대하여 이야기 나눈다.
–고민이나 걱정이 있을 때 어떻게 해결할 수 있을까요? ④
–어떻게 하면 친구들과 걱정을 함께 나누고 해결할 수 있을까요? ⑤
–어떤 방법이 좋을까요? ⑥
–걱정을 적어서 어디에 두면 좋을까요?
–좋은 생각이네요. 친구들이 이야기한 것처럼 걱정바구니에 걱정을 모아보면 어떨까? ⑦</td><td>①다양한 문제에 관심과 호기심 갖기(논)
②논리를 근거로 추론하기(논)
③당연하게 받아들여졌던 사실에 대해 의문품기
④다양한 표현하기(창)
⑤가능한 많은 양의 아이디어 산출하기(창)
⑥다양한 해결 방법을 비교분류대조하기(논)
⑦자신의 아이디어의 가치를 인정하기(창)</td></tr>
</table>

전개	3. '걱정바구니'에 담긴 친구의 고민을 들어본다. –걱정바구니에 걱정편지가 도착했다고 해요. 같이 볼까요? –OO이는 동생이 미운 것이 걱정이래요. ⑧ –'나도 그런 적 있어요!'하는 친구 있나요? 와 많은 친구들이 같은 고민을 했었네요. –왜 동생이 미웠는지 친구들에게 소개해 줄 수 있을까요? ⑨ –동생이 OO이에게 말도 하지 않고 장난감을 가지고 놀고, 꼭 망가트려서 동생이 미웠군요! ⑩ –그래서 어떻게 했었나요? 4. 친구의 고민을 해결하는 방법에 대해 토론한다. –동생이 내 장난감을 만지면 왜 속상한 마음이 들까요? ⑪ –동생이 가지고 놀면 장난감이 왜 망가질까요? ⑫ –'동생의 입장을 생각해보니 생각이 달라진 부분이 있어요.'하는 친구 있나요? ⑬ –속상한 마음을 꾹 참고 장난감을 양보하는 것 말고 더 좋은 방법은 없을까요? ⑭ –'조금 더 덧붙이고 싶은 생각이 있어요!'하는 친구 있을까요? ⑮ –동생을 미워하지 않고 사이좋게 지내려면 어떻게 할 수 있을까요? –'저는 다른 생각이 있어요!'하는 친구 있나요? –동생이 장난감을 망가트리지 않으면 동생을 미워하지 않을 것 같아요? ⑯ –장난감 사용방법을 설명해 주면 동생은 뭐라고 말할 것 같나요? ⑰	⑧요점과 요지 및 의도 파악하기(논) ⑨논리적 근거 찾기(논) ⑩문제의 원인 인식하기(논) ⑪논리를 근거로 추론하기(논) ⑫다양한 시각으로 상황과 문제 조망하기(창) ⑬기존의 사고에서 탈피하여 희귀하고 참신한 아이디어나 해결책을 산출하기 ⑭고정적인 사고방식을 변화시켜 다양한 해결책 찾아내기(창) ⑮아이디어를 정교하게 다듬어 발전시켜 표현하기(창) ⑯사건의 전후관계 따져보기(창) ⑰결과 예측하기(논)
마무리	5. 토론을 정리한다. –우리 반 친구들이 모두 힘을 모아 해결방법을 찾아봤어요. 많은 방법들이 나왔는데 어떤 방법이 가장 좋을 것 같아요? ⑱ –왜 그 방법이 가장 좋을 것 같다고 생각했나요? ⑲ –함께 생각을 모으니 좋은 해결 방법을 찾을 수 있었네요.	⑱최선의 해결방안 선정하기 ⑲논리적 근거 찾기

마무리	6. 활동을 평가하고 마무리한다. –토론을 통해 함께 문제를 해결하니 '저는 이런 점이 가장 좋았어요!'하고 이야기해 줄 친구 있나요? –'이런 점은 조금 아쉬웠어요. 다음 번엔 이렇게 해볼래요!'하는 생각도 있을까요?	
활동의 유의점	• 서로의 생각을 존중할 수 있도록 사전에 이야기한다. • 유아들이 자신의 생각을 표현할 수 있도록 기다려준다.	
확장활동	• 걱정 편지의 이야기로 상황극 해보기 • 가정과 유치원으로 확장하여 걱정바구니 활동하기	

유아의 논리·창의적사고를 위한 활동과 이야기나누기, 토론 등을 중심으로 활동의 실제에 대해 살펴보았다. 유아의 논리·창의적사고 활동은 일상생활에서 다양한 활동과 놀이를 통해 자연스럽게 이루어질 수 있다. 교사들은 다양한 활동의 실제를 직접 수행하는 경험을 통해 교수자로서의 수업역량을 높일 수 있으며 수업운영시 보다 논의 창의적인 사고를 반영한 수업 운영이 될 수 있다. 특히, 모의수업이 체계적으로 실시되기 위해서는 모의수업을 위한 수업계획이 구체적으로 잘 이루어져야 하며 수업에 대한 적절한 피드백을 받고 수정 보완하여 좋은 수업운영이 될 수 있도록 한다. 모의수업을 실시할 때에는 수업 전 모의수업 계획안을 작성하고 모의수업에 필요한 교수자료를 준비한다. 모의수업을 실시하고 수업 후 자기성찰지에 수업에서의 보완할 점이나 개선할 사항 등을 작성한다. 수업에 대한 끊임없는 반성적 사고를 통해 수업역량이 향상될 수 있도록 노력해야 한다. 예비유아교사들은 다양한 수업 경험을 통해 수업역량을 증진할 수 있도록 해야 한다. 학생 수업 역량 제고 노력은 예비교원이 미래교육에 필요한 수업역량을 가지고 교수·학습의 변화에 효과적으로 적응할 수 있도록 하기 위한 교원양성기관 차원의 다양한 노력을 의미한다. 학생 수업역량 제고를 위해 미래교육변화에 따른 다양한 수업 내용을 발굴하고 혁신적인 교수학습 방법을 활용하여 수업개선을 위한 노력이 필요하다(교육부, 한국교육개발원, 2023).

논리·논술 역량키우기 8

토끼와 거북이 동화를 읽고 다음 두가지 입장 중 한가지를 선택하고 그렇게 생각하는 이유를 작성해보세요.

– 입장1: 자고 있는 토끼를 깨우지 않은 거북이의 행동은 정당하다.

– 입장2: 자고 있는 토끼를 깨우지 않은 거북이의 행동은 옳지 않다.

나의 입장:

그렇게 생각하는 이유:

위 내용을 바탕으로 친구와 토론을 해보세요. 토론을 하며 상대방을 설득시킬 수 있는 논리적인 근거를 제시해 보세요.

7장

유아의 창의·논리적 사고와 동화

1. 동화를 활용한 논리·논리교육의 이해
2. 동화를 활용한 논리·논리교육의 실제

유아는 주변 사람들과 소통하며 관계를 맺는 능동적인 의사소통자이다. 유아는 다른 사람의 말을 주의 깊게 듣고 자신의 생각과 느낌을 다양한 방법으로 표현하며 소통하는 것을 즐기고, 책과 이야기에 관심을 갖는다. 따라서, 본 장에서는 동화를 활용한 논리 · 논술교육의 기본적인 이론적 배경에 대한 이해를 바탕으로 실제 동화를 활용한 다양한 논리적 글쓰기의 실제에 대하여 알아보고자 한다.

우리말을 바르게 사용하세요!

[틀리기 쉬운 우리말: 결재 / 결제]

☞ 결재: 결정할 권한이 있는 상관이 부하가 제출한 안건을 검토하여 허가하거나 승인한다는 의미일 경우는 "결재"를 사용함

☞ 결제: 1. 일을 처리하여 끝을 냄.
2. 증권 또는 대금을 주고받아 매매 당사자 사이의 거래 관계를 끝맺는 일. 의 의미일 경우는 "결제"를 사용함

[연습문제] '결제'가 들어가는 예문을 1개 찾아 써보세요.

1. ____

1. 동화를 활용한 논리·논술교육의 이해

2019 개정 누리과정의 의사소통 영역은 유아가 다른 사람과 소통하며, 일상에서 만나는 글자나 상징에 관심을 가지고 책과 이야기를 즐기는 경험과 관련된 내용이다. 교사는 유아가 자신의 느낌과 생각을 적절하게 말하는 경험을 통해 바른 언어생활을 할 수 있도록 돕는다. 또한 유아가 아름다운 우리말이 담긴 책과 이야기에 흥미를 가지고 언어가 주는 재미와 상상을 충분히 즐길 수 있도록 지원할 수 있다(교육부 · 보건복지부, 2019).

1) 의사소통 영역과 논리·논술교육

의사소통 영역의 목표와 내용범주는 유아가 일상생활에서 다른 사람의 말이나 이야기를 듣고 말하기를 즐기며, 주변의 상징을 읽고 글자와 비슷한 형태로 써보기에 관심을 가지며, 다양한 책과 이야기를 통해 상상하기를 즐기는 내용으로 구성하였다.

특히, 2019 개정 누리과정의 의사소통 영역에서는 유아가 동화와 동시, 말놀이와 이야기 짓기 등 일상에서 자연스럽게 문학을 즐기는 경험에 중점을 두어 '책과 이야기 즐기기' 내용범주를 새롭게 제시하였다. 2019 개정 누리과정의 의사소통 영역의 목표와 내용은 다음과 같다.

1 목표

일상생활에 필요한 의사소통 능력과 상상력을 기른다.

1) 일상생활에서 듣고 말하기를 즐긴다.
2) 읽기와 쓰기에 관심을 가진다.
3) 책이나 이야기를 통해 상상하기를 즐긴다.

2 내용

내용범주	내용
듣기와 말하기	말이나 이야기를 관심 있게 듣는다.
	자신의 경험, 느낌, 생각을 말한다.
	상황에 적절한 단어를 사용하여 말한다.
	상대방이 하는 이야기를 듣고 관련해서 말한다.
	바른 태도로 듣고 말한다.
	고운 말을 사용한다.
읽기와 쓰기에 관심 가지기	말과 글의 관계에 관심을 가진다.
	주변의 상징, 글자 등의 읽기에 관심을 가진다.
	자신의 생각을 글자와 비슷한 형태로 표현한다.
책과 이야기 즐기기	책에 관심을 가지고 상상하기를 즐긴다.
	동화, 동시에서 말의 재미를 느낀다.
	말놀이와 이야기 짓기를 즐긴다.

의사소통 영역의 내용범주 중 '책과 이야기 즐기기'는 유아가 다양한 책에 관심을 가지고 상상하며, 동화, 동시에서 말의 재미를 느끼고, 말놀이와 이야기 짓기를 즐기는 내용이다. 이에 본 장에서는 논리·논술을 돕는 철학적 탐구의 방법을 소개하고, 동화 및 이야기를 활용한 말하기 및 글쓰기 활동에 대하여 알아보고자 한다.

2) 동화와 논리·논술을 돕는 철학적 탐구

아래에서 제시된 철학적 탐구 방법은 전혀 새로운 방식의 교육 방법이 아니며, 주제 또한 새롭게 공부해서 익혀야 할 내용이 아니다. 이야기에 마련된 소재들은 유아들과 함께하는 나날의 일상 경험 속에서 삶에 애정을 가진 만큼 누구나 일으킬 수 있는 호기심과 궁금함이다. 평범하지만 각자에겐 소중한 나날 속에 유아와 유아, 유아와 교사가 서로에게 귀 기울이며 알고 싶은 바를 자연스럽게 묻고 풀어 가기 위해 열린 마음으로 대화하고 토론하는 것, 이것이 바로 철학적 탐구 방법이 지향하는 바이다(정대련, 2016).

(1) 유아들의 철학적 탐구를 돕는 활동

① 경청하기

유아를 위한 철학 교육의 가장 중요한 핵심은 '유아 스스로 생각하기'를 돕는 일이다. 유아가 스스로 생각하기 위해서는 먼저 '경청하기', 즉 다른 사람의 말이나 이야기를 귀 기울여 들어야 한다. 유아가 자신 속에 생성되는 생각을 발견하고 이를 스스로 발전시키기 위해서는, 상대방의 말이나 이야기 속 등장인물들의 대화, 다양하게 전개되는 실제 상황이나 작품 속 상황을 반복하여 '경청'하는 기회를 가짐으로써, 누가 어떤 말을 하는지, 어디서 어떤 이야기가 전개되는지를 기억하고 되새길 필요가 있다(정대련, 2016).

가. 개념

- 유아들이 동화를 경청하도록 촉구하고 관심을 동화로 인도하기 위하여 동화에 언급된 친숙한 개념이나 익숙하지 않은 단어들을 찾아보는 시간을 갖는 것

나. 명제

- 유아들이 귀 기울여 들은 동화 중 재미있는 문장·생각나는 문장·이해되지 않은 문장이 있는지 되새겨 보는 것
- 동화 속에서 주인공이 관찰하고 있거나 판단한 내용, 그를 중심으로 발생하는 상황 설명이나 어떤 사태에 대한 주인공의 느낌이 나타나 있는 문장을 유아와 함께 찾아봄으로써 경청하기를 격려하는 단계

② 질문하기

유아들이 동화를 경청하고 나면, 교사는 유아들로 하여금 스스로 생각하기의 출발로서 동화와 관련된 '질문하기'를 하도록 인도한다. 창의적 사고를 촉구하려

는 교사들은 유아들의 상상과 비약을 중요하게 여기며, 유아들의 기발하고 다양한 반응을 긍정적으로 수용한다.

유아의 논리적 사고를 염두에 둔 교사는 동화 속에서 보다 세밀하게 인과관계를 살피고, 전후 맥락에 숨겨진 의미를 밝히며, 등장인물들의 의도와 가정, 전제들을 보다 섬세하게 살피는 질문과대화를 준비해야 한다(정대련, 2016).

가. 등장인물들의 질문

- '물음표'를 가진 문장을 찾는다. 동화 내용 중 주인공을 비롯한 기타 주변 등장인물들이 제기한 질문을 찾아보고, 찾아낸 질문을 함께 읽으며, 유아들과 함께 이에 대한 생각을 나눈다.

나. 동화 내용과 관련된 질문

- 유아들에게 동화 내용과 관련된 질문을 하거나 유아들이 동화를 들으며 직접 연상한 질문을 하도록 기회를 준다.
- 유아들이 주인공 유아의 질문이나 동화 속에 예시된 질문들을 길잡이 삼아 관련된 아이디어를 떠올리고 이들과 비슷한 유형의 질문을 만들 수 있도록 돕는다.

다. 동화의 맥락을 벗어난 창의적 질문

- 동화의 맥락을 벗어난 새로운 질문도 떠올려 본다.
- 동화의 맥락에서 한 단계 비약하거나 반대상황 그려보기, 동화 내용 살짝 비틀어 보기, 전혀 엉뚱한 상상하기 등을 허용하는 질문을 하거나, 유아 스스로 그러한 질문을 할 수 있도록 조장함으로써 유아의 사고 범위를 확장시켜 준다.

(2) 유아들의 철학적 탐구를 돕는 활동의 예

▶ **동화 제목: 나는야 어린 철학자 7 「모두 모여 한가위」** (정대련 글(2007), 아이코리아)

▶ **동화 내용 부분 발췌:**

엄마는 할아버지, 할머니께 가져갈 선물을 분홍 보자기에 예쁘게 쌌어. 여행 가방에 우리가 입을 추석빔을 챙긴 엄마가 드디어 출발 선언을 하셨어.
"준비 끝! 이제 기차 타러 가자!"

"어서 나와요. 아직 멀었나요?"
현관문을 잡고 아빠가 엄마를 부르셔.
"잠깐만요. 빠진 것 없나? 짐 다 들었어요? 하나, 둘, 셋, 넷."
"너희들, 방에 전기 스위치 껐지? 엄마가 아까 가스 잠갔지?"
"아빠는 기차표 갖고 계시지요?"
여행을 떠날 때면, 아빠가 현관문을 잠그는 마지막 순간까지 엄마는 하나하나 확인하며 언제나 바빠.

드디어 아빠와 엄마는 꾸러미와 가방을 양손에 하나씩 들고 집을 나섰어. 누나는 큰 배낭, 나는 작은 배낭을 하나씩 메고 앞장서서 걸었어. 우리 모두 기차 타고 고향으로 출발!

▶ **유아들의 철학적 탐구를 돕는 활동:**

■ **경청하기**

개념(단어)

- "이야기 속에 어떤 말, 단어, 또는 개념이 있었나요? 재미있는 말, 처음 들어 본 말, 잘 모르는 말이 있었나요?"
- 분홍 보자기, 추석빔, 출발 선언, 현관문, 어서, 아까, 예쁘게(예쁘다), 챙긴(챙기다), 쌌어(싸다), 빠진(빠지다), 껐지(끄다), 잠갔지(잠그다)

2. 명제(문장)
- "이야기 중에 재미있는 문장 또는 생각나는 문장, 잘 이해되지 않는 문장이 있었나요?"
- 엄마는 할아버지, 할머니께 가져갈 선물을 분홍 보자기에 예쁘게 쌌어.
  현관문을 잡고 아빠가 엄마를 부르셔
  여행을 떠날 때면 아빠가 현관문을 잠그는 마지막 순간까지 엄마는 하나하나 확인하며 언제나 바빠

■ **질문하기**

1. 등장인물들의 질문
- "이야기 중에 주인공이나 등장인물들이 물어본 질문들이 있었나요? 어떤 질문이 있었는지 찾아볼까요?"
- 아직 멀었나요?
  엄마가 아까 가스 잠갔지?
  아빠는 기차표 갖고 계시지요?

2. 이야기 내용과 관련된 질문
- "이야기 내용과 관련해서 우리도 질문을 만들 수 있을까요? 주인공 친구가 질문했던 것을 우리 친구들도 궁금해한 적이 있나요?"
- 선물을 보자기에 싸는 이유가 뭘까?
  왜 여행을 할 때면 엄마만 그렇게 바쁘지?
  명절에 고향을 가야 하나?

3. 이야기 맥락을 벗어난 창의적 질문
- "혹시 지금 막 떠오른 생각이 있나요? 무언가 새로운 생각이 떠올랐나요?"
- 고향에 가는 사람들이 가장 많이 이용하는 교통수단은 어떤 것일까?
  아빠가 마지막 확인을 한다면 엄마와 똑같은 내용을 챙길까?
  누나 배낭엔 무엇이 들었을까?

출처: 정대련(2016), 개정판 동화로 여는 유아의 논리 논술, p.307-309.

철학적 탐구를 돕는 활동 경험하기

▶ **동화 제목: 「돼지책」** (앤서니 브라운 글 · 그림(2016), 웅진주니어)

▶ **동화 내용 부분 발췌:**

피곳 씨는 두 아들인 사이먼, 패트릭과 멋진 집에 갈고 있었습니다.
멋진 정원에다, 멋진 차고 안에는 멋진 차도 있었습니다.
집 안에는 피곳 씨의 아내가 있었습니다.
"여보, 빨리 밥 줘." 피곳 씨는 아침마다 외쳤습니다.
그러고는 아주 중요한 회사로 휑하니 가 버렸습니다.
"엄마, 빨리 밥 줘요." 사이먼과 패트릭도 외쳤습니다.
그러고는 아주 중요한 학교로 휑하니 기 버렸습니다.
피곳 씨와 아이들이 떠나고 나면, 피곳 부인은 설거지를 모두 하고, 침대를 모두 정리하고, 바닥을 모두 청소하고, 그러고 나서 일을 하러 갔습니다.
"엄마, 빨리 밥 줘요."
아이들은 아주 중요한 학교에서 돌아와 저녁마다 외쳤습니다.
"어이, 아줌마, 빨리 밥 줘."
피곳 씨도 아주 중요한 회사에서 돌아와 저녁마다 외쳤습니다.
피곳 씨와 아이들이 저녁을 먹자마다, 피곳 부인은 설거지를 하고, 빨래를 하고, 다림짐을 하고, 그러고 나서 먹을 것을 조금 더 만들었습니다.
어느 날 저녁, 아이들이 학교에서 돌아와 보니 집에는 반겨 주는 사람이 아무도 없었습니다.
"엄마는 어디 있니?"
피곳 씨가 회사에서 돌아와 물었습니다.
피곳 부인은 어디에도 없었습니다. 벽난로 위에 봉투가 하나 있었습니다. 피곳 씨는 그 봉투를 열어 보았습니다. 안에는 종이가 한 장 들어 있었습니다.
'너희들은 돼지야.'
"이제 어떻게 하지?" 피곳 씨가 말했습니다. 피곳 씨와 아이들은 손수 저녁밥을 지어야 했습니다. 시간이 많이 걸렸습니다. 그리고 아주 끔찍했습니다. 다음 날 아침, 피곳 씨와 아이들은 손수 아침밥을 지어야 했습니다. 시간이 많이 걸렸습니다. 그리고 정말 끔찍했습니다.

▶ **유아들의 철학적 탐구를 돕는 활동:**

■ **경청하기**

1. 개념(단어)

- "이야기 속에 어떤 말, 단어, 또는 개념이 있었나요? 재미있는 말, 처음 들어 본 말, 잘 모르는 말이 있었나요?"

2. 명제(문장)

- "이야기 중에 재미있는 문장 또는 생각나는 문장, 잘 이해되지 않는 문장이 있었나요?"

■ **질문하기**

1. 등장인물들의 질문

- "이야기 중에 주인공이나 등장인물들이 물어본 질문들이 있었나요? 어떤 질문이 있었는지 찾아볼까요?"

2. 이야기 내용과 관련된 질문

- "이야기 내용과 관련해서 우리도 질문을 만들 수 있을까요? 주인공 친구가 질문했던 것을 우리 친구들도 궁금해한 적이 있나요?"

3. 이야기 맥락을 벗어난 창의적 질문
- "혹시 지금 막 떠오른 생각이 있나요? 무언가 새로운 생각이 떠올랐나요?"

2. 동화를 활용한 논리 · 논술교육의 실제

유아들은 같은 동화책을 몇 번이고 읽어달라고 하며, 반복되는 읽기 과정에서 매번 새로운 것을 발견해 내며, 책 속의 펼쳐진 다양한 재미를 알아나간다. 이처럼 동화를 읽어주는 것 자체로도 유아들의 창의적, 논리적인 사고를 증진시킬 수 있다.

1) 동화 읽어주기의 의미

유아에게 논술 능력을 키워주기 위한 여러 방법 중에서 그림책 읽어주기는 매우 효과적이다. 그림책 읽어주기는 왜 논술에 도움을 주는지, 그리고 어떻게 지도하는 것이 좋은지 알아보면 다음과 같다.

첫째, 그림책 읽기/읽어주기를 하면 유아의 간접 체험이 늘고 상상력이 발동된다.

둘째, 유아에게 직·간접적 체험을 늘려서 배경지식을 쌓는다.

셋째, 그림책을 읽어준 후에 자신의 느낌과 생각을 말이나 글로 자유롭게 표현하게 한다.

넷째, 다양한 분야의 그림책을 제공하고, 그 분야와 연계된 책도 읽도록 한다.

다섯째, 그림책을 읽고 난 후에 토론 활동을 하며 사고력을 키운다.

여섯째, 정서적 글쓰기를 함으로써 논술 능력을 기른다.

일곱째, 효과적인 발문을 통해 논술 능력을 키워 줄 수 있다(탁희성 외, 2021).

2) 발문을 활용한 논리 · 논술교육

탁희성 등(2021)은, 발문은 의미와 내용을 알고 있는지 묻는 질문, 이유나 근거를 묻는 질문, 판단을 요구하는 질문, 다른 생각이나 대안이 있는지 물음으로써 유아가 사고하고 새롭게 창의적으로 생각할 수 있도록 하는 전략적 질문이라고 하였다.

그림책을 읽어준 후의 발문을 통하여 유아와 다양한 상호작용을 하는 것은 유아의 논술 능력을 기르기 위한 또 하나의 방법이 될 것이다. 다음은 유아에게 「누가 내 머리에 똥 쌌어?」라는 그림책을 읽어준 후 유아와 상호작용을 나누고 논술하기 위한 발문이다.

▶ **「누가 내 머리에 똥 쌌어?」** (베르너 홀츠바르트 저/볼프 에를브루흐 그림(2002), 사계절)

▶ **그림책 읽어주기를 통한 발문의 예시**

발문1 (지식)	이 책에 나오는 동물이에요. 해가 떴나, 안 떴나 보려고 땅속에서 머리를 내민 동물은 무엇이었나요?
대답	두더지
피드백	그래요. 잘 듣고 있었군요.

발문2 (이해)	두더지의 머리에 '철퍼덕'하고 떨어진 똥은 어떤 색이었을까요?
대답	누런(노란)색
피드백	맞아요. 사람들이 더럽다고 하는 똥이지요.

발문3 (분석)	똥의 냄새, 모양, 색깔은 어떤지 말해 보세요
대답	코를 막고 싶은 나쁜 냄새, 길고 둥글다. 노란색.
피드백	그래요. 냄새가 지독해서 코를 막고 싶을 정도이지요.

발문4 (분석)	여러 동물들의 똥의 모양과 소리는 같은가요? 다른가요?
대답	모양과 소리가 다 달라요
피드백	맞아요. 동물들의 생김새가 다르듯이 똥 누는 모습과 모양, 소리가 다 달라요. 동물들을 잘 관찰했어요.

발문5 (평가)	이 그림책은 읽어보니 느낌이 어떤가요? 어떤 부분이 가장 기억에 남나요?
대답	재미있었어요. 동물들의 똥 모양과 소리가 다 달라요. 그런데 두더지가 불쌍했어요.
피드백	그랬군요. 이 책은 재미도 있지만 두더지의 마음을 생각하면 속상하죠.

발문6 (적용)	우리 친구들 중에 힘도 약하고 스스로 하기 어려운 친구가 있으면 어떻게 해야 할까요?
대답	도와줘요. 무거운 것을 들어줘요
피드백	그렇지요. 힘이 없고 약한 친구가 있다면 놀리거나 함부로 하지 말고 도와주어야겠지요.

발문7 (종합)	두더지는 자기 머리 위에 똥을 떨어뜨려서 속상했을 텐데, 두더지에게 위로하는 마음의 편지를 써 볼까요?
대답	두더지야, 머리에 똥을 맞아서 얼마나 더럽고 속상하겠니? 어서 샤워하고 기분을 바꾸기 바랄게. 그리고 개가 다시는 그러지 못하도록 너를 지켜줄게.
피드백	와! 두더지에게 편지를 잘 썼어요. 두더지의 속상하고 궁금한 마음까지 헤아려서 위로하는 편지네요. 두더지가 고마워 할 것 같아요.
교사의견	유아에게 그림책을 읽어준 후 위의 발문을 제시했을 때, 유아가 단어 및 짧은 문장으로 답과 자신의 생각을 잘 표현하였습니다. 유아는 그림책의 내용을 잘 이해하였고, 논리적 사고력과 적용 능력이 우수합니다. 특히 두더지에게 보내는 편지에는 상대를 배려하는 마음이 잘 나타나 있습니다. 꾸준히 훈련하고 계속 지도하면 논술 능력이 무척 향상될 것이라 여겨집니다.

출처: 탁희성 외(2021), 2019 개정 누리과정에 따른 유아 논리·논술, p.216-217.

그림책 읽어주기를 통한 발문 경험하기

내가 좋아하는 그림책 1권을 선정하여 읽고, 아래의 발문 유형에 따른 질문의 내용과 대답, 피드백을 적어보세요.

▶ 동화 제목:

▶ 그림책 읽어주기를 통한 발문의 예시

발문1 (지식)	
대답	
피드백	

발문2 (이해)	
대답	
피드백	
발문3 (분석)	
대답	
피드백	
발문4 (평가)	
대답	
피드백	
발문5 (적용)	
대답	
피드백	
발문6 (종합)	
대답	
피드백	

논리·논술 역량키우기 9

동화「지각대장 존」(존 버닝햄 글 · 그림(1999), 비룡소)을 읽고, 뒷 이야기를 상상하여 그림을 그려보세요.

위에 그린 그림의 내용을 동화 내용으로 창작하여 완성해 보세요.

IV

유아교사를 위한 창의·논리적 글쓰기 활동의 실제

8장

유아교육기관에서의 글쓰기

1. 학급 운영 관련 글쓰기
2. 교육과정 운영 및 행정 관련 글쓰기

본 장에서는 유아교사가 유아교육현장에서 업무를 수행하며 필요한 문서들을 논리적으로 작성하기 위한 내용을 제시하였다. 학습 운영 관련 글쓰기로 가정통신문, 알림장, 학부모면담, 놀이기록, 행사시나리오 등을 제시하였다. 또한, 교육과정 운영 및 행정 관련 글쓰기로 생활기록부, 유치원 평가, 교육과정 운영계획서 등의 내용을 포함하였다. 실제적인 업무 수행시 도움이 될 수 있도록 다양한 예시와 함께 제시하여 실제적인 도움을 제공하고자 하였다.

우리말을 바르게 사용하세요!

[틀리기 쉬운 우리말: –장이 / –쟁이]

☞ –장이: 물건을 만들거나 수리하는 사람과 같이 기술을 가진 사람의 뜻을 더할 때 '–장이'를 사용함.

☞ –쟁이: 사람의 성질이나 특성 및 행동 등을 나타내는 경우 '–쟁이'를 사용함.
예 개구쟁이, 욕심쟁이

[연습문제] 아래 밑줄 친 내용이 맞게 쓰여졌으면 O, 틀리면 X 하시오.

1. 허풍장이의 말을 믿지 마. (　　)
2. 그건 미장이에게 물어 볼까? (　　)
3. 언니는 정말 고집쟁이야! (　　)

정답: 1: X, 2: O, 3: O

1. 학급 운영 관련 글쓰기

유아교육 현장에서 가장 기본적으로 주어지는 학급 운영과 관련한 업무들은 대부분 가정으로 배부되는 다양한 문서를 작성하는 데에서 시작된다. 가정과의 연계는 필수적이며 이를 통한 일관적인 교육은 교육의 질을 높일 수 있기에 논리적인 학급 운영 관련 글쓰기 능력은 중요하다고 할 수 있다. 본 장에서는 학급 운영과 관련있는 대표적인 가정통신문, 알림장, 부모면담, 놀이이야기, 행사 시나리오 등에 대한 내용을 제시하였다.

1) 가정통신문

가정통신이란 유아나 유치원에 관한 정보를 전달하고 학부모와 소통하기 위한 문서이다. 이러한 가정통신문은 유치원의 교육 활동을 가정에 전달하여 학부모에게 교육 활동의 근거가 되는 교육 목적에 대한 통찰력을 제공하며 이를 통해 유치원에서의 교육이 가정으로 확대·강화되도록 할 수 있다(유안진 외, 1997). 가정 통신 배부 방법은 유아를 통해 배부되는 지면안내 뿐 아니라 e-알리미, 클래스팅 등 어플리케이션을 통한 배부가 함께 이루어지고 있다.

가정통신의 배부 시기는 정기적, 비정기적으로 크게 나눌 수 있다. 정기적 가정통신은 교육과정에 대한 소개를 담는 교육계획안, 연간 계획에 의거한 방학 안내문과 매 달 수익자 부담금에 대한 안내 등이 있다. 비정기적 가정통신은 체험학습, 소풍, 참여수업 등 유치원 행사 시 배부되는 가정통신과 다양한 유치원 운영에 관한 학부모의 의견을 수렴하기 위한 설문 등이 있다.

이러한 가정통신은 다양한 형식과 내용으로 채워질 수 있으나 가정통신을 논리적으로 작성하기 위해서는 다음의 5가지 사항에 유의하여 작성해야 한다.

첫째, 가정통신의 시작은 글에 관심을 가질 수 있는 인사말로 시작한다.

인사말은 첫인상이라고도 할 수 있다. 이에 날씨의 변화, 환영 인사, 유치원 환경 변화에 대한 안내 등 가벼운 내용을 다루어 작성한다. 이 때 따뜻한 느낌을 받을 수 있도록 부드러운 문체를 사용하여 좋은 첫인상을 남길 수 있도록 한다.

둘째, 전달하고자 하는 목적이 명확하게 전달될 수 있도록 육하원칙에 의거하여 명료하고 구체적으로 작성한다.

정보를 전달할 때는 육하원칙에 따라 기재하고 상세하게 기록해야 한다(박찬옥 외, 2018). 예를 들어, 유치원에서 진행하는 전시회에 대한 가정통신을 작성하는 경우 상담의 목적과 언제, 어디서, 어떻게 전시가 진행되는 지에 대한 중요한 기간과 대상, 장소가 명료하게 돋보이도록 작성하여 안내한다.

셋째, 전달의 정확성을 높일 수 있도록 학부모가 이해하기 쉽게 작성한다.

교사 입장에서 통신문을 작성할 경우 학부모가 이해하기 어려운 용어를 사용하는 등의 오류가 발생할 수 있다. 이에 어느 누가 읽더라도 이해할 수 있도록 작성한다. 예를 들어, '식목일에 대한 이야깃거리를 나누고 바질 씨드볼을 심어볼 예정입니다.'라고 작성하면 '이야깃거리'라는 용어에 대한 이해가 다를 수 있으며, '씨드볼'이라는 낯선 용어로 활동에 대한 학부모의 관심이 단절될 수 있다. 이에 '식목일을 기념하여 지난 경험들을 나누고, 바질 씨앗을 심어 볼 예정입니다.'라고 작성한다.

넷째, 작성 목적에 따라 통일성을 고려하여 내용을 구성한다.

논리적인 가정통신을 작성하기 위해서는 내용, 서식, 종결어미 등의 통일성을 고려야해야 한다. 전체적인 통일성이 흔들리는 글에는 비문이 발생할 수 있으며 전달력을 떨어트릴 수 있다.

다섯째, 문장은 간결하게 구성한다.

긴 문장의 글은 읽는 사람으로 하여금 글에 대한 집중도를 떨어트리며 이는 전달력 저하로 이어질 수 있다. 이에 논리적인 가정통신문 작성을 위해서는 꼭 전달되어야 하는 내용을 중심으로 간결하게 구성하고자 하는 노력이 필요하다.

(1) 월별 안내문

월별 안내문을 배부할 때에는 가정통신문 1부에 많은 내용을 담게 된다. 작성하는 교사의 따뜻한 인사말로 시작한다면 더욱 읽고 싶은 가정통신문이 될 수 있다. 월별 안내문은 내용의 중요도에 따라 순서를 배치해 주는 것이 좋으며 번호, 표 등을 활용하여 명료하게 작성함으로써 전달력을 높일 수 있다. 또한, 현장학습과 같이 학사일정과 관련된 출결과 관련한 중요한 내용들은 지속적인 안내가 중요하다.

가정통신문은 전체 유아를 대상으로 배부될 수도 있으나, 단일 연령 또는 개별 유아에게만 배부할 수도 있으므로 가정통신문의 목적과 대상 및 필요에 따라 활용한다. 특별히 학기 초 전달사항이 많은 신학기의 경우 학급별, 연령별 가정통신문을 통해 많은 전달사항들을 효과적으로 전달할 수 있다. 많은 내용을 담는 가정통신문의 경우 내용의 전달력을 높이는 것이 중요하며 간결한 문장과 서식 및 종결어미의 통일성을 확인한다. 특별히, 다양한 의견에 대한 회신을 통해 함께 만들어가는 유치원을 실천할 수 있다.

〈표 8-1〉 가정통신문 인사말 예시

내용 예시	작성 방법
안녕하십니까? 반짝이는 햇살을 담아 초록이 더욱 짙어지는 6월 첫째 주입니다.	☺간단한 인사말과 계절을 나타내는 인사말로 시작하는 것도 좋습니다.
6월은 호국보훈의 달이며 다가오는 6일은 현충일입니다.	☺이번 주 교육활동에 시 이루어질 특별한 날에 대해 안내해 주세요.
아이들이 우리나라를 지켜주신 분들에 대한 존경심과 나라를 사랑하는 마음을 가질 수 있도록 가정에서도 함께 지도해주시기 바랍니다. 나아가 대한민국 국민으로서 자부심을 가지고 더 큰 세상에서 훌륭히 활약하는 아이로 자라길 바랍니다. 감사합니다.	☺가정의 협조를 구하는 문장을 넣어 가정과의 연계를 높일 수 있어요.

활동: 인사말 작성하기

3월 첫 주 통신문의 인사말을 작성해 보세요.

〈참고〉 가정통신문 자료

가정통신문 작성 예시

4월 활동 및 행사 안내

OO유치원 OO반

4월 놀이주제 '봄과 동식물'

'봄' 절기 활동 4월 22일 (음력 3월 3일) 삼짇날

신체 특색 활동 훌라후프

★ 가정통신문 파일에 4월 놀이 예상안을 보내드립니다. 4월의 놀이 주제는 '봄과 동식물'입니다.
★ 꽃잎반 특색활동으로, 계절마다 한 번씩 절기 활동이 진행될 예정입니다. '봄' 절기 활동의 주제는 '삼짇날'입니다. 음력 3월 3일 (양력 4월 22일) 삼짇날을 맞이하여 다양한 활동이 진행될 예정이니, 가정에서도 함께 즐겨보세요.
★ '훌라후프' 활동은 강당과 바깥놀이터에서 이루어집니다. 각 반 특별실 일정을 참고하여 움직임이 편한 의상으로 등원할 수 있도록 협조 부탁드립니다. 더불어 학기 말에 '훌라후프' 튼튼이 대회가 개최될 예정이오니, 유아들의 건강한 신체 발달을 위해 가정에서도 함께 연습해보세요.

매월 첫째주 수요일은 생일 축하의 날

- 매월 첫째주 수요일에는 후식으로 케이크가 준비됩니다.
- 매월 생일 축하의 날에는 간단한 기념사진 촬영과, 친구들의 생일 편지 및 작은 선물이 전달될 예정입니다. 아이들과 소소하게 축하하는 자리이므로 답례품은 일절 받지 않습니다. 생일에 해당하는 친구들은 사진 촬영을 위하여 깔끔한 복장을 착용해주시면 감사드리겠습니다.

4월 행사 안내

★ **4월 5일 식목일 원예 체험**
- 각 반에서 '바질 씨앗 심기' 원예체험이 진행됩니다. 등원 일정에 참고해주세요.

★ **4월 21일 장애이해교육 인형극 관람 : 9시 30분 ~ 10시 10분**

★ **4월 21일 봄 숲체험 : 10시 30분 ~ 12시**
- 일정 조정의 어려움으로 부득이하게 4월 21일 금요일 식사 시간이 변경될 예정입니다. 숲 체험 이후 평소보다 늦은 12시 20분에 점심식사가 시작되므로 아침 식사를 든든히 한 뒤 등원할 수 있도록 부탁드리며, 꽃잎4반 학부모님들의 너른 양해 부탁드립니다.

★ **4월 26일 목공 체험 / 4월 27일 인성 인형극 관람**

주말지낸이야기

- 4월부터는 아이들의 발표력 향상을 위하여 **매주 월요일과 화요일**에 주말 지낸 이야기를 함께 나누어 보는 시간을 가져보고자 합니다. 보내드린 사진을 참고하여 발표 일정을 확인해주세요.
- 꼭 나들이/여행을 다녀온 경험이 아니더라도 괜찮으니 부담 없이 보내주세요. (주말동안 집에서 밥 먹는 모습, 놀이터에서 놀이하는 모습, 마트에 다녀온 일 등 사소한 경험도 좋습니다.)
- **월요일 아침까지 키즈노트 알림장으로 사진과 함께 보내주세요.**

독서통장

독서통장은 월요일마다 보내드립니다.
월요일부터 목요일까지
가정에서 독서 후 함께 작성하여,
금요일에 유치원으로 보내주세요.

* 자세한 내용은 독서통장 앞쪽에 부착된 안내문을 참고해주세요.

우유급식

- 우유는 100ml 흰 우유로 제공되며, 오전 9시부터 10시 사이 교실에서 실시됩니다. (우유와 함께 먹을 수 있는 빵, 씨리얼 등 개별 간식 지참은 불가합니다.)
- 우유가 상온에 오래 방치될 경우, 부패·변질로 인한 식중독 사고의 우려가 있습니다. 9시 등원 시간을 준수하여 주시기 바랍니다.
- 결석한 유아의 우유는 당일 폐기합니다.

실내화 주머니

4월부터는, 2주에 한 번 실내화를
실내화 주머니에 담아 보내드립니다.
주말동안 깨끗하게 세척하여
월요일 등원 시 착용할 수

(2) 협조문

학부모님의 협조를 구하는 가정통신문의 경우, 법적 근거자료를 제시하여 신뢰도를 높일 수 있다. 시기와 방법 비용 등 상세한 안내를 통해 구체적인 협조사항을 기술하는 것도 좋다. 예를 들어 건강검진은 생활기록부 필수 작성사항으로 매우 중요한 내용이고 개별 유아의 검진 시기를 놓칠 경우 자부담금이 발생할 수도 있으므로 지속적이고 상세한 안내를 통해 누락되는 유아가 없도록 확인하는 과정이 꼭 필요하다.

〈표 8-2〉 협조문 예시

<table>
<tr><th>예시 내용</th><th>작성 방법</th></tr>
<tr><td>영 · 유아 건강검진 실시 안내

학부모님 안녕하세요
「유아교육법 제 17조, 유아교육법 시행규칙 제 2조」에 따라 1년(1.1~12.31)에 1회 이상 영·유아 건강검진을 실시해야 합니다. 국민건강보험공단에서 실시하는 '영·유아 무료 건강검진'을 적극 활용하시기 바랍니다. 2020년부터 국민건강보험공단과 온라인시스템 연계를 통해 유치원에서 유아의 건강검진 정보를 확인할 수 있습니다. 이에 <u>영·유아건강검진 정보제공 이용에 관한 동의서를 제출해주신 분은 결과 서류를 제출하지 않으셔도 됩니다.</u></td><td>😊근거자료를 제시하여 신뢰도를 높일 수 있어요.</td></tr>
<tr><td>○ 영·유아 건강검진이란?
영유아가 미래의 건강한 세대로 성장할 수 있도록 지원하기 위해 생후 14일~71개월 영유아의 성장 시기별로 성장이상, 발달이상, 비만, 안전사고, 청각이상, 시각이상, 굴절이상, 치아 우식증 등을 목표 질환으로 총 11회(건강검진 8회 + 구강검진 3회) 실시하는 검진

○ 건강검진 시기
<table>
<tr><td rowspan="2">6차</td><td>건강검진</td><td>생후 42~48개월</td><td>문진 및 진찰, 신체계측, 발달선별검사 및 상담, 건강교육</td></tr>
<tr><td>구강검진</td><td>생후 42~53개월</td><td>구강문진 및 진찰, 구강보건교육</td></tr>
<tr><td rowspan="2">7차</td><td>건강검진</td><td>생후 54~60개월</td><td>문진 및 진찰, 신체계측, 발달선별검사 및 상담, 건강교육</td></tr>
<tr><td>구강검진</td><td>생후 54~65개월</td><td>구강문진 및 진찰, 구강보건교육</td></tr>
<tr><td>8차</td><td>건강검진</td><td>생후 66~71개월</td><td>문진 및 진찰(예방접종확인), 신체계측, 발달선별검사 및 상담, 건강교육</td></tr>
</table></td><td>😊생활기록부에도 기록되는 중요한 사항인 만큼, 건강건검진의 개념과 중요성, 시기 등을 수체적으로 안내해 주세요.</td></tr>
<tr><td>○ 국민건강보험공단에서 실시하는 '영·유아 무료 건강검진' 예정 시기 조회방법
① 국민건강보험 공단 홈페이지(www.nhis.or.kr) 접속 → 건강in → 영·유아건강검진 안내 → 영·유아검진일자조회 → 생년월일 입력 → 영·유아건강검진 시기 등 알아보기
② 유선(1577-1000)으로 확인(생년월일 필요)

○ 건강검진 비용
▸본인부담 없음
▸건강보험가입자 및 피부양자 : 국민건강보험공단 전액 부담
▸의료급여수급권자 : 국가 및 지방자치 단체 전액 부담

2023. 3. 8.</td><td>😊조회 방법 및 비용 등 협조 사항은 구체적으로 기술하는 것이 좋아요.</td></tr>
</table>

(3) 모바일 (e-알리미)를 통한 가정통신문

최근에는 모바일 (e-알리미)를 통한 가정통신문의 활용도 늘어나고 있다. 학부모님들이 온라인 상에서 편리하게 통신문의 내용을 확인할 수 있다는 장점이 있다. 특히, 온라인의 경우 실시간 확인이 가능하므로 올리는 문장이나 첨부 파일이 잘못되지 않았는지 확인한다.

〈모바일 (e-알리미)를 통한 가정통신의 예〉

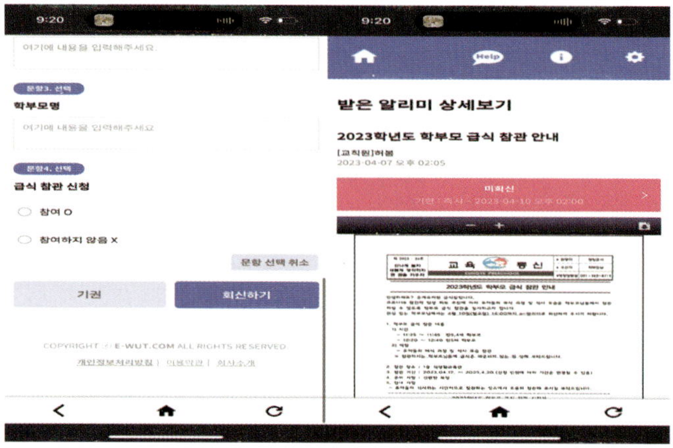

2) 알림장

알림장이란 일방적인 유치원의 안내가 아닌, 가정과의 쌍방향적 소통을 목적으로 교사가 전달하는 글을 일컫는다. 교사는 간략히 요약한 유치원에서의 하루 일과 및 특별히 전달해야할 사항이 있는 경우 알림장을 통해 가정에 전달할 수 있다. 유치원의 전체적인 공지사항을 전달하는데 목적을 두는 가정통신문과 달리 개별 유아에 대한 사적인 내용을 전달한다는 점에서 가정통신과 차이가 있다. 이에 알림장은 가정과 긴밀한 관계를 형성하고 유아의 행동에 공통된 지도방향을 설정함으로써 가정과 유치원에서 유아의 성장에 대하여 좀 더 민감하게 인식하고 지도할 수 있다는 장점이 있다.

알림장의 작성 방법은 다양하다. 키즈노트 등의 어플리케이션을 통해 컴퓨터나 핸드폰으로 자유롭게 작성할 수도 있으며 작은 수첩을 활용할 수도 있다. 알림장 활용의 효율성을 높일 수 있는 방법으로 기관 및 교사의 편의에 따라 자유롭게 방법을 선정하여 작성할 수 있다.

이러한 알림장을 논리적으로 작성하기 위해서는 다음의 유의 사항을 고려하여 작성해야 한다.

첫째, 개인적인 감정 및 판단보다 객관적 사실에 의거하여 작성한다.

알림장은 유아에 대한 정보를 공유하기 위한 목적을 가지고 있기에 객관적 사실에 의거하여 구체적으로 기술해야 한다. 이를 위해 사실에 근거한 객관적인 기록을 남긴 후 이러한 사실을 전달한 뒤에 필요한 경우에 한하여 해당 기록을 바탕으로 한 교사의 의견을 덧붙이는 것이 좋다.

둘째, 학부모가 전달한 알림장의 경우, 요지를 파악하고 답변을 반드시 남긴다.

알림장은 부모와의 원활한 소통을 목적으로 사용한다. 이에 가정에서 보내온 알림장에는 반드시 답을 기록하여 쌍방향적 소통이 활발히 이루어질 수 있도록 해야 한다.

셋째, 다른 유아에 대한 내용을 언급할 때 신중해야하며, 실명은 거론하지 않는다.

유치원 생활에 대한 이야기가 오가는 와중에 다른 유아에 대한 이야기는 쉽게 거론될 수 있으나, 이러한 이야기는 신중해야 한다. 학부모들은 교사의 말에 민감하게 반응하는 경우가 있으며 대면 대화가 아닌 글로 전해지는 알림장 속 다른 유아의 이야기는 오해를 불러일으킬 수 있기 때문이다.

넷째, 정확한 어휘와 문법을 사용한다.

알림장의 특성상 간단하게 기록하고 편리하게 사용하기에 문법에 맞지 않은 표현을 사용할 수 있다. 한 번 전송된 알림장은 추후 수정이 불가하며, 기록으로 남기에 신중을 기하여 바른 표현을 사용해야 한다.

다섯째, 친밀하지만 예의 바르게 기록한다.

알림장은 개인적인 긴밀한 소통이 오가게 됨에 따라 스스로도 모르게 인터넷 용어나 은어를 사용하는 경우가 발생하기도 한다. 소통을 통한 친밀한 관계 형성은 중요하지만 정중하고 예의있는 태도를 지켜 기록해야 한다.

여섯째, 기관에서의 안전사고와 같이 예민한 내용은 대면 상담 혹은 통화로 대체한다.

텍스트를 통해 전해지는 메시지는 오해를 불러일으키기 쉽다. 이에 예민한 소재를 다루게 될 경우 대면 상담 혹은 전화 상담으로 대체하여 전하고자 하는 메시지가 보다 정확히 전달될 수 있도록 한다.

〈표 8-3〉 알림장 예시

알림장 예시 내용	작성 방법
안녕하세요. ○○부모님! ○○가 등원 시 눈물을 보여 마음 불편하셨죠? ○○는 연휴를 끝내고 오랜만에 등원하여 교실에 들어와 조금 눈물을 보였으나, 등원한 친구들과 인사를 나누며 안정적으로 하루일과를 시작했어요. 점심 식사시간에는 배식받은 식사를 모두 먹은 뒤, 간장돼지고기볶음을 추가적으로 더 먹어보았어요. 오늘은 백김치가 아닌 석박지가 나왔는데도 먹어보겠다며 김치까지 먹었답니다.^^ 골고루 먹는 식습관의 중요성을 인지하고 다양한 음식에 관심을 갖고 먹어보려는 ○○이가 너무 대견해요~! ○○는 종이블럭을 이용하여 수영장을 구성하는 놀이에 흥미를 보였어요. 친구들과 함께 수영장을 크게 구성해 보고, 수영복, 튜브 등을 이용해 수영하는 흉내 내 보았어요. 놀이 중 한 친구가 튜브를 빼앗아 조금 다툼이 있었지만 금방 화해를 하고 놀이를 이어 나갔습니다. 다툼 후 친구의 의견을 반영하여 다이빙대도 만들어 점프해 보았어요. ○○의 놀이 이야기는 언제나 흥미진진하답니다~! * ○○의 여벌 옷이 1벌 남았으니, 추가로 보내주시길 부탁드려요!	☺알림장 작성은 사전에 다양한 상황들을 바탕으로 예시문 하나를 상세하게 작성해 보고 당일 발생 상황에 따라 융통성있게 변경하여 사용하면 편리해요. ☺아이마다 다른 성향 및 아이들의 식사나, 친구 관계 등 학부모님마다 중요하게 생각하시는 부분을 고려하며 작성하면 더욱 의미있는 알림장이 될 수 있어요. ☺다툼이 있는 상황의 경우 친구의 실명을 거론하기보다 해당 상황에 대한 이해가 될 수 있도록 알림장을 남겨주세요. ☺알림장을 통한 상호작용을 통해 학부모님과의 신뢰를 높이고 협력자로서의 관계를 돈독히 맺을 수 있어요. 가정과의 활발한 연계는 교육의 질로 연결될 수 있으니 중요해요.

활동: 알림장 작성하기

놀이상황 예시 영상을 보고 놀이 상황을 전달하는 알림장을 작성해 보세요. (QR코드 중 하나를 골라 찍어 보세요)	놀이 상황 예시
	여름놀이 영상
	스티커 사진관 놀이 영상

3) 학부모 면담

학부모 면담이란 학부모와 교사가 대면하여 유아의 전반적인 발달 및 생활에 대한 의견을 교환하는 것으로, 가정과의 연계를 높이고 유아의 발달을 상호 지원할 수 있다. 이를 통해 교사 입장에서는 교육과정 운영에 대한 신뢰를 얻고 유치원 밖에서 보이는 유아의 다양한 측면들을 알 수 있어 유아를 이해하는 데 도움이 되며, 학부모 입장에서는 유치원에서 이루어지는 교육과정 전반에 대한 이해를 높이고 유아 지도에 대한 조언을 구할 수 있는 기회가 된다. 이러한 학부모 상담의 효과를 높이기 위해서는 논리적이고 타당한 면담이 이루어져야 한다. 이를 위해 다음의 지침에 유의하여 상담을 진행한다.

첫째, 객관적인 자료에 근거한 상담이 이루어져야 한다.

면담이 이루어지기 전 교사는 유아에 관한 관찰기록, 작업표본 등을 토대로 유아의 발달과정을 알려주는 정보들을 체계화하여 분석하는 과정을 통해 객관적인 면담 자료를 작성해야 한다. 이는 면담의 타당도를 높여주며, 교사가 학부모에게 전달하고자 하는 정보를 쉽게 이해하고 신뢰하도록 도울 수 있고 교사가 아이에 대해 정확하게 분석하여 파악하고 있다는 논리적인 면담의 인상을 남길 수 있다.

둘째, 학부모의 이야기를 경청한다.

논리적인 상담의 시작은 청자에 대한 이해에서 시작된다. 면담 전에 배부한 면담 설문지에 대한 충분한 이해뿐 아니라 면담 시 학부모님의 이야기를 경청하며 들어주는 태도가 필요하다(한유미, 2018). 언제 어떠한 내용이든 편안하게 질문할 수 있도록 해야 하며, 논제에서 벗어난 이야기를 하더라도 수용적으로 이끌어 주어야 한다. 이는 자녀가 학급에서도 충분히 존중받고 있다는 것과 부모와 교사는 함께 고민하는 교육 공동체로서의 관계성을 느끼도록 도울 수 있다.

셋째, 학부모의 입장을 고려하여 상담을 진행한다.

같은 유아라 하더라도 교사와 학부모의 평가는 다를 수 있으며, 교사와 달리 학부모는 자신의 자녀에 대한 객관적인 평가가 어려울 수 있다. 이에 같은 말이라도 어떻게 하느냐에 따라 학부모에게 다르게 전달될 수 있음을 기억하고 학부모의 입장에서 면담을 진행해야 한다. 또한, 부모들은 겉으로 보기와 달리 개별적인 다양한 특성을 가지고 있다. 각 부모의 성향을 이해하고 융통성있는 면담 진행이 필요하다. 이는 학부모로 하여금 편안한 마음으로 면담에 임하고 신뢰로운 관계를 형성해 갈 수 있도록 도울 수 있다.

〈표 8-4〉 학부모면담 예시

<table>
<tr><th>학부모면담 예시 내용</th><th>작성 방법</th></tr>
<tr><td>
2023학년도 1학기 유치원 학부모 상담 실시 안내

안녕하십니까? 본 원의 교육 발전을 위해 물심양면으로 협조를 아끼지 않으시는 학부모님께 깊은 감사의 말씀을 드리며 '학부모 상담 주간'을 운영하고자 합니다. 학부모님들과 상담을 하며 유아에 대한 이해를 더욱 심화할 수 있는 기회가 될 것입니다.
상담 계획을 보시고 상담을 희망하시는 분은 E- 알리미를 통하여 상담 희망 날짜와 시간을 신청해 주시길 바랍니다.

◆상담 기간: 2023. 04. 17.(월) ~ 04. 21.(금) 중 택.-새싹반, 꽃잎반
2023. 04. 24.(월) ~ 04. 28.(금) 중 택.-열매반 4.26(수)는 교직원 연수로 미실시.
◆상담 방법: 방문상담, 전화상담
◆상담 신청: E- 알리미 회신을 통하여 신청
◆상담 시간
<table>
<tr><td><1차> 14:30 ~ 14:45</td><td><2차> 14:50 ~ 15:05</td><td><3차> 15:10 ~ 15:25</td></tr>
<tr><td><4차> 15:30 ~ 15:45</td><td><5차> 15:50 ~ 16:05</td><td></td></tr>
</table>
*상담주간에 상담이 어려우신 학부모님은 연중 상담은 가능하오니 필요시 사전에 연락을 주시기 바랍니다.

2023. 4. 3

○○유치원장
</td><td>
☺참여율을 높이기 위해 학부모님들께서 일정을 조율할 시간을 고려해주세요.

☺상담 방법과 시간 등 다양한 선택지를 제공하면 참여율을 더욱 높일 수 있어요.

☺가정통신문 배부 후 상담일정이 확정 된 경우, 개별 안내를 통해 상세한 시간과 함께 상담 장소, 대기 장소, 기타 유의사항 등에 대해 안내해주세요.
</td></tr>
</table>

〈표 8-5〉 학부모상담 사전 설문지 예시

<table>
<tr><th>학부모 상담 사전 설문지 예시 내용</th><th>작성 방법</th></tr>
<tr><td>
학부모 상담 사전 설문지

안녕하십니까?
효율적인 상담 진행을 위해 상담 기초 자료를 만들고자 합니다. 아래의 설문에 원아에 대한 내용과 부모님의 생각을 기록하여 신청서와 함께 보내주시면 상담에 많은 도움이 될 것입니다.
<table>
<tr><td>반명/유아명</td><td></td><td>보호자명</td><td></td></tr>
<tr><td>• 현재 유아의 건강상태 및 주의할 사항</td><td colspan="3"></td></tr>
<tr><td>• 유치원 생활을 즐겁게 하는지 여부</td><td colspan="3"></td></tr>
<tr><td>• 유아의 생활습관 (식습관, 행동습관)</td><td colspan="3"></td></tr>
<tr><td>• 학부모의 양육태도 유형(엄격형/자율형/혼합형/방임형)</td><td colspan="3"></td></tr>
<tr><td>• 학부모의 자녀 교육시 교육적 바람</td><td colspan="3"></td></tr>
<tr><td>• 하원 후 아이와 주로 같이 있는 사람</td><td colspan="3"></td></tr>
<tr><td>• 하원 후 아이의 주된 일과</td><td colspan="3"></td></tr>
<tr><td>• 자녀의 장·단점</td><td colspan="3"></td></tr>
<tr><td>• 학급 교육활동에 대한 의견</td><td colspan="3"></td></tr>
<tr><td>• 방과후 과정 교육활동에 대한 의견</td><td colspan="3"></td></tr>
<tr><td>• 기타 담임 선생님께 하고 싶은 말</td><td colspan="3"></td></tr>
</table>
○○유 치 원
</td><td>
😊특별히 1학기 학부모 면담은 학부모님의 이야기를 충분히 듣고 함께 방향을 맞춰가는 중요한 시간이에요. 이를 위해 사전설문지 작성 시 항목들을 상세하게 설정할수록 상담을 통해 양질의 정보를 얻을 수 있어요.

😊다음의 〈학부모 면담을 위한 상담일지〉예시와 같이 사전 설문지에서 얻은 정보를 정리하고 교사의 의견을 첨부해서 상담일지를 작성할 수 있어요.
</td></tr>
</table>

상담일지를 작성할 때, 실제 상황에 대한 관찰을 바탕으로 상담자료를 준비한다. 이때, 아이의 말과 행동을 사실적으로 기록하여 전달함으로써 상담에 대한 신뢰를 높일 수 있다. 상담기록지는 상담이 이루어진 후에 상담내용을 정리하여 작성할 수 있으며 경우에 따라 상담일지 아래 칸을 만들어 한 번에 작성하기도 한다.

학부모 상담 일지와 기록지는 교사를 위한 서류이기에 기관과 교사 본인에게 적합한 양식을 만들어 활용할 수 있다. 상담일지에는 학부모 건의사항을 함께 적어 앞으로의 교육 시 방향을 수립하고 추후 이루어지는 상담에서 해당 내용에 초점을 맞춰 효과적인 개별화지도가 될 수 있도록 돕는 자료로 활용할 수 있다.

4) 놀이이야기

교사의 교육적 판단에 의해 계획된 월간 교육계획안을 토대로 진행되던 과거의 교육과정과 달리 최근 교육 현장에서는 유아들의 놀이 속에서 교육적 의미를 찾아 운영되는 놀이중심 교육과정이 운영되고 있다. 그러나 아이들의 자유로운 놀이를 통한 교육과정 운영은 자유놀이의 중요성을 인식하지 못하는 학부모로 하여금 걱정과 불안을 야기했다. 이에 교육 현장에서는 놀이중심 교육과정 운영에 대한 이해와 신뢰를 높이기 위해 '놀이이야기'를 도입하였다. 각 기관의 상황이나 운영 방침에 따라 다양한 명칭 및 형태로 작성될 수 있으나 한 주제의 놀이를 마무리하며 진행된 유아의 놀이와 그 속에서 찾을 수 있었던 교육적 의미를 학부모가 이해하기 쉽도록 정리해 배부하는 것이다.

놀이이야기의 논리적인 구성을 위해서는 다음의 요소들에 유의해야 한다.

첫째, 놀이의 흐름이 명확하게 보이도록 기술되어야 한다.

놀이이야기는 학부모님들의 놀이에 대한 이해를 돕기 위함이라는 목적을 가지고 작성되는 문서이다. 이에 해당 주제에서 진행된 아이들의 관심이 놀이에서 어떻게 전개되었고, 그 안에서 어떤 배움들이 있었는지 한눈에 이해할 수 있도록 놀이의 흐름을 중심으로 작성되어야 한다. 이러한 이해를 돕기 위해 놀이이야기와 함께 놀이 흐름도를 따로 정리하여 함께 첨부할 수도 있다.

〈표 8-6〉 놀이흐름도 예시

<table>
<tr><th>예시 내용</th><th>작성 방법</th></tr>
<tr><td>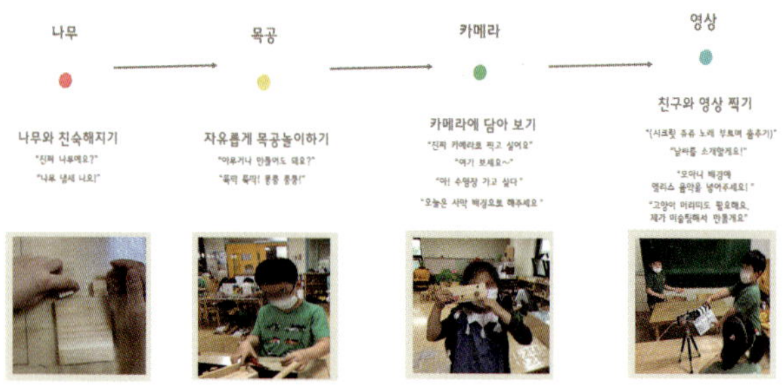
</td><td>😊아이들이 보인 놀이의 변화를 키워드로 정리해 보세요.</td></tr>
<tr><td>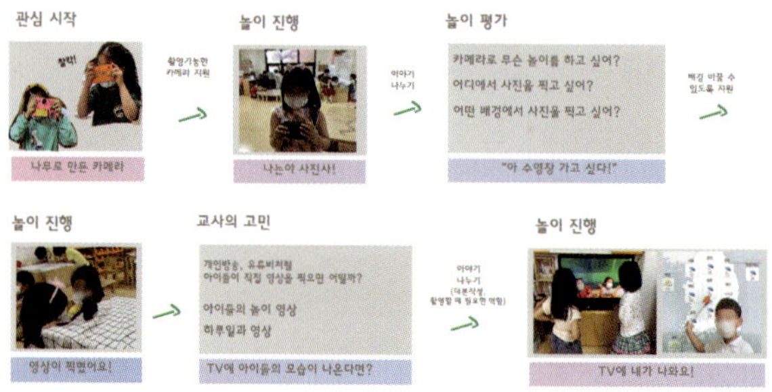
</td><td>😊어떤 관심으로 놀이가 시작되었고, 아이들의 상호작용을 통해 확장되었는지를 보여줄 수 있어요. 이러한 놀이의 흐름이 한 눈에 들어오도록 정리해 준다면 학부모님들의 이해를 도울 수 있어요.</td></tr>
</table>

둘째, 진행된 놀이 주제와의 연관성을 고려하여 일관성 있게 작성해야 한다.

놀이중심교육과정에서 중요시되어야 하는 것은 개별 유아의 관심과 흥미에 대한 지원이기에 교실 내에서 다양한 놀이가 진행될 수 있다. 개별 유아의 관심과 흥미, 놀이를 지원하는 교사의 역할도 물론 중요하지만 놀이이야기는 한 가지 주제의 놀이에 대해 기술하고, 여러 가지 놀이와 흥미에 대해서는 개별 알림장을 통해 소통하는 것이 효과적이다.

셋째, 글을 읽는 학부모가 이해하기 쉽게 작성해야 한다.

놀이이야기를 통해 학부모님들은 교실에서 이루어지는 놀이의 중요성과 의의에 대해 이해하며 교육과정 운영에 대한 신뢰를 가질 수 있다. 이에 글을 읽는 독자인 학부모가 이해할 수 있도록 간략한 문장과 이해하기 쉬운 표현을 사용하여 기술해야 한다.

놀이를 기록할 때에는 단편적인 놀이보다 놀이의 시작과 진행 그리고 끝을 모두 담아준다. 아이들의 사진이 함께 담기기에 해당 안내문은 놀이의 흐름을 전달하기 위해 작성된 안내문임을 알려 사진에 대한 협조를 구하기는 하지만, 그래도 모든 아이들이 골고루 사진에 비춰질 수 있도록 확인한다.

놀이이야기의 형식, 틀, 내용 등은 자율적으로 구성할 수 있으며, 시기와 놀이 주제 등에 따라 융통성있게 작성한다. 놀이이야기의 목적을 고려하여 학부모님들이 해당 안내문을 읽고 놀이 속에서 이루어지는 다양한 배움들에 대해 이해하실 수 있도록 돕는 데에 초점을 두고 작성하는 것이 중요하다.

〈표 8-7〉 놀이이야기 예시

복도의 작은 공간에서 탱탱볼을 신나게 튕기던 아이들. 통통 튕기는 클레이 탱탱볼의 매력에 빠져 매일 신나게 튕겨보았습니다. 교사는 아이들이 놀이하는 모습을 관찰하며 이 탱탱볼이 소리와 만나면 어떨까? 생각하게 되었고, 북, 깡통 마라카스, 탬버린을 탱탱볼 놀이하는 곳에 놓아주었습니다. 탱탱볼을 바닥으로 튕기는 것 외에 여러 악기들로 던지며 만들어지는 다양한 소리를 탐색하며 놀이하기 시작하였습니다. 탱탱볼, 악기 놀이를 통해 유아들은 다양한 악기의 소리를 탐색할 수 있었으며 탱탱볼의 탄성에 따라 달라지는 소리를 경험할 수 있었습니다.

또한 투명 OHP필름을 동그랗게 말아 벽에 붙여 탱탱볼길도 만들어 데굴데굴 탱탱볼 굴리기 놀이도 함께 하였습니다^^

5) 행사 시나리오

기관의 교육 행사는 일상적으로 이루어지는 일과 외 유아의 성장과 발달을 돕기 위해 계획되는 특별하고 다양한 교육적 경험을 의미한다. 이러한 행사를 통해 유아들은 경험의 폭을 넓히고 통합적인 학습을 할 수 있다. 유아들은 사회와 세계에 대한 제한된 이해와 경험을 가지고 있기에 유아들에게 직접적인 경험을 다채롭게 제공하는 것은 매우 중요하다(노경옥 외, 2014). 그러나 행사가 가지는 교육적 장점과 특성에도 불구하고 행사의 진행 방식에 따라 특별한 경험 제공의 성패가 갈릴 수 있기에 교사는 다음의 요소들을 고려하여 시나리오를 작성함으로써 행사의 완성도를 높일 수 있다.

첫째, 유아의 발달을 고려하여 유아 중심으로 진행한다.

아무리 좋은 행사라 해도 유아의 발달 수준 및 흥미에 적절하지 않은 행사는 성인의 반응에 의존하여 진행되며, 이러한 행사는 유아에게 심리적 부담감을 줄 뿐 아니라 행사에 수동적으로 반응하게 한다. 이에 시나리오 작성 시 유아의 발달 특성을 고려하여 행사 시간 및 순서, 활동 형태 등을 계획하여 작성해야 한다.

둘째, 상황에 따라 융통성 있게 운영한다.

시나리오를 작성한다고 하더라도 짜여진 각본에 의해 움직이는 행사로 진행되는 것이 아니라, 다양한 상황을 고려한 시나리오 작성을 통해 융통성있게 진행될 수 있도록 준비한다.

셋째, 교육과정과의 연계성을 고려하여 작성한다.

기관의 행사는 진행되는 교육과정의 연장선 상에서 이루어지며 유아의 발달수준과 흥미를 고려하여 준비된 행사는 전인적 발달을 이끄는 통합적 활동으로 교육주제를 충실히 전개하기 위해 일상에서 경험에서 벗어나 특별한 의도를 갖고 이루어진다(이대균 외, 2004). 교실에서 이루어지는 교육과정을 토대로 행사를 계획하고 시나리오를 작성함으로써 유아들은 생활경험을 더욱 구체화하고 풍부하게하며 통합적인 학습을 할 수 있다.

넷째, 유아들의 상호작용을 고려한다.

시나리오를 작성하는 것은 행사의 체계적인 계획과 진행을 위함이다. 효과적인 교육행사의 진행은 유아의 참여 동기를 유발하여 호기심을 자극하고 다양한 능력의 발달을 촉진시킬 수 있으며 교실 내에서 이루어졌던 교육과정을 강화시킨다는 점에서 중요한 가치를 지닌다(이기숙, 2008). 이에 시나리오를 작성하며 유아들이 그 속에서 역동적으로 상호작용할 수 있도록 도울 수 있다.

행사진행을 위한 시나리오를 작성할 때에는 머릿속으로 리허설을 진행한다고 생각하며 시나리오를 상세히 작성한다. 논리적인 시나리오 작성은 실제 상황에서 돌발 상황이 생겨도 안정감 있게 행사를 진행할 수 있도록 돕기에 중요하다.

유아들을 대상으로 하는 행사뿐 아니라, 학부모님들을 대상으로 하는 행사를 계획할 수 있다. 목적과 대상에 따라 시나리오를 논리적으로 작성함으로써 행사를 안정적으로 운영할 수 있기에 행사에 참석하는 참석자들의 입장에서 생각하며 시나리오를 작성한다.

〈표 8–8〉 행사의 시나리오 작성 예시

<table>
<tr><th>식 순</th><th>담당</th><th>시나리오</th></tr>
<tr><td>식전</td><td rowspan="11">각반 담임</td><td>– 잠시 후 입학식을 시작하겠습니다.</td></tr>
<tr><td>1. 개식사</td><td>– 지금부터 2021학년도 OO유치원 제1회 입학식을 시작하겠습니다.</td></tr>
<tr><td>2. 국민의례</td><td>– 국민의례가 있겠습니다.
모두 일어서 정면에 있는 국기를 향해 서 주시기 바랍니다.
국기에 대하여 경례! 바로!
– 다음은 애국가 제창이 있겠습니다.
애국가는 반주에 맞추어 1절을 부르겠습니다. (지휘:각반 담임)</td></tr>
<tr><td>3. 입학 허가 선언</td><td>– 다음은 입학 허가 선언이 있겠습니다.

입학허가서
2000학년도 입학 유아 남자 OO명, 여자 OO명, 총 OOO명
위 어린이 모두를 유아교육법 제11조에 의거하여
OO유치원의 입학을 허가합니다.
2000년 O월 O일 OO유치원장 장OO</td></tr>
<tr><td>4. 환영사</td><td>– 다음은 환영사가 있겠습니다.</td></tr>
<tr><td>5. 학급 담임 발표</td><td>– 다음은 학급 담임선생님 및 직원 소개가 있겠습니다.
– 학급 담임선생님이 발표가 되면 큰 박수를 보내주기 바랍니다.
OO반 OOO선생님</td></tr>
<tr><td>* 입학선물 전달</td><td>다음은 원장(원감)선생님께서 입학을 축하하는 선물을 주시겠습니다.
이름이 불리는 어린이는 앞으로 나와주시기 바랍니다.</td></tr>
<tr><td>6. 원가 제창</td><td>– 이어서 원가 제창이 있겠습니다. 힘차게 불러주시기 바랍니다.</td></tr>
<tr><td>7. 폐식사</td><td>– 이상으로 2021학년도 OO유치원 제1회 입학식을 모두 마치겠습니다.</td></tr>
<tr><td>* 입학기념 촬영</td><td>각 반 별로 기념 촬영이 있겠습니다.</td></tr>
</table>

〈학부모 참여 행사 시나리오 작성 예시〉

식 순	담 당	소요 시간	시나리오
1. 개식사	OOO	–	안녕하십니까? 오늘 사회를 맡은 교사 김OO니다. 코로나로 어려운 상황에도 불구하고 OO유치원 학부모 방문의 날 행사에 참석해 주신 학부모님들께 진심으로 감사의 말씀을 드립니다. 잠시 오늘 일정에 대해 안내 말씀드리겠습니다. 오늘 행사는 코로나19 상황으로 약 20분 정도로 짧게 진행될 예정이며, 원장선생님의 말씀이 있으신 후 각 반 담임선생님의 안내에 따라 유치원 시설을 둘러보신 후 귀가하시게 됩니다.
2.원장선생님 인사말씀	원장 선생님	3분	원장선생님의 인사말씀이 있겠습니다.
3.학급담임 발표	OOO		학급담임 발표가 있겠습니다. OO반 담임 맡으신 OO선생님이십니다.
4. 안내			그럼 OO반 학부모님부터 차례로 선생님의 안내에 따라 이동하겠습니다. 시설을 둘러보신 후 바로 귀가하도록 하겠습니다. 귀가 시 슬리퍼는 현관 초록색 쓰레기통에 버려주시기 바랍니다. 참석해 주신 학부모님 진심으로 감사드립니다. 3월 2일에 뵙겠습니다. 중략.

2. 교육과정 운영 및 행정 관련 글쓰기

교사의 업무는 학급 운영에 국한되지 않기에 학급 운영 외 교육과정 운영 및 행정업무 수행을 위해서도 논리적인 글쓰기 능력은 중요하다. 기록물로 보관되는 중요한 문서인 만큼 작성요령에 따라 작성하는 방법을 소개하고자 한다.

1) 생활기록부

생활기록부는 준영구 보존해야 하는 공공기록물이다. 생활기록부 작성의 목적은 「유아교육법」 제14조에 명시되어 있다. '원장은 유아의 생활지도 및 초등학교 교육과의 연계지도에 활용할 수 있도록 유아의 발달 등을 종합적으로 관찰하고 평가하여 교육부 장관이 정하는 기준에 따라 생활기록부를 작성·관리하여야 한다.'라고 명시됨에 따라 생활기록부의 작성 및 관리는 교사의 의무이다. 더 나아가 그동안 수기 및 한글파일을 통해 작성하던 유치원 생활기록부가 공공기록물로 법적 위상이 격상됨에 따라 2023학년도부터 4세대 나이스 통합시스템을 통해 생활기록부를 작성 및 관리하게 되었다.

이에 유치원 생활기록부의 중요성을 인식하고 논리적으로 작성해야 한다. 생활기록부 작성 시 유의해야 할 점은 다음과 같다.

첫째, 맞춤법에 유의한다. 생활기록부는 공공기록물로서 띄어쓰기, 맞춤법 등에 유의하여 논리적으로 작성한다.

둘째, 작성 시기에 맞추어 작성한다. 인적사항, 학적사항, 신체발달상황은 입학 후 한 달 내에 작성해야 한다.

셋째, 유치원생활기록부는 한글로 입력하되 부득이한 경우 영문으로 입력할 수 있다. 숫자는 아라비아 숫자를 사용하며, 입력란이 부족할 때에는 유치원의 필요에 따라 추가할 수 있다.

넷째, 유치원생활기록부는 유아의 놀이, 일상생활, 활동 상황에서 유아의 성장 변화 및 발달, 배움의 과정을 상시 관찰하고 평가한 누가기록 중심의 종합기록이어야 한다.

다섯째, 유아교육정보시스템인 나이스를 사용하여 교무 학사 및 보건 등의 업무를 처리하며 유치원생활기록부를 작성·관리한다. 나이스를 사용하지 않는 유치원의 경우 이전의 전자기록생산시스템을 사용하여 처리한다.

유치원생활기록부는 각 교육청 별 배부되는 기재 요령에 근거하여 작성하여야 한다. 항목별 생활기록부 기재 요령은 다음과 같다. (교육부, 2023 유치원 생활기록부 기재요령)

① 기본사항

- 연령입력 시 혼합연령학급은 혼합된 연령의 학급 유아만 기재한다.

※ 4세~5세 혼합연령학급의 4세와 5세 유아는 재학 및 학급연령 기재가 가능하나 3세는 불가

- 수료·졸업대장번호는 '학년도-숫자 4자리'로 기재하며 학년도별로 구분하여 매년 0001'로 시작하여 일련번호 4자리 기재한다.

〈예시〉 2023학년도 졸업생이 23명인 경우

☞ 바른 예: 2023-0001부터 2023-0023까지 순차적으로 부여, 2024학년도 2024-0001로 시작

틀린 예: 2023-0001부터 2023-0023까지 순차적으로 부여, 2024학년도 2024-0024로 시작

- 학년도와 숫자를 연결하는 '-' 사이에 공백 없이 기재한다.

☞ 바른 예: 2023-0001 / 2023-0023

틀린 예: 2023V-V0001 / 2023V-V0023

- 학급의 이름과 반, 성명은 공백 없이 기재한다.

☞ 바른 예: 개나리반 / 사과1반

틀린 예: 개나리/ 개나리V반 / 사과V1반

- 사진은 유아의 얼굴을 알아볼 수 있는 천연색 상반신 사진으로 입력한다.

② 인적사항

- 유아의 성명, 생년월일, 주소는 주민등록등(초)본과 일치하여야 한다.

- 성명은 성과 이름 사이에 공백을 두지 않는다. 성명이 외자이거나 두 글자 이상의 성을 가진 경우에도 공백을 두지 않는다.

☞ 바른 예: 홍길동(O), 허균(O), 남궁설민(O)

틀린 예: 홍∨길동(X), 홍∨길∨동(X), 허∨균(X), 남궁∨설민(X)

- 유아가 외국인인경우 여권(외국인등록증, 외국인등록 사실증명, 국내거소신고 사실증명)에 표기된 성명을 그대로 기재한다.

- 유아의 성별은 주민등록등본과 일치하여야 하며, 남 또는 여로 입력한다.

☞ 바른 예: 남(O), 여(O)

틀린 예: 남자, 여자(X)/ 남성, 여성(X)

- 주민등록번호는 앞 6자리와 뒤 7자리의 숫자를 '–'로 연결하여 공백 없이 기재한다. 뒤 7자리 숫자 중 왼쪽 첫째 자리가 3이면 성별에 '남'으로 기재, 4이면 성별에 '여'로 기재한다.
- 우리나라 주민등록번호가 미부여된 외국국적자는 외국인등록번호를 입력한다.
- 재학 중 주소가 변경된 경우, 기존 주소를 삭제하거나 수정하지 않고 다음 칸을 추가하여 누가하여 기록한다.
- 가장 최근의 주소를 입력란의 가장 하단에 기재한다.
- 나이스를 사용하는 유치원은 행정정보 공동이용을 통한 주소 연계를 위해 매 학년도(1학기, 2학기) 유아 개인별 행정정보 공동이용 동의서를 받고 동의한 유아에 대해 나이스를 통한 주소 연계를 실시한다.

※ 동의하지 않은 유아는 주민등록등(초)본 등 증빙서류 세 확인을 통해 담임교사가 나이스에 입력한다.

※ 유아의 안전을 최우선 고려해야 하는 경우 변경된 주소를 누가기록 하지 않는다. 관련: 「아동복지법」 제22조의2, 「아동학대처벌법」 제35조, 「가정폭력방지법」 제4조의4, 「가정폭력방지법 시행령」 제1조의3

③ 학적사항

- 날짜를 숫자로 입력하되, 연월일 글자는 마침표로 구분하여 한 칸씩 공백을 두고 기재한다.
  - ☞ 바른 예: 2023.V3.V23.
  - 틀린 예: 2023.V03.23. / 2023.3.23.
- 유치원명은 고유이름을 축약하지 않으며, 유치원의 공식명칭을 공백 없이 기재한다.
  - ☞ 바른 예: 대한초등학교병설유치원
  - 틀린 예: 대한초병설유치원
- 학적처리 사용 용어를 기준으로 기재한다.
- 유아의 개인사정으로 이전 학년도와 동일한 학급 연령을 수료한 경우(초등학교 취학유예 등), 특기사항 란에 동일과정 재이수로 기재한다.

- 특기사항에 학적변동 사유를 한글(특수문자, 기호입력 금지)로 입력한다.
- 전출입 처리 시 전출교에서 특기사항을 기재하고 전입교에서는 특기사항을 기재하지 않는다.
- (전출)나이스 미사용 유치원에서 전자기록생산시스템으로 송부한 생활기록부의 학적 사항 중 특기사항은 (전입)나이스 사용 유치원에서 특기사항을 나이스에 입력한다.

④ 출결상황
- 수업일수는 당해학년도 원장이 정한 수업에 참여해야 할 총 일수를 아라비아 숫자로 기재한다.
- 학적변동 시 학적변동일까지의 원적교와 재학 유치원 수업일수를 합산하여 기재한다.

※ 학적변동이 있는 유아는 전입교의 수업일수와 다를 수 있으며, 수업원수가 180일 미만일 수 있음
- 토요일 또는 관공서의 공휴일이 교육과정 수업일수로 포함될 경우 [학사일정관리]에서 일정명(공제일구분: 해당없음)을 등록하는 방법으로 기재한다.
- 출석일수는 증빙자료와 사유를 고려하여 출석으로 인정하는 경우 출석일수에 합산하여 아라비아 숫자로 기재한다.

※ (수업일수)– (결석일수 소계) = 출석일수
- 출석으로 인정되는 결석은 [결석신청관리] 에서 처리한다.
- 결석일수는 증빙자료와 사유를 고려하여 해당하는 결석구분별로 합산하여 아라비아 숫자로 기재한다.

※(수업일수)– (출석일수) =결석일수 소계
- 결석이 없는 경우에는 '0'을 기재한다.
- 특기사항에는 연속한 수업일수 7일 이상 장기결석, 1일 이상의 미인정결석이 발생한 경우 기재한다. 사유를 작성하고 관련된 결석일수를 '( )'로 기재한다.

※ 수업일수 7일 이상의 장기결석은 결석의 종류별로 연속한 경우를 의미(재량휴업일, 공휴일, 토요일 제외) 하며 질병결석, 기타결석을 합산하여 연속한 결석일수 7일이 아님

☞ 바른 예: (질병결석)팔골절 8일, (질병결석)두통으로 3일 연속하여 결석한 경우 ⇨ '팔골절8), 두통(3)'

틀린 예: (기타결석)친척집 방문 3일, (질병결석)기관지염으로 5일 연속하여 결석한 경우 ⇨ '친척집 방문(3), 기관지염(5)'

※ 친척집 방문은 기타결석이고, 기관지염은 질병결석에 해당하므로 결석의 종류가 다름

⑤ 신체발달상황

- 검사일자는 유치원에서 검사한 날의 연월일을 마침표로 구분하여 한 칸씩 공백을 두고 기재한다.

☞ 바른 예: 2023.V3.V23.

틀린 예: 2023.V03.23. / 2023.3.23

- 키와 몸무게는 측정값이 소수 둘째 자리 이상인 경우, 둘째 자리에서 반올림하여 소수 첫째 자리까지 기재하고 소수점 첫째 자리가 0인 경우. 0까지 기재한다. (측정 단위 생략)

☞ 바른 예: 110.1 / 115.0, 24.3 / 26.0

틀린 예: 110.05 / 115, 24.32 / 26

⑥ 건강검진

- 건강검진을 시행한 연월일을 숫자로 입력하고, 연월일 글자는 마침표로 구분하여 한 칸씩 공백을 두고 기재한다.

☞ 바른 예: 2023.V5.V23.

틀린 예: 2023.V05.23. / 2023.5.23.

- 건강검진을 실시한 기관명(공식명칭)을 공백 없이 기재하며 검진기관명은 최대 글자 수 20자까지 기재한다.

☞ 바른 예: 한마음소아청소년과의원 / HEALTH365소아청소년과의원

틀린 예: 한마음V소아청소년과의원 / HEALTHV365V소아청소년과의원

- 특기사항은 지속적으로 관리가 필요한 질환이나 장애가 있는 경우 보호자 동의를 받아 기재하며 최대 글자 수 500자까지 기재한다.

⑦ 유아발달상황

- 유아가 재학하고 있는 학급 연령란에 기재하며 동일과정 재이수에 해당하는 유아의 경우 해당 학급 연령란을 추가하여 기재한다.
- 발달상황은 5문장 내외로 간결하게 기재하되 띄어쓰기를 포함하여 최대 500자까지 입력한다.
- 내용 작성 시 유아의 이름(본인, 또래 포함)이 기재되지 않도록 해야 한다.
- 문장은 명사형 어미(~함, ~임 등)로 종결하며, 마침표를 사용하고 마침표, 쉼표. 중간점을 제외한 문장부호와 문단기호는 사용하지 않는다.

생활기록부는 기재요령을 충분히 숙지한 뒤 작성하는 것이 중요하다. 수정이 쉽지 않은 문서이기에 각 교육청의 기재요령을 바탕으로 꼼꼼하게 작성하고 작성 후 재차 확인하는 과정이 필요하다. 특별히 나이스를 통해 작성·관리하는 만큼 기재경로를 참고하여 작성하고, 부득이하게 전문적인 자문을 구하고자 할 경우 단위 유치원에서는 교육지원청에 문의할 수 있다.

2) 유치원 평가

유치원 평가는 유아교육 질 제고를 위한 다각적인 노력 가운데 하나로 등장했다(김수현, 2022). 유아교육의 질을 제고하고 유치원의 책무성을 강화하기 위해 유아교육기관은 정기적으로 국가 수준의 평가를 받는다. 과거에는 외부 평가위원들의 방문 평가를 받기도 했으나, 현 공사립유치원에서는 매 학년도 단위유치원 자체평가를 실시하고 보고서를 작성하여 이를 보고함으로써 평가를 실시하고

있다.

이에 평가 항목에 맞춰 평가를 실시하되, 단위 유치원의 실태 및 특별성 등을 반영하기 위해서는 교사의 논리적인 글쓰기 기술이 요구된다. 이러한 유치원 평가서 작성 시 유의해야 할 사항은 다음과 같다.

첫째, 자율성과 적극성을 기반으로 교육공동체의 의견을 반영하여 작성한다.

유치원평가는 순서대로 계획 – 실행 – 공유 및 공개 – 환류 4개의 항목으로 나누어 실시하되, 정형화된 틀이 있는 것이 아니라 단위 유치원 교육공동체의 협의를 통해 자율적으로 계획을 수립하고 구성하며 평가서를 작성하게 된다. 교육과정 운영 평가 등과 연계하여 분기별, 학기별 유치원평가 중간점검 및 교육공동체가 논의하고 협의하는 과정이 중요하기에 교육공동체의 의견을 기반으로 평가서를 작성해야 한다.

둘째, 평가 결과 보고서는 영역별 평가 내용을 항목에 따라 구체적으로 기술해야 한다.

유치원 평가는 행복한 유아의 성장 중심에 두고 유치원 발전 방안을 환류하여 유치원 교육을 개선하기 위함에 목적을 두고 있다. 이를 위해 유치원 평가 지표를 설정할 때에는 유치원의 여건과 상황에 맞게 교육공동체의 의견을 반영한다. 이는 단순한 서류에 그치는 평가서가 아닌 각 유치원의 유의미한 평가 실시를 위함으로 평가 지표에 맞춰 다음 연도 반영할 사항을 포함하여 구체적으로 기술해야 한다. 예를 들어, 교육과정 운영 영역 작성 시 '유치원 특색교육을 운영함.'이라고 기술하는 경우 어떤 특색교육을 어떻게 운영하며 해당 특색교육의 추진내용 및 결과를 확인하기 어렵다. 이에 '교육과정 운영 평가 결과에 따라 학부모의 의견을 반영하여 계절별 유아 숲 체험, 학부모 생태교육 연수 등을 실시하여 '생태교육'을 주제로 지역사회와 연계한 특색 교육을 운영함.'이라고 기술해야 한다.

셋째, 영역별 기록 내용 간 상호 연계성을 고려하여 보고서를 작성해야 한다.

유치원 평가는 교육과정 및 방과 후 과정, 교육환경 및 운영관리, 건강·안전 영역, 자율·균형·미래 영역으로 구분하고 있으며 평가영역 내 세부적인 평가지표와 그에 따른 평가항목이 있다. 이에 평가 결과서 작성 시에는 평가영역별로 구분하여 작성하게 된다. 평가 지료 및 항목이 다양하기에 다양한 내용이 한 영역에 담기지만 영역별 평가 후 결과서를 작성하는 만큼 상호 연계성을 고려해야 한다.

넷째, 종결어미를 통일하여 작성해야 한다.

논리적인 글쓰기에서 고려해야 할 사항 중 하나인 종결어미의 통일은 평가 결과서 작성에서도 적용된다. 평가 결과서는 '~함, ~임, ~음' 등으로 통일하여 작성해야 한다.

다섯째, 매 학년도 교육청에서 보급되는 유치원평가 안내서를 확인하고 해당 년도의 결과서 양식으로 현행화하여 제출해야 한다.

유치원 평가는 현장평가로 실시했을 정도로 중요한 부분이다. 이에 매 학년도 교육청에서는 유치원평가 안내서를 배부하고 있다. 평가서 작성 시 해당 안내서를 반드시 확인하고 변경된 사항들을 반영하여 작성해야 한다.

각 항목의 담당자들과 긴밀한 협의를 통해 상세하게 작성하는 것이 중요하다. '다양한 체험활동을 제공한다'라고 하기보다 구체적으로 어떤 체험활동을 어떻게 몇 회 제공하는지 작성하는 것 같이 구체적으로 작성한다.

3) 교육과정 운영계획서

유아교육에서 교육과정은 교육의 방향과 질을 결정하는 주요한 요인이며, 프로그램의 계획은 유아교육기관의 교육과정을 나타내는 중요한 수단이 된다(전일우, 2004). 유아교육 프로그램 계획서의 논리적인 작성은 연간, 월간, 주간 및 일일 교육계획안들을 작성하는 것으로 교육의 청사진이라고 할 수 있다.

교육과정 운영계획에서의 고려사항은 유아교육의 효율성과 바람직한 유아교육과정 구성의 문제로 연결된다. 교육과정의 질적 수준을 높이기 위해서는 교육과정 평가를 정기적으로 실시하고 그 결과를 다음 유아교육 활동 및 계획 수립에 활용하여 유아교육과정의 질을 개선하고 프로그램의 효율성을 높일 수 있기에 유치원에서 교사가 작성하는 논리적인 교육과정 운영계획서 작성은 중요하다고 할 수 있다(전일우, 2004). 이에 교육과정 운영계획서는 절차에 따라 논리적으로 작성해야 한다.

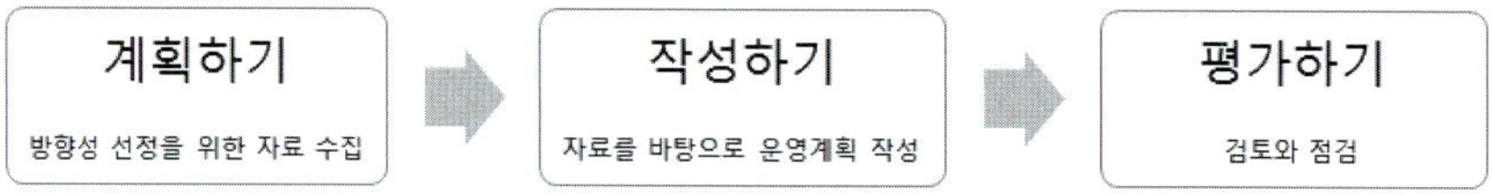

[그림 8-1] 교육과정 운영계획 작성의 절차

(1) 계획하기

교육과정 운영계획의 목적을 이해하고 계획을 수립하기에 앞서 기초자료들을 수립해야 한다. 이를 위해 지난 학년도 교육과정에 대한 평가를 바탕으로 국가수준의 교육과정 및 교육공동체의 요구를 반영하여 교육과정을 계획해야 한다. 이 단계에서 이루어져야 하는 과정들은 다음과 같다.

- 국가 및 지역 수준의 교육과정 편성·운영 지침 자료 등을 수집한다.
- 전 학년도에 실시한 교육과정 운영 설문 및 평가 자료 등을 수집한다.
- 유아교육과 관련된 최근의 사회적 이슈, 학부모의 요구 사항 등 교육과정운영 계획에 반영될 수 있는 기초실태 자료들을 수집한다.

또한, 매년 배부되는 교육부 및 시도교육청의 배부자료를 통해 국가 및 사회적 요구를 분석할 수 있다. 국가수준, 지역수준의 교육과정에 대한 이해를 토대로 해당 유치원의 교육과정 계획에 반영할 시사점을 추출한다.

(2) 작성하기

해당 단계에서는 앞서 계획하기 단계에서 얻어진 자료들을 반영하여 교육과정의 기본 방향을 설정하고 운영계획을 작성해야 한다. 이 단계에서 이루어지는 과정을 세부적으로 살펴보면 다음과 같다.

- 유치원의 교육과정 편성·운영의 기본 방향을 설정하고 그 내용을 기술한다.
- 교육공동체의 의견들을 종합하여 추출한 교육과정의 세부 사항의 내용을 구체적으로 기술한다.
- 전년도의 평가 결과를 반영하여 개선된 교육과정운영계획이 드러나도록 기술한다.
- 교육과정운영계획의 흐름이나 특색, 중점 사항 등이 명확하게 전달될 수 있도록 논리적으로 기술한다. 유치원의 교육과정 운영계획은 1년 교육의 지침이 되는 중요한 문서이다. 논리적인 교육과정 운영계획이 되기 위해서는 다음의 원칙들을 고려하여 작성해야 한다.
  ① 통합성이다. 영역 간의 통합성과 영역별 교육내용간의 통합성, 유아의 선행 경험과 유치원과 지역사회 및 유아의 흥미와 선행경험을 고려해야 한다(최미숙 외, 2002).
  ② 균일성이다. 연간, 주간, 일일계획안 수립과 5개 영역을 연중 고르게 분산배치해야 한다.
  ③ 다양성이다. 유아의 수준과 각 영역별 내용을 다양한 활동으로 제공하고 교육내용은 흥미에 따라 다룰 수 있도록 융통성있게 계획해야 한다.

(3) 평가하기

교육과정 운영계획서는 1년의 교육과정 운영에 대한 방향성을 제시할 뿐 아니라 정보공시를 통해 공개되는 문서이므로 검토단계가 꼭 필요하다. 평가단계에서 이루어지는 세부 과정은 다음과 같다.

- 교육과정운영계획의 내용이 유치원 실정에 맞고 실현 가능한 것인지 검토

한다.

- 교육과정운영계획서에 평가-계획-실행의 과정이 전체적으로 잘 드러났는지 점검한다.
- 내용 간 중복되거나 논리적으로 오류가 없는지 점검한다.
- 문법 및 맞춤법에 오류가 없는지 점검한다.

교육과정 운영계획은 국가, 지역, 유치원의 특성을 반영하고, 국가 및 지역교육과정에 대한 이해뿐 아니라 우리 유치원에 대한 분석을 통해 유치원의 특수성을 반영한 교육과정을 작성한다. 예를 들어, '교육과정 계획 시 유치원 옆에 산이 있다는 위치적 특수성을 반영하여 숲 활동을 진행하고 이와 더불어 생태교육을 특색교육으로 계획할 수 있어요.'와 같이 실정에 적합한 계획을 수립할 수 있다.

논리·논술 역량키우기 10

자신의 생각이나 의견을 조리 있게 구성하는 능력을 논리력이라고 합니다.

1. 교사로서 지녀야 할 가장 필수적 역량을 무엇일까요?
   그 이유에 대해 교사, 학부모, 유아 지역사회의 차원에서 서술해 보세요.

2. 본인의 교사 신념을 한 단어로 표현하면 무엇인가요?
   교육 활동 중에 이를 실천할 수 있는 방안을 서술해 보세요.

3. 본인이 생각하는 좋은 교사의 모습을 5가지 서술해 보세요.

9장

유아교사 준비하기

1. 이력서
2. 자기소개서
3. 면접
4. 교직논술

본 장에서는 유아교사가 되기 위하여 필요한 이력서, 자기소개서, 면접 등을 작성하기 위해 알아야할 사항 등을 구체적으로 제시하였다. 이력서 작성시 유의해야할 사항과 자기소개 작성시 포함되어져야 하는 내용을 소개하였다. 취업을 위한 면접시 면접을 준비하기 위해 필요한 사항과 면접 당일 유의할 점 등을 포함하여 유아교사가 되기 위한 준비과정을 포함하였다. 또한, 공립유치원 교사 임용고시의 교직논술에 대한 이해를 위해 유치원 교사의 교직논술 사례 등을 소개하였다.

우리말을 바르게 사용하세요!

[틀리기 쉬운 우리말: 왠 / 웬]

☞ 웬: 어찌 된, 어떠한, 단독으로 쓰일 수 있음

☞ 왠지: 왜인지, 왜그런지 등의 의미로 사용됨

'왠지'로 사용할때를 제외하고는 대부분 '웬~'으로 사용됨

예 왠지 가슴이 두근거린다. ➞ 왜 그런지 가슴이 두근거린다.

[연습문제] 아래 밑줄 친 내용이 맞게 쓰여졌으면 O, 틀리면 X 하시오.

1. 웬일이야? (　　　)
2. 이게 웬 선물이야? (　　　)

정답: 1: O, 2: O

1. 이력서

유아교육기관에 취업을 하기 위해 준비되어야 하는 것이 이력서와 자기소개서이다. 이력서는 취업하고자 하는 기관에 자신을 소개하는 자료로서 기관에서는 이력서의 내용을 확인하여 교사를 채용하게 된다. 이력서를 정확하고 성실하게 작성하는 것은 취업에 직접적인 영향을 미치게 되고 자신을 긍정적으로 알리는 방법이기도 하다.

이력서를 작성할 때 가장 중요한 것이 사실대로 작성하는 것이다. 이력서에는 자신의 이름, 연락처, 주소, 이메일, 학력사항 등의 중요한 정보를 포함하고 있으므로 오류없이 작성하고 작성된 내용을 철저히 검토하도록 한다. 이력서는 문서로 자신을 나타내는 중요한 서류이므로 다음과 같은 점을 유의하여 작성하도록 한다.

1) 작성내용

이력서는 자신의 개인적인 인적사항과 학력 및 경력사항 등에 대해 과장이나 거짓없이 사실대로 작성한다. 이력서에는 주소, 전화번호 등과 같은 개인정보 등이 기록되므로 오류나 오타가 있지 않은지 내용을 정확히 점검하고 확인한다. 정확한 자격증명이나 취득 일자, 경력 사항 등을 사실 그대로 작성한다. 예를 들어 '유아교사자격증'이 아니고 정확한 명칭인 '유치원 정교사 2급 자격증'으로 작성한다.

또한, 이력서의 양식에 나와있는 사항은 되도록 빠짐없이 꼼꼼하게 작성한다.

이름, 성별, 생년월일, 주소. 전화번호, 이메일 등은 지원자의 정보를 명확하게 전달하는 내용이므로 오류없이 빠짐없이 기록되었는지 확인한다. 특히, 전화번호의 경우 오타 등으로 인해 연락을 못 받는 일이 없도록 점검한다.

이력서 작성내용에는 개인정보 외에도 학력사항이나 특기사항, 자격 및 면허 등의 내용을 작성한다. 졸업년도나 자격취득 일자 등을 기록하고 발급기관명을 정확하게 기록한다. 자격증명이나 취득 일자, 경력 사항 등을 사실 그대로 작성한다. 예를 들어 '유아교사자격증'이 아니고 정확한 명칭인 '유치원 정교사 2급 자격증'으로 작성한다.

예비유아교사의 경우 실습기관이나 실습기관 등을 기록하는 경우도 있다. 이력서 마지막 부분에는 '위의 기재 내용은 사실과 다름없음을 서약합니다.'라고 내용을 기록한다.

2) 작성방법

깔끔하고 보기 좋은 이력서 작성은 이력서를 받아보는 취업처에 좋은 이미지를 줄 수 있으며, 이력서 작성은 지원자의 컴퓨터사용능력 정도를 이해하는 자료가 될 수도 있다. 좌우 정렬 방식, 글씨체와 글자 크기 등이 통일감 있게 작성되도록 한다. 이력서를 작성하고 오타나 띄어쓰기 등을 확인한다. 이력서가 깔끔하게 편집될 수 있도록 하고 잘못된 정보 등이 포함되지 않도록 각별히 주의한다.

이력서를 작성할 때는 학력이나 경력사항은 최종 학력이나 경력부터 기재한다. 정확한 졸업년도와 날짜 등도 기록해야 하며 졸업예정인지 졸업인지, 수료나 중퇴 등인지 정확하게 최근 사항부터 작성한다.

학력이나 경력사항은 최종 학력이나 경력부터 기재한다. 정확한 졸업년도와 날짜 등도 기록해야 하며 졸업예정인지 졸업인지, 수료나 중퇴 등인지 정확하게 작성한다. 학교의 졸업식 전에 이력서를 제출하는 경우에는 졸업예정으로 표기하고 졸업년도와 날짜는 졸업식 날짜를 기록하면 된다. 학력사항을 기록할 때 입학식과 졸업식 년도와 날짜를 알아두면 정확히 기록하는 데 도움이 된다. 경력자의 경우 경력증명서의 날짜를 확인하여 경력증명서에 기재된 날짜와 일치되게 기록한다.

3) 사진

이력서의 사진은 서류를 처음 받아보는 취업기관에서 지원자의 첫인상을 주는 중요한 요소이다. 유아교육기관 취업을 위한 이력서 사진은 단정한 옷차림에 밝은 이미지를 줄 수 있는 사진을 사용하는 것이 좋다. 이력서의 사진을 과도하게 보정하거나 실제 얼굴과 지나치게 다른 인상을 주는 사진은 사용하지 않는다. 또한, 너무 오래된 사진은 사용하지 않고 최근 사진을 사용하고, 시간이 여유로울 때 취업을 위한 사진을 미리 촬영해 두도록 한다.

이력서를 작성하고 해당 기관에 이력서를 제출할 때에 이메일로 제출하는 경우가 많다. 취업을 희망하는 기관에서 제시한 지원방법을 확인하고 제출일과 제출방식을 정확히 준수하여 제출한다. 이력서를 이메일로 제출할 때에는 이력서와 자기소개서를 첨부하고 예의 바른 인사말과 간단한 소개 등을 작성하여 이메일을 보내도록 한다. 또한, 보내는 메일 주소가 정확한지 확인하고 메일이 잘 보내졌는지 수신 확인 등을 하는 것이 좋다.

활동: 이력서 작성하기

이 력 서

● 기본사항

사진	성　　명	
	주민등록번호	
	주　　소	
	연 락 처	
	E-mail	

● 학력 사항

연 월	학 교 명	비 고

● 수상 및 특기 사항

연 월	내　용	비 고

● 자격 및 면허

내　용	관 련 처	비 고

위의 기재 내용은 사실과 다름없음을 서약합니다.

년　　월　　일　　　　(인)

2. 자기소개서

자기소개서는 자신을 소개하는 글이다. 자기소개서를 통해 자신을 알리고 자신의 성장 과정과 포부 등을 전달할 수 있다. 자기소개서는 이력서보다 구체적으로 자신을 드러낼 수 있는 중요한 자료이다. 자기소개서는 단순히 자신만이 보는 글이 아니고 목적을 가지고 있는 독자가 읽는 글이다. 따라서 자기소개서는 읽는 사람이 나에 대해 긍정적으로 평가할 수 있도록 자신만의 장점 등을 부각하고 자신의 경험과 생각을 효과적으로 전달할 수 있는 내용으로 구성해야 한다.

이를 위해서 자신의 자기소개서에 담길 내용을 선정하고 구성한다. 단순히 자신의 소개를 나열식으로 제시하기보다는 자기소개서에 작성이 될 내용 키워드를 정리해 보고 다양한 정보를 모아 내용을 구성해 나가며 자신의 자기소개서를 작성해야 한다. 자기소개서는 작성 후 여러번 반복하여 읽고 어색한 내용이나 불필요한 부분을 수정 보완하는 것이 필요하다. 작성된 자기소개서를 다른 사람이 객관적으로 읽고 검토를 부탁하는 방법도 좋다. 자기소개서에는 개인 성장 과정이나 가정 환경, 자신의 성격 및 장단점, 학교생활이나 사회경험, 지원하게된 동기나 포부 등의 내용으로 구성된다. 그중에서 성장 과정, 성격, 학교생활 경험, 지원동기 및 포부 등에 대하여 구체적으로 살펴보면 다음과 같다.

1) 성장 과정

성장 과정은 가정 환경이나 성장 과정에서의 기억에 남는 경험 등을 작성한다. 대부분 자기소개서의 시작이 되는 부분이라 작성시 어려움을 가지고 있는 경우가 많다. 성장과정 부분을 나열식으로 길게 작성하기보다는 가정환경, 가훈 등을 간단히 언급하고 이것이 성장과정에 영향을 미치게 된 내용 등을 기술하는 것이 좋다. 자신의 성장과정을 돌아보고 중요한 키워드를 정리해 보고 그중에서 기억에 남는 일화나 현재의 업무에 영향을 미치게 된 일화 등을 기술한다. 성장과정에 대한 내용은 개인의 성장배경 및 가치와 태도를 살펴볼 수 있는 중요한 부분이다.

2) 성격

자기소개서에 포함되어 있는 성격에 대한 기술은 자신을 드러내는 중요한 항목이다. 자신을 나타내는 성격을 한 문장 또는 단어로 두괄식으로 표현하고 기술해 나가는 것도 좋다. 성격을 기술시 자신의 장점과 단점을 적절하게 나타내는데 특히, 자신의 장점을 드러날 수 있도록 하고 직무와 관련하여 장점을 연관지어 작성하는 것이 좋다. 단점도 작성할 수 있으나 단점을 극복하는 개선 노력이나 강점으로 활용할 수 있는 내용을 제시한다. 다만, 단점을 길게 작성하기보다는 간단히 작성하고 장점을 보다 강조하여 작성하는 것이 좋다. 아래 〈표 9-1〉은 자기소개서의 성격 작성시 단점을 강조한 예와 단점을 강점으로 기술한 예시이다.

〈표 9-1〉 성격 작성 예시

내용	예시
단점을 강조한 예	반면, 저의 단점은 매우 고집이 세다는 것입니다. 어려서부터 고집불통이라는 이야기를 들어왔습니다.
단점을 강점으로 기술한 예	반면, 저는 다소 고집이 세다는 이야기를 듣곤 합니다만 하고자 하는 일을 끝까지 해내고 주변에 흔들리지 않고 묵묵히 일을 해내는 편입니다.

3) 학교생활

학교생활은 유아교육을 전공하며 알게 된 점, 모의수업 경험, 실습 경험, 동아리, 봉사활동 등의 비중을 두고 작성한다. 기억에 남는 경험이나 학교 다니면서 배우게 된 점등을 일화 등을 구체적으로 제시하는 것이 좋다. 어려웠던 점도 어떠한 노력으로 극복하고 역량을 높일 수 있었는지 등을 기술한다. 특히 동아리나 학생회 활동 등 학과나 대학의 활동 등에 대해 다루고 다양한 실습 경험 등을 기술하며 알게된 점이나 내가 변화했던 점 등을 작성한다. 특기사항을 따로 적는 양식이 아니라면 학교생활이나 성격 등을 작성할 때 자신의 장점 등을 부각하는 것도 좋다. 특별히 배웠던 자격과정이나 컴퓨터 활용 능력을 통해 과제를 수행했던 경험, 비교과 활동에 참여하여 할 수 있게 된 내용 등을 제시할 수 있다. 예를 들어 아동극 뮤지컬 동아리 활동을 했다면 동아리 내에서 어떤 역할을 수행했는지, 어떤 것을 배우고 느꼈는지 등을 작성하는 것도 좋다.

4) 지원동기 및 포부

지원동기는 일반적인 내용으로 구성하기보다는 구체적으로 작성한다. 지원동기를 작성할 때에는 기관에 대해 사전 정보를 찾아보고 기관에 맞는 내용을 포함하여 작성한다. 지원하고자 하는 기관의 특색이나 장점 등을 찾아보고 기관의 비전이나 목표, 인재상, 프로그램 특색과 연계된 지원동기를 작성하는 것도 좋다.

유치원 알리미

특히, 유아교육기관에 취업을 희망하는 경우에는 유치원 알리미(https:e-childschoolinfo.moe.go.kr) 사이트에서 유치원이나 어린이집에 대한 정보를 확인할 수 있다.

포부는 자신이 어떤 유아교사가 되고 싶은지 구체적인 자신의 목표를 포함하여 포부를 작성한다. 자신이 추구하는 것은 무엇인지, 어떤 유아교사가 되고 싶은지 등을 제시한다. 포부를 나열식으로 제시하기 보다는 그 꿈을 이루기 위하여 자신이 어떤 노력을 할 것인지 등의 구체적인 계획이나 각오 등을 구체적으로 작성한다. 지원하고자 하는 기관의 특색 등과 연계하여 그 기관과 관련한 장래 포부를 제시하는 것도 좋다. 간혹 여러 기관에 원서를 작성하면서 이전 기관명 등을 삭제하지 않고 다시 사용하는 경우가 있는데 철저하게 잘 확인하여 실수하지 않도록 한다. 〈표 9-2〉는 자기소개서의 지원동기 작성시 추상적인인 표현으로 기술한 사례와 구체적인 표현으로 기술한 사례이다.

〈표 9-2〉 지원동기 예시

내용	예시
추상적인 표현	ㅇㅇ유치원에 취업하고 싶은 이유는 어려서부터 유치원교사가 꿈이었습니다.
구체적인 표현	ㅇㅇ유치원에 지원하게 된 이유는 평소 주변의 자연물을 탐색하며 유아생태교육에 많은 관심을 가지고 있었습니다.

활동: 자기소개서를 작성하기

자 기 소 개 서

● 성장배경

	자신의 경험을 이야기하며 교사가 되기로 결심한 내용, 자신의 교육관과 교사관에 영향을 미친 사건들을 작성하세요.

● 성격

	자신의 성격을 요약하여 제시하고, 교사로서 임하는 자세와 태도를 함께 서술해주세요 장점을 제시하고, 단점 부각하기 보다는 단점을 극복하기 위한 노력이나 장점화 될 수 있는 내용을 작성해 주세요

● 학교생활 및 사회경험

	학교생활은 유아교육을 전공하며 알게된 점이나 동아리, 실습 경험 등 대학 활동을 중심으로 작성하세요.

● 지원동기 및 포부

	기관에 지원하는 동기와 포부를 작성합니다. 기관에 대해 사전 정보를 찾아보고 기관에 맞는 내용을 포함해 주세요.

위의 기재 내용은 사실과 다름없음을 서약합니다.

년 월 일 (인)

3. 면접

면접은 기관의 면접관과 취업을 희망하는 지원자가 만나는 중요한 과정이다. 면접 중에 이루어지는 다양한 질문과 답변 과정을 통해 면접관은 지원자의 성향과 역량을 파악하게 된다. 따라서, 면접은 취업 과정에서 지원자와 기관과의 중요한 소통의 수단이며 취업을 결정짓는 필수 과정이 된다.

면접은 기관에 맞는 적합한 인재를 찾는 과정이라고 할 수 있다. 면접을 통해 유아교육기관에서는 교사로서의 역량과 태도를 지닌 인재를 선발할 수 있다. 지원자는 자신의 역량과 장점을 부각할 수 있는 기회를 갖게 되며, 면접을 통해 자신의 취업 의지와 자신의 강점을 어필할 수 있다. 다음은 면접을 사전준비로 다양한 예상 면접 질문에 대해 구체적으로 살펴보고 면접일 준비해야 할 사항을 살펴보고자 한다.

1) 면접 사전준비

면접을 잘 보기 위해서는 면접에 대한 철저한 준비와 연습이 필요하다. 긴장하지 않고 자신감 있게 면접을 잘 보기 위해 자신이 작성한 자기소개서와 이력서 등을 다시 점검하고 확인한다. 이력서 및 자기소개서에 있는 내용을 바탕으로 면접시 질문을 하거나 추가적인 내용을 물어볼 수 있으므로 작성된 내용을 꼼꼼히 확인해야 한다. 또한, 면접을 보게 될 기관에 대해 기본적인 내용들을 찾아보고 면접에 임하는 것이 좋다. 유치원 알리미 사이트 등을 활용하여 기관의 특색이나 위치, 규모 등을 파악하고 주요 내용을 정리해 두면 면접시 도움이 될 수 있다.

면접 전에 다양한 질문을 예측해 보고 적절한 답변을 할 수 있도록 사전에 철저히 준비하도록 한다. 이를 위해 유아교육기관에서 면접시 많이 활용되는 질문 유형을 선정하여 답변을 작성해 보고 연습하는 과정이 필요하다. 연습을 할 때에는 거울을 보고 연습하거나 면접에 답변하는 자신의 모습을 촬영해 보고 점검하는 것도 좋다. 또는, 가족이나 친구들과 함께 면접을 가상으로 진행해 보면 면접시의 긴장감을 줄이고 면접을 자연스럽게 경험해 볼 수 있다. 면접시 예상되는 질문 내용은 크게 서류기반한 질문, 문제상황에 대한 질문, 인성 및 교직관 등과 관련한 질문, 사회적 이슈에 관련한 질문, 취업기관에 대한 이해정도와 관련한 질문 등이 있다. 구체적인 내용은 다음과 같다.

(1) 서류기반 내용

면접관은 이력서와 자기소개서 등의 서류를 기반으로 질문을 하게 된다. 이력서나 자기소개서에 정확한 내용을 기재하고 작성해 둔 내용을 숙지하여 제출된 내용에 대해 잘 이해하고 적절히 답변할 수 있도록 한다. 서류에는 다 작성하지 못했던 추가적인 내용을 보완하여 답변해도 좋다. 지원자는 이력서와 자기소개서 등의 내용을 바탕으로 예상 질문을 선정하여 예상 답변을 적어보고 답하는 것을 연습한다.

(2) 인성과 신념에 관한 내용

유아교육기관에서 교사를 채용할 때 무엇보다 가장 중요하게 보는 것이 인성이다. 유아교육기관은 영유아와 부모, 동료교사 외에 많은 사람들과 함께 생활하고 교육을 담당하는 중요한 역할을 수행하는 기관이다. 인성과 자질은 유아교사로서의 가장 기본이 되는 영역으로 면접시 중요하게 보는 항목이기도 하다. 이를 파악하기 위해 면접시 개인의 성격, 대인관계 등에 관련한 질문을 하는 경우가 많다. 또한 평소 교직관이나 아동관에 대한 지원자의 생각이 어떠한지 면접시 물어보는 경우가 많으므로 자신의 생각을 정리해 보고 잘 전달될 수 있도록 연습한다.

(3) 취업 기관에 관한 내용

면접보는 기관에 대해 사전에 정보를 찾아보는 것이 좋다. 유아교육기관의 경우 설립이 언제 되었는지, 기관의 목표와 비전, 학급수, 프로그램 등에 대해 숙지하고 면접에 임하도록 한다. 지원자가 평소 지원하고자 하는 기관에 관심을 가지고 있었다는 것을 표현하고 어떠한 마음가짐 등으로 임할 것인지 등을 피력하는 것도 좋다. 예를 들면, 면접을 볼 때 기관에 대해 사전에 알고 있었는지, 혹은 와보니 어떤 것 같은지 등을 질문하는 경우가 있다.

특히, 면접보는 기관에 취업을 희망하는 이유나 취업에 대한 의지나 각오 등을 면접시 묻는 경우도 많으므로 취업을 하게 된다면 어떠한 각오로 임할 것인지 등에 대해 답변을 정리해 본다.

(4) 문제상황에 대처 방법에 대한 내용

문제상황에 대한 질문은 유아교육기관에서 하루 일과중에 유아나 부모와 발생할 수 있는 여러 상황에 대해 질문하고 어떻게 해결할 수 있을 것인지 질문하는 경우이다. 여러 상황에 대해 어떻게 대응하고 교사가 어떻게 해결할 수 있는지 답변을 준비한다. 예를 들어 유아와 유아간에 다툼이 생겼을 때 문제를 해결 방법 등을 질문하는 경우 등이 있다. 또는, 학부모와의 문제상황, 안전 문제 등에 대한 대처방법에 대해 질문을 하는 경우도 있다. 따라서 위와 같은 예상질문에 대한 답변을 사전에 미리 작성해 보고 말하는 연습을 해보는 것이 좋다.

(5) 유아교육과 관련한 이슈

유아교육에 대한 여러 이슈들이나 사회적 문제에 대한 질문을 하기도 한다. 이슈가 되고 있는 주요 내용들에 대해 자신의 생각을 정리해 보고 관련 자료 등을 찾아보는 것도 필요하다. 또한, 최근 국가에서 제시하고 있는 교육 정책 등에 대해 찾아보고 취업하고자 하는 지역적인 특색도 고려하도록 한다. 예를 들어, 디지털 교육, 아동학대, 유보통합 등 사회적으로 관심이 되고 있는 주제 들에 대한 조사하고 자신의 생각을 정리한다.

〈표 9-3〉은 위에서 제시한 서류기반, 인성과 신념, 취업기관, 문제상황, 유아교육 이슈 등의 내용을 바탕으로 고려해 볼 수 있는 예상 질문을 제시하였다. 각 예상 질문에 대해 예상 답변을 직접 작성해 보고 연습해 보는 것이 좋다. 예상 질

문에 대한 답변을 할 때에는 되도록 두괄식으로 답변하여 상대방이 내용에 대해 쉽게 이해할 수 있도록 답변한다.

〈표 9-3〉 면접시 질문의 예시

내용	예시
서류기반 (인적사항)	자신을 간단히 소개해 보세요. 자신의 장점과 약점을 구체적으로 말씀해 주세요. 유아교육을 희망하게 된 동기는 무엇입니까?
인성과 신념	바람직한 유아교사상에 대해 설명해 보세요. 앞으로 어떤 유아교사가 되고 싶습니까? 자신의 교육관이나 신념이 있다면 말해 보세요.
취업 기관	평소에 본 기관에 대해 알고 있었나요? 유치원에 입사를 한다면 몇 세반을 맡고 싶습니까? 그 이유가 무엇입니까? 취업이 된다면 어떤 자세(각오)로 근무하겠습니까? 유치원을 선택하는데 있어서 가장 중요하게 생각하는 것은 무엇입니까?
문제상황	유아간 다툼이 생겨서 상처가 생겼습니다. 어떻게 하시겠습니까? 학부모가 민원을 제기한 경우 어떻게 대처하시겠습니까?
유아교육 이슈	유아 디지털 교육에 대한 생각은 어떠합니까? 유보통합에 대한 지원자의 생각은 어떠합니까? 아동학대 문제에 대한 지원자의 생각은 어떠합니까?

면접을 연습할 때는 자신이 대답하는 모습을 촬영하여 보거나 거울을 보며 연습하는 것도 효과적인 면접연습 방법이다. 또한, 가족이나 친구와 예상 문제에 대한 질문과 답변을 가상면접 상황으로 해보는 것도 좋다.

면접은 본인이 취업을 희망하는 기관에 자신의 긍정적인 모습과 취업의지를 어필하는 중요한 시간이므로 사전에 철저한 준비와 연습이 필요하다.

〈표 9-4〉는 면접시 질문에 대한 예상 답변의 사례이다.

〈표 9-4〉 면접 예시 자료

교사로서의 장점과 약점, 그리고 약점을 극복할 수 있는 개인적 노력에 대해 말하시오.

〈예시1〉교사로서의 저의 장점에 대해 말씀드리겠습니다.
저의 장점은 친절과 배려를 습관화한 것입니다. 이를 통해 현장에 있을 때에도 어린이들이 저에게 간혹 엄마라고 할 정도로 친근감을 가지고 빨리 새로운 환경에 적응하도록 도움을 주었으며, 이후 교사, 유아 간 상호작용에 긍정적인 영향을 주었습니다.
다음으로 교사로서의 저의 약점은 선택과 행동에 앞서 생각을 너무 많이 한다는 점입니다. 항상 신중히 생각하여 선택하고 책임에 대한 비중을 많이 두고 있기 때문인 것 같습니다. 저의 약점을 극복하기 위해서 우선순위를 정해서 보다 신속한 업무처리 능력을 기르도록 노력하겠습니다. 또한 올바르고 효율적인 의사결정자가 되기 위해 전문서적 외에도 다양한 분야의 책들을 자주 읽으면서 교사로서 지식과 이해의 폭을 넓히려고 노력하고 있습니다.

〈예시2〉 교사로서 저의 장점에 대해 말씀드리겠습니다.
제 장점은 친화력입니다. 저는 옆에 있는 사람에게 먼저 말을 건내고, 먼저 베풀며 다가가는 것에 즐거움을 느끼고 좋은 긍정적 관계를 맺고 있습니다. 저는 유치원 현장에서 교사들 간의 긍정적 관계 형성이 중요하다고 생각합니다. 교사들 간 친밀한 관계 속에서 유아들에게도 질 높은 교육을 제공할 수 있기 때문입니다.
제 약점은 혼자하는 두려움을 갖고 있다는 것입니다. 이를 극복하기 위해 개인적인 발전을 위한 기회를 충분히 갖고자 했고, 그 과정에서 성적 장학금, 수업경진대회 수상 등을 하며 조금씩 자신감을 얻게 되었습니다. 제가 먼저 베풀고, 공유하고, 나누며 먼저 다가갔고 각자의 장점을 살려 역할분담을 하는 등 함께 협업하는 분위기를 만들어감으로써 약점을 극복할 수 있었습니다.

자신의 인생에서 가장 큰 영향을 준 사람과 교직 생활에 어떤 영향을 미쳤는지 이야기 하시오.

〈예시1〉 제 인생에 큰 영향을 준 사람은 '어머니'입니다. 저희 어머니께서는 저를 키우기 위해 그 시절, 유아교육서를 찾아 공부하시고 간식은 물론 이불보의 자수조차 모두 손수 만들어 주시며 자신보다 자식을 위해 노력하셨습니다. 처음 제가 유치원 교사의 길을 가고자 했을 때, 어머니는 우려와 걱정을 많이 하셨지만 저는 유아교육을 선택하였고 누구보다 열심히 공부했습니다. 매 학기 열심히 공부해 모든 학기 장학금을 받고 졸업하였고 이로 인해 잔뜩 채워진 교사로서의 자부심을 가지고 교직생활을 시작하게 되었습니다. 마음가짐에 따라 달라진다는 말처럼, 그렇게 단단하게 채워진 교사로서의 자부심은 저를 더욱 교사답게 만들어갔고 자랑스러운 딸로서, 세상의 소금과 같은 교사가 되기 위해 지금까지도 늘 노력하는 교사가 되도록 만들어 주었습니다.

〈예시2〉 저의 인생에서 가장 큰 영향을 주신 분은 교직생활에 한평생을 바치신 저희 아버지이십니다. 저는 자라면서 자연스럽게 교직생활에 관심이 많았지만 정작 아버지의 교직관에 대한 이야기를 들은 것은 제가 아이를 양육할 때 고민을 들어주시면서 방향을 제시해 주신 아버지의 말씀을 통해서입니다. 아이들의 눈높이에서 아이가 무엇을 좋아하는지 파악하고, 아이의 하루 일과에 대해서 자세히 알며, 대화를 통해서 교육하고 양육해야한다고 말씀해 주셨습니다. 비록 지금은 영면하셨지만 그 말씀은 항상 가슴에 새겨서 실천하며 아버지의 자랑스러운 딸이자 후배교사가 되기 위해 앞으로도 노력하겠습니다.

유치원 교사에게 필요한 인성적 자질과 그 자질이 필요한 이유를 각각 말하시오

〈예시1〉 유치원 교사에게 필요한 인성적 자질에 대해 말씀드리겠습니다.
우선, '타인에 대한 존중'입니다. 뮤지컬 ○○○에서 주인공은 친구를 만나 그 사람 그대로 존중받으며 자신의 능력을 발전시켜 성공하는 이야기가 기억에 남습니다. 교사는 유아를 있는 그대로 존중함으로써 각 유아의 특성에 맞는 적절한 교육을 지원할 수 있는 자질이 중요하다고 생각합니다.
두 번째로, '따뜻함'입니다. 무엇보다 따뜻함으로 유아의 정서적 지지자가 되어 줌으로써 세상을 탐색하고 세상으로 나아가는 유아에게 디딤돌과 같은 역할이 되어주어야 한다고 생각하기 때문입니다.
끝으로, '유아에 대한 민감성'입니다. 유아의 상태, 장점, 특성 등을 정확하고 빠르게 파악하는 교사는 그만큼 그 유아에게 적절한 교육을 제공할 수 있으며, 그때그때 유아들의 요구에 민감하게 반응함으로써 적절한 필요를 채워줄 수 있기 때문입니다.

〈예시2〉 유치원 교사에게 필요한 인성적 자질에 대해 말씀드리겠습니다.
첫째, 존중입니다. 교사는 유아에 대한 무조건적이고 긍정적이며 존중하는 마음을 가져야 한다고 생각합니다. 왜냐하면 존중받은 유아는 자신감을 가지고 자신의 역량을 마음껏 발휘할 수 있으며, 또한 존중받은 유아 역시 타인을 존중할 수 있는 마음을 가질 수 있기 때문입니다.
둘째, 경청입니다. 교사는 항상 주위를 관찰하고 유아들의 말을 잘 들어 주어야 합니다. 왜냐하면 유아교사는 바쁜 일상으로 인해 정작 유아들의 수많은 말들을 놓치는 실수를 할 수 있기 때문입니다. 경청을 통해 유아들의 사소한 이야기도 잘 들어 주어 상호 신뢰속에서 유아가 즐거운 하루 일과를 보낼 수 있도록 하겠습니다.
셋째, 인내입니다. 유아교사는 일과 중에서 인내해야 할 상황들이 많습니다. 왜냐하면 유아는 스스로 생각하고 행동할 때까지 충분한 시간이 필요하기 때문이며, 또한 예측하지 못한 유아의 행동들에 교사는 자신의 순간적인 감정을 인내할 수 있어야 한다고 생각하기 때문입니다.

2) 면접일 준비

면접은 유아교사가 되기 위한 첫 번째 관문이며 취업을 희망하는 예비유아교사가 기관 담당자를 처음으로 만나는 시간이다. 기관에서도 역량있는 교사를 선발하기 위해 면접은 필수적이고 중요한 과정이 된다. 따라서 예비유아교사는 면접시 사전 준비를 철저히 하고 면접일 당일 자신감있고 긍정적인 태도로 면접에 임해야 한다.

면접일에는 시간약속을 엄수하는 것이 매우 중요하다. 이를 통해 지원자의 성실성이나 사전 준비 등을 파악할 수 있게 된다. 면접을 가기전 면접을 보기로 한 날짜와 시간을 정확하게 확인하고 메모를 해둔다. 면접을 위하여 필요한 의상이나 신발, 가져야 할 서류 등의 준비가 사전에 되어 있도록 한다. 면접시 단정한 복장과 화장을 하고 성실한 답변 태도와 예의 바른 모습으로 임한다. 이와 같은 태도는 면접에 매우 긍정적인 영향을 미치게 된다. 이와 같은 내용을 중심으로 면접시 주의해야 할 내용을 정리하면 다음과 같다.

(1) 태도와 자세

지원자를 소개하는 방식이 질문에 대한 답변으로 나타날 수도 있으나 말을 하는 어투나 태도, 지원자의 표정이나 자세, 인사 등 면접시 모습에서도 보여진다. 따라서, 면접을 하기 위해 들어가는 순간부터 면접이 이루어지고 있음을 명심하고 바른 자세와 밝은 미소, 예의 바른 태도 등을 유지하도록 한다. 아무리 질문에 대한 답변을 잘해도 부정적인 태도나 표정을 보인다면 좋은 평가를 받기 어렵다는 것을 기억해야 한다.

(2) 복장과 화장

유아교육기관에 면접을 보는 경우 단정한 의상을 선택하여 교사다운 모습으로 면접에 임하도록 한다. 특히, 비치는 옷이나 너무 짧은 치마를 입고 불편하게 면접을 보는 일이 없도록 한다. 머리도 깔끔하고 단정한 느낌을 줄 수 있도록 정돈

한다. 화장은 너무 진하게 하지 않고 연한 화장으로 화사한 느낌을 줄 수 있도록 한다. 화장이 너무 강할 경우 이미지가 강한 느낌을 줄 수 있다. 복장과 화장은 면접을 볼 때 첫인상에 영향을 많이 미치게 되므로 좋은 인상을 줄 수 있는 화장이나 차림으로 면접에 임하도록 한다.

(3) 약속시간

면접일 날 약속된 시간에 절대 늦지 않도록 한다. 기관까지 가는데 소요되는 시간이나 교통 상황 등을 고려하여 약속시간보다 미리 도착할 수 있도록 한다. 방문시 돌발 상황이 발생할 수 있으므로 여유있게 시간을 가지고 간다. 사전에 일찍 도착하면 좀 더 여유를 가지고 면접을 준비할 수 있고 시간 약속을 잘 지키는 모습을 보여줌으로 면접시 좋은 인상을 줄 수 있다.

(4) 면접 준비물

면접일정을 기관에서 연락을 받을 때 가지고 가야 하는 준비물이 있는지 확인다. 면접시 가지고 가기로 한 준비물이 있다면 사전에 확인하고 준비해 간다. 취업 포트폴리오 등을 준비하였다면 미리 준비하여 면접시 가지고 갈 수 있도록 한다.

4. 교직논술

공립유치원 교사가 되기 위해 준비하는 예비 교사들에게도 논리적 사고를 키우는 과정은 무엇보다 중요하다. 공립유치원 교사가 되기 위해서는 임용고시에 응시해야 하며 응시 과목 중 하나인 교직 논술도 논술문 작성 시 유아교사의 논리적 사고를 요하기 때문이다. 논술의 내용에 대한 배점 외에 글의 논리적인 구성, 맞춤법 및 원고지 작성법, 분량과 같이 교사의 논리적 사고를 판단하기 위한 논리적인 논술의 체계가 배점의 기준이 되기에 교사를 준비하는 과정에서 논리적인 사고 향상을 위한 노력을 바탕으로 논술문 작성법을 익혀야 한다.

유치원 임용고시에서 교직 논술은 지시문 즉, 해결해야 할 논제가 주어지고 이에 대한 정확한 이해를 바탕으로 정해진 시간과 분량에 맞추어 논술문을 작성하게 된다.

출제 범위는 유치원 교직 및 교양 전 영역에 걸쳐 출제되나 논제에 대한 자료를 수집할 시간이 없으므로 출제자의 의도 및 배점 기준을 충분히 파악한 뒤 주어진 제시문을 최대한 활용하고 자신이 알고 있는 지식을 더하여 논리적인 구성과 명료한 문장으로 논술문을 작성해야 한다.

(1) 논술문의 형식

첫째, 서론은 전체 글의 10~20% 분량으로 비중은 적으나 글을 시작하기 위한 말로, 전체적인 논술문의 방향성을 제시하는 글이다(임미선, 2019). 서론을 구성할 때는 글의 필요성을 나타내는 첫 문장을 시작으로 그러한 현황에 대한 문제를 제기하고 본론의 진술방향을 제시하여 서론만으로 전체 글의 흐름을 예상할 수 있도록 설명하는 글이라 할 수 있다.

둘째, 본론이다. 본론은 전체 글의 70% 정도의 분량을 차지하며 점수가 채점되는 가장 중요한 부분이다. 이에 작성 전 논술의 내용에 해당하는 배점기준을 확인하고 문제에 제시된 제시문을 최대한 활용하여 서론에서 제시한 문제 해결 방안을 논리적으로 구분하여 제시하여야 한다. 교직 논술은 자유로운 형식과 내용으로 생각을 펼쳐나가는 글과는 다르다. 글의 논리적 구성 원리를 지켜가며 주어진 조건을 정확히 반영하여 순서에 맞게 서술할 때 훌륭한 본론이 작성될 수 있다. 즉, 주어진 조건과 관련된 지문을 분석하여 논점을 정확하게 정리해 서술한 뒤, 그에 대한 명확한 근거를 풍부하게 제시해야 한다.

셋째, 결론이다. 결론은 전체 글의 10~20% 정도로 글 전체를 마무리하는 글이다(임미선, 2019). 서론과 본론에서 작성한 글을 간단하게 요약하며 논술문의 타당성을 다시 한 번 강조할 수 있는 강조의 글 등을 진술할 수 있다. 간략하고 명료하게 본인의 글의 필요성을 다시 한번 표명함으로써 글 전체가 완성되는 느낌을 주도록 한다.

(2) 논술문 작성을 위한 준비사항

논술문을 작성하기 위해 준비해야 할 점은 다음과 같다.

첫째, 풍부한 배경 지식을 쌓는 것이다. 일반적인 교직 이론에서 출제되던 논술 시험의 범위가 점차 넓어지며 교육 현장의 문제들까지도 다뤄지고 있다. 익숙하게 알고 있는 내용의 경우 자신감을 가지고 풍부한 근거를 제시하며 논술문을 작성할 수 있으나, 잘 알지 못하는 주제로 글을 작성해야 할 경우 막연한 논제 자체를 체계적으로 구성하는 과정부터 어려움을 겪게 될 것이다. 이에 유아교육에 대한 전반적인 이론들에 대한 이해를 바탕으로 이슈가 되고 있는 시사, 교육 동향 등에 대해서도 관심을 가지며 풍부한 지식을 갖추도록 해야 한다.

둘째, 논리적 사고를 키워야 한다. 논술문은 다른 글과 다르게 목적과 방향성이 뚜렷한 글이다. 논리성을 바탕으로 문제가 요구하는 내용에 따라 서론, 본론, 결론이라는 논리적 절차에 따라 글의 체계를 구성해야 한다. 이에 명확한 논점과 이를 타당화하는 근거를 제시하며 글을 읽는 사람을 설득하기 위해서는 글의 논리성이 무엇보다 중요하다. 논제와 관련된 제시문의 내용을 분석하여 문제에서 요구하는 바를 명확히 파악하고 제시하고자 하는 문제점과 그에 대한 논거 및 해결 방안의 순으로 서술하며 자신의 주장을 명료하게 제기할 수 있어야 한다.

셋째, 독해력 배양으로 문제 분석능력을 기르는 것이다. 교직 논술에서의 독해력은 출제자의 의도와 제시문의 의미를 파악하는 능력이다. 최근 기출문제 및 점수 배점 현황들을 살펴보면 교직 현장의 문제들을 주로 다루고 있기에 예비 교사들을 대상으로 한 교직 논술에서는 제시문의 대화에 문제 해결을 위한 사례들을 제시하고 있다. 이에 배점기준을 정확하게 확인하고 제시문을 읽으며 문제를 분석할 수 있을 때 출제자가 바라는 논리적인 논술문을 작성할 수 있다.

교직 논술 기출 문제 풀기(2020학년도 공립 유치원 교사 임용후보자 선정 경쟁시험 문제)

다음은 최 교사, 권 교사, 김 교사가 겪고 있는 갈등 상황과 관련된 반성적 저널의 일부이다. 1) 세 교사의 저널에 근거하여 각 교사가 갈등한 내용을 각각 기술하시오. 2) 갈등 상황에서 세 교사가 선택한 행동의 이유를 각각 기술하고, 3) 선택한 행동 이후에 나타난 문제를 찾아서 그 해결 방안을 교사별로 1가지씩 구체적으로 논하시오. 4) 최 교사와 유아, 권 교사와 학부모, 김 교사와 동료 교사의 관계에서 유아 교사가 갖추어야 할 덕목 1가지씩 제시하고, 그 이유에 대해 논하시오. [총 20점]

주영이는 입이 짧고 편식이 심하다 주영이 어머니께서도 그 점을 걱정하신다. 주영이는 거의 매번 식사시간에 자신이 싫어하는 음식을 남긴다. 나는 주영이에게 배식된 음식을 골고루 먹게 해야 할지 주영이가 꺼려하는 음식을 남기는 것에 대해 허용할지 고민하다가 유아들의 건강을 위해야 한다는 생각에서, 주영이에게 배식된 음식을 골고루 먹도록 지도하였다. 그랬더니 어제는 주영이가 배가 아프다고 하면서 음식을 남겼는데, 알고 보니 먹기 싫어서 핑계를 댄 것이다. (최 교사의 저널)

상희가 2학기 접어들어 부쩍 말수가 줄어들었다. 며칠 전에는 힘없이 어두운 표정으로 등원하기에 상희에게 무슨 일이 있었는지 물어보았더니, 고개를 숙인 채 작은 목소리로 "아침에 밥 먹다가 엄마, 아빠가 또 싸웠어요. 나 때문인 것 같아요."라고 말하였다. 이러한 상희의 행동에 대해 부모님께 말씀드려야 하는데, 부모님의 다툼에 대한 내용을 언급해야 할지 언급하지 말아야 할지 고민이 되었다. 사실 상희가 말한 부모님의 다툼에 대해서 여쭙고도 싶었지만, 혹시 이 말로 인해 나와 부모님의 관계가 불편해질까봐 상희 어머니께 전화를 드려 상희의 유치원에서의 모습에 대해서만 말씀을 드렸다. 그런데 상희는 예전처럼 활발한 모습은 좀처럼 보이지 않고 더 어두운 표정을 할 때가 많다. (권 교사의 저널)

유치원 운동회와 관련하여 교사 협의회가 있었다. 업무 담당자인 박 선생님께서 작년에 실시한 운동회가 좋은 반응을 얻었다고 하면서 올해도 같은 방식으로 실행하자고 하셨다. 나는 유치원과 지역 공동체가 함께 교육을 실행할 수 있는 새로운 방식의 운동회에 대해 생각해 둔 것이 있었다. 그래서 내 의견을 내놓아야 할지 함구해야 할지 한참을 고민하다가, 새로운 방식의 운동회에 대한 나의 구상을 제안하였다. 그런데 운동회 방식에 관한 본격적인 협의를 시작해 보기도 전에 몇 분의 선생님들께서 업무가 바쁘다는 핑계로 자리를 뜨는 바람에 어떤 결정도 하지 못한 채 회의가 끝나 버렸다.

(김교사의 저널)

답안 작성 시 유의 사항	배 점
• 어법과 원고지 작성법에 맞게 서술하시오. • 주어진 원고지(1,200자)에 맞게 서술하시오. (1,100자 이하 또는 1,200자 초과 시 감점) • 글의 체계를 논리적으로 짜임새 있게 구성하시오. • 글의 명료성, 타당성, 일관성을 고려하여 서술하시오.	• 논술의 내용 [총 15점] –세 교사가 갈등한 내용[3점] –세 교사가 선택한 행동의 이유[3점] –세 교사의 문제 해결 방안[3점] –유아 교사의 유아, 학부모, 동료 교사에 대해 갖추어야 할 덕목[3점]과 그 이유[3점] [6점] • 논술의 체계[총 5점] –글의 논리적 체계성[3점] –맞춤법 및 원고지 작성법[1점] –분량[1점]

〈표 9-5〉 답안예시

유치원 현장에서 교사들은 다양한 갈등을 겪는다. 그러므로 교사의 자율적 의사결정 능력을 길러 유아의 행복을 지키기 위한 선택을 해야 하고 그러한 선택이 적절한지에 대한 반성을 하는 것이 필요하다. 이를 통해 유아를 위한 최선의 선택을 할 수 있는 덕목을 기를 수 있게 될 것이다. 이에 사례를 통해 유치원 현장에서 겪는 딜레마 상황을 해결하기 위한 발달에 대해 논하고자 한다. 1) 우선 각각의 상황에서 세 교사가 갈등한 내용은 다음과 같다. 첫째, 최 교사는 주영이에게 배식된 음식을 골고루 먹어야 할지 유아가 꺼려하는 음식을 남기는 것에 대해 허용해야 할지 고민하고 있다. 둘째, 권 교사는 상희의 말수가 적어지고 표정이 어두워지는 등의 행동 변화에 대한 원인을 알아보기 위해 부모님의 다툼과 같은 사적인 문제에 대한 언급을 해야 할지 말아야 할지 고민하고 있다. 셋째, 김 교사는 교사 협의회에서 유치원과 지역 공동체가 함께 교육을 실행할 수 있는 새로운 방식의 운동회에 대한 자신의 의견을 내놓아야 할지 함구해야 할지 고민하고 있다. 2) 다음으로 이러한 고민에 대해 세 교사가 선택한 행동과 그 이유는 다음과 같다. 첫째, 최 교사는 주영이에게 배식된 음식을 골고루 먹도록 지도하였다. 유아의 건강을 위하는 것이 중요하다고 생각했기 때문이다. 둘째, 권 교사는 상희의 어머니께 전화를 드려 유치원에서의 모습에 대해서만 말씀을 드렸다. 부모의 다툼과 같은 개인적이고 민감한 질문을 통해 부모님과의 관계가 불편해질 것이 걱정되었기 때문이다. 셋째, 김 교사는 새로운 방식의 운동회에 대한 자신의 구상을 제안하였다. 유치원과 지역사회와의 협력을 통해 유아의 경험을 확장할 수 있다고 생각했기 때문이다. 3) 하지만 이러한 교사의 행동에 의해 문제가 나타났다. 첫째, 음식을 먹기 싫어서 배가 아프다는 핑계를 대고 음식을 남기는 문제가 나타났다. 그러므로 교사는 '푸드 브릿지' 방법을 활용하여 유아가 거부감을 느끼는 음식에 대해 거부감을 줄이며 점진적으로 접근할 수 있도록 해야 한다. 둘째, 상희는 예전처럼 활발한 모습은 보이지 않고 더 어두운 표정을 하게 되었다는 문제가 나타났다. 그러므로 교사는 유치원에서 보이는 상희의 모습을 전달함과 동시에 가정에서 보이는 모습에 대해 물어보며 부모가 거부감을 느끼지 않도록 상희의 부정적인 행동의 원인을 찾아 해결하는 것에 초점을 두고 자연스럽게 대화를 이끌어야 한다. 셋째, 운동회 방식에 관한 본격적인 협의를 시작하기 전에 몇 명의 교사가 바쁘다며 자리를 뜨는 바람에 어떠한 결정도 하지 못하고 회의를 마치게 되었다는 문제가 나타났다. 그러므로 김 교사는 우선 동료들의 바쁜 상황을 파악하고 도와줄 부분이 있는지 물어보며 돕는 등의 적극적인 태도를 보여주며 자신의 의견을 이야기하고 기관의 상황에 적합한 방안으로 의견들을 절충하여 구성원들이 동의할 수 있는 방안을 도출해 내는 것이 필요하다.

4) 그리고 위와 같은 문제를 해결하기 위해 교사가 갖추어야 할 덕목이 있다. 첫째, 최 교사는 '존중'의 덕목을 갖추어야 한다. 유아기는 음식에 대한 거부감을 나타낼 수 있는 시기임을 인정하며 유아의 발달 특성을 존중하고 자신이 원하지 않는 음식을 강요당하지 않을 권리가 있음을 존중해야하기 때문이다. 둘째, 권 교사는 '소통'의 덕목이 필요하다. 유아를 관찰하고 특별한 변화나 놀이 속에서의 배움 등에 대해 가정과 지속적으로 소통한다면 부모도 교사에 대해 신뢰를 갖고 관계를 형성할 수 있기 때문이다. 이 경우 교사가 유아와 관련된 민감한 이야기를 건네는 경우에도 의미 있는 소통이 이루어질 수 있을 것이다. 셋째, 김 교사는 '배려'의 덕목을 갖추어야 한다. 김 교사가 먼저 동료 교사들의 어려움이 무엇인지 확인하고 필요한 도움을 주는 등의 배려하는 태도를 보인다면 동료 교사들도 김 교사의 의견에 귀를 기울이는 것과 같이 경청하는 태도를 보일 수 있을 것이기 때문이다.

이처럼 교사에게는 현장에서 발생하는 다양한 딜레마 상황에서 적절한 결정을 할 수 있는 의사결정능력이 요구된다. 또한 결정에 대한 반성적 성찰을 해야 하며 그 결정이 적절하지 않아 문제가 발생했을 경우 그 원인을 찾아 구체적인 해결방안을 도출하려는 노력이 필요하다. 하지만 궁극적으로 중요한 것은 이러한 바른 의사결정을 위해 요구되는 다양한 덕목들이다. 이에 교사는 교사로서 다양한 관계 속에 필요한 덕목들을 갖추고 바른 의사결정을 할 수 있도록 끊임없이 노력해야 한다.

〈표 9-6〉 답안예시

교사는 교육 현장에서 다양한 갈등을 겪는다. 이에 교사는 자율성을 바탕으로 상황에 적합한 판단을 통해 갈등을 해결해나가야 한다. 특별히 유아, 교사, 원장(감), 학부모 및 지역사회와의 협력적 관계가 요구되는 유아교사는 다양한 관계 속에서 갈등을 겪게 된다. 따라서 본론에서는 사례에 기초하여 유아 교사가 경험하는 다양한 갈등에 대해 다각도로 논하겠다.

우선, 최 교사는 1) 입이 짧고 편식이 심한 주영이에게 배식된 음식을 골고루 먹여야 할지 주영이가 꺼려하는 음식을 남기는 것에 대해 허용해야 할지에 대한 갈등을 경험하였다. 이러한 갈등상황에서 최 교사는 주영이에게 배식된 음식을 골고루 먹도록 지도하였다. 2) 이는 주영이의 편식이 영양 불균형을 초래할 것이 우려되었기에 교사는 유아들의 건강을 위해야 한다고 생각했기 때문이다. 3) 그러나 이러한 최 교사의 행동은 주영이가 음식이 먹기 싫어하는 이유로 배가 아프다는 핑계를 대며 음식을 남기는 문제를 초래하였다. 이를 해결하기 위해 한 번에 많은 양의 음식을 모두 먹도록 강요하기보다, '푸드 브릿지', '8번 노출의 법칙' 등의 영양교육 지도방법을 활용하여 음식에 대한 친밀감을 높인 후에 점진적으로 맛볼 수 있는 기회를 제공하여 음식에 대한 거부감을 줄여나가도록 해야 한다. 또한, 권 교사는 1) 상희가 2학기에 접어들어 부쩍 말 수가 줄어들었기에 이러한 상희의 행동에 대해 부모님께 말씀을 드려야

하는데, 행동의 원인으로 추정되는 부모님의 다툼에 대한 내용을 언급해야 할지 언급하지 말아야 할지에 대한 갈등을 겪었다. 이러한 갈등 상황에서 권 교사는 상희 어머니께 전화를 드려 상희의 유치원에서 보이는 모습에 대해서만 말씀을 드렸다. 2) 부모님의 다툼에 대한 이야기를 하여 부모님과의 관계가 불편해질까 우려되었기 때문이다. 3) 그러나 이러한 권 교사의 행동은 상희에게 적절한 지원이 되지 못하였고, 상희는 예전처럼 활발한 모습을 좀처럼 보이지 않고 더 어두운 표정을 할 때가 많았다. 이를 해결하기 위해 부모는 유아에게 가장 밀접한 영향을 미치는 일차적 환경임을 인식시키고, 상희를 효과적으로 지원하기 위해 가정과 연계하여 해결 방안을 함께 모색해야 한다. 끝으로 김 교사는, 1) 운동회와 관련한 교사 협의회에서 업무 담당자인 박 선생님의 의견과 다른 자신의 의견을 내놓아야 할지 함구해야 할지에 대한 갈등을 경험하였다. 이러한 갈등 상황에서 김 교사는 새로운 방식의 운동회에 대한 자신의 구상을 제안하였다. 2) 이는 유치원과 지역 공동체가 함께 교육을 실행할 수 있는 새로운 방식의 운동회라고 생각했기 때문이다. 3) 그러나 이러한 김 교사의 행동은 운동회 방식에 대한 본격적 회의를 시작해 보기도 전에 몇 분의 선생님들께서 업무가 바쁘다는 핑계로 자리를 뜨는 바람에 어떤 결정도 하지 못한 채 회의가 끝나버리는 결과를 초래하였다. 3) 이를 해결하기 위해, 김 교사는 자신의 아이디어와 의사소통 방식 등에 대해 반성적으로 성찰해봐야 한다. 이를 통해 문제의 원인을 파악할 수 있기 때문이다. 이에 따라, 다른 교사들에게 설득력 있게 논리적으로 전달될 수 있도록 구체적인 방안과 세부 사항에 대해 전달하고 이해를 돕기 위한 자료를 제공하는 방법을 통해 아이디어에 대한 '전달력'을 높일 수 있다. 또한 교사들의 수와 환경의 제약 등을 고려한 현실 적합성에 따라 실현이 용이한 아이디어를 제안해야 한다.

이처럼 유아 교사들은 다양한 관계 속에서 갈등을 경험한다. 이에 적절한 판단을 통해 갈등을 해결할 수 있도록 덕목을 갖추기 위해 노력해야 한다. 우선, '민감성'을 가져야 한다. 갈등의 원인은 다양하기에 민감하게 파악하여 효과적으로 해결할 수 있기 때문이다. 또한, '효과적인 의사소통 능력'을 지녀야 한다. 사회적 관계 속에서 갈등을 겪기에 효과적인 의사소통을 통해 자신의 의견을 효과적으로 전달하고 다른 사람과 소통할 수 있기 때문이다. 뿐만 아니라, '성심성의를 다하는 열의'가 필요하다. 교사는 교육과정의 실천자이며 연구자, 협력자로서 교사의 적극적 태도는 관계 속에서 신뢰를 전달하고 협력적 관계를 형성하도록 돕기 때문이다. 유아의 교육은 유아, 교사, 학부모, 원장(감),지역사회가 함께 협력적 관계를 형성할 때 더욱 효과적으로 이루어질 수 있다.이에 교사는 다양한 덕목을 기르며 협력적 관계를 형성하기 위해 노력해야 할 것이다.

활동: 아래 교직 논술 문제 중 1문제를 선정하여 논술문을 작성해보세요.

연습문제 예시1

다음은 아동권리 이해를 위해 교사 협의회에서 나눈 교사들 간 대화의 일부이다. 1) 민 교사의 대화에 근거하여 「유엔아동권리협약」 중 '생존권', '보호권', '참여권'과 관련된 교사 활동을 각각 1가지씩 제시하고, 그 이유를 해당하는 개념에 근거하여 각각 논하시오. 2) 최 교사의 대화에서 아동복지의 제 원칙 중 보편성의 원칙과 포괄성의 원칙이 적용된 예를 각각 1가지씩 제시하고, 그 이유를 해당하는 원칙의 의미에 근거하여 각각 논하시오. 3) 황 교사의 교사 역할 수행에서의 어려움 3가지를 제시하고, 민 교사가 제안한 부모집단면담시 교사 측면이 이점 2가지를 논하시오. [총 20점]

최 교사: 유치원 교사는 「유엔아동권리협약」에서의 아동의 권리와 아동복지와 관련된 제반 원칙들을 알아 두어야 해요.

민 교사: 그렇죠. 팬데믹 상황에서 저는 유아들이 바이러스에 감염되지 않으면서 건강하게 생활할 수 있도록 보건과 위생에 더 주의를 기울이고 있어요. 요즘과 같은 상황에서 저는 유아들에게 올바른 마스크 착용 방법에 대해 수시로 지도하고 있어요.

황 교사: 저는 유아들의 건강을 위해 교실 환기와 소독에 더 주의를 기울이고 있어요.

민 교사: 잘하고 계시네요. 팬데믹 상황에서 바이러스도 문제지만 유아들이 집에 머무는 시간이 많아지면서 인터넷을 더 자주 접하게 되니 인터넷 과의존 문제가 발생할까봐 걱정이에요. 그래서 저는 유아들과 인터넷 과의존 문제에 대해 종종 이야기를 나눠요. 얼마 전에는 유아들에게 인터넷에서 동영상을 보거나 게임을 하는 대신 무슨 놀이를 할지 스스로 선택하게 했더니 유아들은 자기들끼리 의견을 나누면서 다음에 할 놀이를 투표로 정하더라고요.

최 교사: 유아들이 주도적으로 놀이하는 것을 보니 민 선생님께서는 2019 개정 유치원 교육과정을 잘 운영하고 계신 것 같네요. 선생님들도 아시는 바와 같이 이러한 교육과정은 국가 수준의 공동성을 가지고 있

잖아요. 교육과정을 운영하는 방법 중 하나로 현장 학습을 가기도 하죠. 그래서 유치원에서는 지역사회 내 소방서, 경찰서, 도서관 등과 연계하고 있어요. 유아가 속해 있는 지역사회 역시 교육과정의 주체이므로 상호 연계하고 협력해야죠.

황 교사: 그럼요. 아번 학기에도 저는 여러 번 우리 유치원과 연계한 기관으로 현장 학습을 다녀왔어요. 제가 경력이 짧다보니 현장 학습을 가면 여러 명의 유아를 동시에 돌보고 지도하는 것이 쉽지 않더라고요. 민 선생님께서 말씀하신 것 처럼 유아들의 인터넷 과의존과 관련하여 저도 수업 중에 미디어 안전교육을 실시하려고 하는데 효과적인 지도방법을 모르겠어요. 부모님들도 유아들의 인터넷 과의존 문제에 대해 걱정이 많으세요. 그런데 부모님들마다 생각이 다 달라서 면담할 때마다 어떻게 말씀드려야 할지 잘 모르겠어요.

민 교사: 맞아요. 이런 경우에는 여러 부모님들이 함께 참여하는 부모집단면담이 더 효과적이죠.

출처: 2023학년도 공립 유치원 교사 임용후보자 선정경쟁시험(1차) 유치원 교직논술(한국 교육과정 평가원)

연습문제 예시2

다음은 유치원 교사들이 만들어가는 교육과정에 대해 학습공동체에서 나눈 대화이다. 1) 최 교사의 대화에 근거하여 만들어 가는 교육과정의 개념을 논하고, 이것이 유아에게 미치는 긍정적 효과 2가지를 논하시오. 2) 임 교사가 유아 놀이를 지원하기 위해 실행할 수 있는 방안을 시간, 공간, 자료, 활동유형 측면에서 각각 1가지씩 논하시오. 3) 박 교사가 사용한 교수 행동 전략 2가지 제시하고, 그 장점을 각각 1가지씩 논하시오. 4) 김 교사의 대화에 나타난 교사 학습 공동체의 특징 2가지와 이를 통해 교사 개인과 기관 차원에서 나타날 수 있는 기대 효과를 각각 1가지씩 논하시오. [총 20점]

김 교사: 유아·놀이 중심 교육과정을 운영해 온 지 벌써 2년째네요. 그런데도 만들어가는 교육과정을 실행하는 것은 여전히 어렵게 느껴져요.

최 교사: 네, 저도 그래요. 만들어가는 교육과정은 교사와 유아가 함께 구성해 가는 것이 중요한 것 같아요. 지난주에 아이들이 버스를 만들고 싶어 해서 큰 상자를 찾아 주었더니, 버스를 만드는 것에 흥미와 관심을 가지고 적극 참여하더라고요. 아이들의 놀이를 관찰하고 기록하면서 필요한 것들을 지원해 주어더니, 이제 아이들의 놀이가 버스 여행 놀이로 발전해 하고 있더라고요.

임 교사: 저는 아이들과 경사로 놀이를 했는데요. 아이들이 경사로를 만들기에 교실은 좁다고 하면서도 이 놀이를 더 하고 싶어 했어요. 또 장난감 자동차보다 더 빠른 것으로 굴려 보고 싶어 하기도 하고요. 아이들이 경사로 놀이를 하는 중에 경사로의 기울기에 따라 속도가 어떻게 변하는지도 궁금해 했어요. 박 선생님은 이번 주에 어떠셨어요?

박 교사: 저는 아이들과 함께 숲에 갔다가 도토리가 굴러가는 것을 보았어요. 아이들이 도토리가 구르는 모습을 재미있어해서 도토리처럼 구르는 신체 놀이를 하게 되었어요. 그런데 민이가 도토리처럼 구르는 것이 안 돼서 속상해 하길래. "선생님이 구르기 하는 것을 보여 줄게"라고 말하고 제가 직접 구르기 하는 것을 보여 줬더니, 민이가 구르기를 쉽게 따라 했어요. 또 "선생님 저도 도토리처럼 구를 수 있어요."라며 구르기를 보여 주던 지혜에게는 "몸을 움츠려서 구르기를 하니까 정말 도토리가 굴러가는 것 같아."라고 말해 주었더니, 지혜가 신나서 신체 표현을 하더라고요.

김 교사: 네, 그러셨군요. 유아의 놀이를 상황에 맞게 지원한다는 것이 쉽지 않지요. 이렇게 선생님들의 경험 사례를 듣고, 고민도 솔직하게 나누며, 서로 격려하면서 많이 배운 것 같아요. 또 어려움을 해결하는 방안도 서로 도와가며 찾다 보니까, 교사로서 한층 성장해 가는 것 같고. 서로 도와주는 유치원 분위기로 발전해 가는것 같아 뿌듯해요.

출처: 2022학년도 공립 유치원 교사 임용후보자 선정경쟁시험(1차) 유치원 교직논술(한국 교육과정 평가원)

연습문제 예시3

다음은 초임 교사인 민 교사와 경력 교사인 최 교사가 나눈 대화 내용의 일부이다. 1) 유치원의 안전사고 예방 및 대처와 관련한 민 교사의 적절하지 못한 행동 3가지를 찾아 그것을 바람직한 방향으로 각각 수정하여 쓰고, 적절하지 못하다고 생각하는 이유를 각각 논하시오. 2) 대화에서 부모 면담 관련 멘토링 중, 최 교사가 민 교사에게 제공한 정서적 지원 3가지를 찾아 그것이 민 교사에게 미치는 긍정적 기대 효과를 각각 논하고, 전문적 지원 3가지를 찾아 그것이 민 교사에게 미치는 긍정적 기대 효과를 각각 논하시오. 3) 이 멘토링을 통해 두 교사에게 공통적으로 증진될 수 있는 교사 역량 3가지를 쓰고 그 역량 개발의 필요성을 대화 내용에 근거하여 각각 논하시오. [총 20점]

최 교사: 동수 어머님께서 무척 화가 나셨다는데 무슨 일이 있었나요?

민 교사: 어제 동수가 유치원에서 얼굴에 작은 상처가 났었는데 그것을 하원할 때에서야 발견했어요. 그래서 동수 얼굴에 난 상처에 급한 대로 유치원에 있는 연고를 발라 주었거든요.

최 교사: 그런 일이 있었네요.

민 교사: 어제 동수가 울지도 않고 아프지도 않다고 해서 부모님께 알리지 않고 그냥 귀가시켰어요. 제가 동수에게 무관심하다고 생각하시는 것 같아요. 부모 면담을 해야겠는데 제가 초임이라 부모님과의 면담이 아직 어려워요.

최 교사: 처음엔 누구나 다 어렵기 마련이지요.

민 교사: 최 선생님께서 그렇게 말씀해 주시니 위로가 됩니다. 부모 면담은 어떻게 하면 좋을까요?

최 교사: 부모 면담을 잘 하실 수 있도록 제가 적극 도와드릴 테니 너무 걱정하지 말고 용기를 내서 해 보세요. 마침 이번 달이 정기 부모면담 기간이라 오늘 오후에 우리 반 부모님들과 개인 면담 계획이 있어요. 그러니 우리반에 오셔서 제가 하는 부모 면담을 참관해 보세요. 오늘 면담하실 어머님께는 제가 동의를 구할게요.

민 교사: 그래 주신다면 면담 절차와 부모님을 대하는 방법을 배워 면담을 자신 있게 할 수 있을 것 같아요.

최 교사: 민 선생님께서 부모 면담을 참관하신다고 하니 제가 더 열심히 준비해야겠네요. 그리고 다음 주 우리 유치원에서 부모 면담 워크숍이 있으니 그때 여러 가지 부모 면담 기술을 배워 보시면 어떻겠어요? 실습도 한다던데요.

민 교사: 저도 워크숍에 참가해서 부모 면담 실습을 해보고 싶어요.

최 교사: 민 선생님은 무엇이든지 열심히 하시네요. 민 선생님과 이야기 나누다 보니 저도 부모 면담에 대해 더 많이 생각하게 되어 제 능력도 향상되는 것 같아요. 이번 기회에 우리 유치원 교사들 간 협력을 도모하면서 부모 면담 기술도 향상시킬 수 있는 교사 연구회를 만들려고 해요.

민 교사: 그렇게 칭찬해 주시니 감사합니다. 교사 연구회에 저도 참여하고 싶은 의욕이 생기네요. 교사 연구회에서는 부모 면담에 관한 정보를 교류하면서 많은 지식을 얻을 수 있을 것 같아요.

출처: 2021학년도 공립 유치원 교사 임용후보자 선정경쟁시험(1차) 유치원 교직논술(한국 교육과정평가원)

논리·논술 역량키우기 II

나에게 가장 소중한 것 세 가지는 무엇인가요? 그리고 그 이유는 무엇인지 서술 해보세요!

참고문헌

강명혜 (2014). 문화: 인문학적 상상력을 통한 창의적 글쓰기, 말하기 교수 학습 전략. **온지논총**, 0(39), 265-295.

강민경 (2012). 대학 글쓰기 교육에서 창의성 향상을 위한 한 방향: 쓰기 전 활동인 고정관념 깨뜨리기 수업 모형을 중심으로. **비평문학**, 45, 205-231.

고연경, 김유정, 김정주, 남규, 이정아, 장석경 (2012). **유아 논리·논술 교육**. 서울: 동문사.

교육부 (2020). **2020 유치원생활기록부 기재요령**. 경기도교육청.

교육부 (2023). **2023년도 교원자격검정 실무편람**. 세종: 교육부 교원양성연수과.

교육부 (2020), **2019 개정 누리과정 놀이운영사례집-놀이, 유아가 세상을 만나고 살아가는 힘**. 세종: 교육부, 보건복지부.

교육부, 전국시·도교육청 (2023). **2023학년도 유치원생활기록부 기재요령**. 세종: 교육부

교육부, 전국시·도교육청 (2023). **2023 유치원생활기록부 유아발달상황 작성을 위한 현장지원자료**. 세종: 교육부.

교육부, 보건복지부 (2019). **2019 개정 누리과정 해설서**. 세종: 교육부, 보건복지부.

교육부, 보건복지부 (2019), **2019 개정 누리과정 놀이실행자료**. 세종: 교육부, 보건복지부.

교육부, 한국교육개발원 (2023), **6주기 교원양성기관평가 역량진단**. 편람 세종: 교육부.

권남진 (2016). 토론극을 활용한 창의적 글쓰기 수업 방안 연구. 중앙대학교 교육대학원 석사학위논문.

김광수 (2012). **비판적 사고론**. 서울: 철학과 현실사.

김민희 (2020). 창의적 글쓰기 교육의 현황과 방향. **한국콘텐츠학회논문지**, 20(12), 311-321.

김봉군 (1999). **문장기술론**, 서울: 삼영사.

김성숙 (2000). 협동적 문제해결활동이 유아의 창의성에 미치는 효과. 중앙대학교 대학원 석사학위논문.

김수현 (2022). 제5주기 유치원평가계획 17개 시도교육청 비교연구. 성남: 가천대학교 일반대학원 석사학위논문.

김영실, 윤진주 (2016). **유아교사와 유아를 위한 논리·창의·논술교육**. 경기: 공동체.

김영채 (1999). 창의적 문제해결: 창의력의 이론, 개발과 수업. 제5판. 서울: 교육과학사.

김지현 (2012). 토론 단원 교수·학습의 비판적 연구. 부산대학교 대학원. 석사학위논문.

김춘일 (2000). 유아기의 창의성 교육. 서울: 교육과학사.

김혜숙 (1999). 창의성 진단 측성도구위 개발 및 타당화. 교육심리연구, 14(4), 269-303.

김희중 (2009). 소크라테스 대화법과 비고츠키 근접발달영역에서의 교사 역할 비교 연구. 교육연구논총, 30(2), 1-14.

나은숙, 윤희경, 오완숙, 황혜경, 이금구 (2020). 유아교과 논리·논술·창의교육. 서울: 창지사.

노경옥, 김주후, 전유영 (2014). 사립 유치원 행사와 교육과정 연계의 실태 및 개선 방안. 열린유아교육연구, 19(5). 119-141.

박병기 (1998). 창의성 교육의 기반. 서울: 교육과학사.

박영태, 하수연 (2010). 창의성과 문제해결력. 서울: 창지사.

박은지 (2020). 유아교사의 창의적 자기신념 잠재집단에 따른 창의적 교수행동과 유아 창의성의 차이. 성균관대학교 일반대학원 박사학위논문.

박찬옥, 서동미, 곽현주, 엄은나, 이예숙, 홍찬의 (2020). 유아교사를 위한 논리논술교육. 경기: 정민사.

박찬옥, 지성애, 조형숙, 서동미, 곽현주, 엄은나, 한진원, 김현주, 김민정, 홍찬의 (2017). 유아교사를 위한 논리·창의교육. 경기: 정민사.

보니 노이바우어 지음, 전소현 옮김 (2012). 하루 10분씩 100일동안 1000까지 창의적 글쓰기. 서울: 넥서스.

서현주, 조경덕, 조미영 (2021). 창의적 사고와 글쓰기. 경기: 태학사.

성원경 외 (2020), 교사를 위한 놀이지원 워크북, 세종: 교육부.

소홍렬 (2003). 논리와 사고. 서울: 이화여자대학교 출판부.

손평효 (2015). 논리적 글쓰기의 표현 문제와 그 유형. 우리말연구, 42, 201-232.

송미경 (1990). 집단 논리적 사고력 검사(GALT)의 타당화 연구. 서울여자대학교 대학원 석사학위논문.

송인섭, 김혜숙 (1999). 창의성 개념 정립을 위한 탐색적 연구: 암시적 창의성 이론을 중심으로. 교육심리연구, 13(3), 93-117.

신붕섭 (2017). 교직으로 가는 논리 논술. 서울: 학지사.

신원애, 정상녀 (2022). 예비교사와 현장교사를 위한 유아교과 논리 및 논술. 서울: 창지사.

육설기 (2020). 창의적 사고기법을 활용한 초등학교 과학 자유탐구 초기 단계 프로그램 개발 및 적용. 경인교육대학교 교육전문대학원 석사학위논문.

은계유치원 (2022). 2022학년도 유치원 자체 평가 보고서.

은계유치원 (2023). 2023학년도 유치원 교육과정 운영 계획.

이경화, 유경훈 (2014). 창의성: 사람, 문화, 교육. 서울: 동문사.

이기숙 (2008). 유아교육과정. 서울:교문사.

이대균, 송정원 (2004). 유아교육기관의 운영관리. 파주: 양서원.

이세경 (2009). 대중문화를 활용한 창의적 사고와 글쓰기 방법. 한국언어문화, 38, 251-270.

이유진 (2017). 창의적 사고기법 활용 'Cre- Up' 프로젝트 활동이 유아의 창의성 향상에 미치는 효과. 숭실대학교 교육대학원 석사학위논문.

이주경 (2022). 기업교육에서의 창의적 사고 기법을 활용한 실시간 온라인 학습 설계원리 개발 연구. 서울대학교 대학원 박사학위논문.

이진우 (2007). 논리와 창의적인 글쓰기의 조화. 인문과학논문집, 42·43, 209-221.

임미선 (2019). 공립 유치원 임용 시험 대비 논술아카데미. 서울: 티처메카.

임선화 (1998). 창의성에의 초대. 서울: 교보문고.

전경원 (2010). 창의력 측정. 서울: 창지사.

전경원 (2015). 창의성 교육의 이론과 실제. 서울: 창지사.

전일우 (2004). 주간교육계획안에 나타난 유치원교육과정 구성 및 운영 분석연구. 한국열린유아교육학회, 9(1). 201-218

정대련 (2016). (개정판) 동화로 여는 유아의 논리 논술, 서울:창지사.

정은주 (2019). 고등학생의 논리적 사고력, 과학탐구능력, 창의적 인성, 사고양식 간의 상관관계. 단국대학교 박사학위논문.

조연순, 성진숙, 이혜주 (2008). 창의성 교육: 창의적 문제해결력 계발과 교육법. 서울: 이화여자대학 출판부.

조형숙, 김현주, 김명하, 김명정 (2017). 유아교육개론. 서울: 학지사.

지현경 (2021). 창의적 문제해결을 위한 교과–소프트웨어 융합 수업 설계 모형 개발 연구. 서울대학교 대학원 박사학위논문.

최미숙, 박영미 (2002). 유아교육기관의 주간교육계획안 운영 평가. 한국교원교육연구. 19(3).

최주희 (2019). 창의적 사고기법 활용 독후활동이 유아의 창의성 향상에 미치는 효과. 숭실대학교 교육대학원 석사학위논문.

최현정, 이금구, 우혜진 (2020). 유아사회교육. 서울: 학지사.

탁희성, 강순미, 박상임, 김은정 (2016). 유아 논리·논술. 경기: 양서원

탁희성, 강순미, 박상임, 김은정 (2021), 2019 개정 누리과정에 따른 유아 논리·논술, 경기:양서원.

하재홍 (2010). 소크라테스식(문답식) 교수법. 법학논집, 14(4), 281–309.

한순미, 김선, 박숙희, 이경화, 성은현 (2008). 창의성: 사람, 환경, 전략. 서울: 학지사.

한유미 (2018). 예비 유아교사를 위한 창의적 논리논술. 경기: 어가.

한정혜 (2002). 논리적 사고력과 공간 시각화 능력이 수학성취도에 미치는 영향: 인문계 고등학교 2학년을 대상으로. 이화여자대학교 대학원 석사학위논문.

홍찬의 (2017), 교육계획을 위한 이론과 연습, 경기: 양성원.

홍혜경, 김명화, 김세루, 문병환, 김경숙 (2016). 영유아 교사를 위한 창의적 사고와 논리 논술. 서울: 학지사.

황성근 (2017). PBL을 활용한 창의적 글쓰기 교육 방안. 사고와 표현, 10(1), 51–80.

Alloo, Korea (2014. 5. 3) 소프트뱅크 신화, 손정의 회장의 강제 결합법" [facebook]. https://www.facebook.com/beecanvas/posts/236791356511405에서 2023년 7월 3일 인출.

Amabile, T. M. (1997). Enterpreneurial creativity through motivational synergy. *Journal of Creative Behavior, 31*(1), 18–26.

Baker, J. (1997) 창의성과 동기유발. 전경원 역(1998). 서울: 창지사.

Cropley, A. J. (2001). 창의성 계발과 교육. 이경화, 최병연, 박숙휘 공역 (2006). 서울: 학지사.

Cropley, D. H. (2016). Measuring capacity for innovation in local government organizations. *Innovation, 2*, 31–45.

Csikszenmihalyi, M. (1999). Implication of a systems perspectives for the study of creativity. In Sternberg, R. G. (Ed.), *Handbook of Creativity*. New York: Cambridge University Press.

Davis, G. A (1977). Creativity is forever. Dubuque, Iowa: Kendall/Hunt Publishing Co.

Gardner, H. (1993). *Creative minds: An anatomy of Creativity Seen through the lives of Freud*, Einstein, Picasso, Stravinsky, Eliot, Grabam and Gandhi. New York: Basic.

Grudin, R. (1990). *The Grace of Great things: Creativity and Innovaction*. New York: Ticknor and Fields.

Guilford, J. P. (1967). *The Nature of Human Intelligence*. New York: McGraw–Hill.

HR 인스티튜트 (2012). **로지컬 씽킹의 기술**. 현창혁 역(2014). 서울: 비즈니스북스.

Meeker, M. (1978). Measuring creativity from the child points of view. *The Journal of Creative Behavior, 12*, 52–62.

Rhodes, M. (1961). An analysis of creativity. *The Phi Delta Kappan, 42*(7), 305–310.

Sternberg, R. G., & Lubert, T. I. (1999). *The concept of creativity: Prospects and paradigms*, In Sternberg, R. G. (Ed.), Handbook of Creativity. New York: Cambridge University Press.

Sternberg, R. J., Grigorenko, E. L., & Singer, J. L. (2009). **창의성 그 잠재력의 실현을 위하여**. 임웅 역(2009). 서울: 학지사.

Torrance, E. P. (1977). *Creativity in the Classroom: What Research Says to the Teacher*. Washington DC: NEA.

Torrance, E. P. (1981). Predicting the creativity of elementary school children and the teacher who made a "difference". *Gifted Child Quarterly, 25*, 55–62.

Torrance, E, P. (1995) **토랜스의 창의성과 교육: 왜 높이 날려 하는가?**. 이종연 역(2008). 서울:학지사.

照屋華子, 岡田恵子 (2001). **로지컬 씽킹: 맥킨지식 논리적 사고와 구성의 기술**. 김윤경 역(2019). 서울: 비즈니스북스.

네이버 사전 https://dict.naver.com/에서 2023.7.17. 인출.

네이버 사전 https://ko.dict.naver.com/에서 2023.2.19. 인출

서울시정일보 https://www.msnews.co.kr/news/articleView.html?idxno=603033에서 2023.10.11. 인출

언어폭력 https://ko.dict.naver.com/에서 2023.10.27. 인출

저자소개

김지영

중앙대학교 문학박사 (유아교육 전공)

장안대학교 유아교육과 교수

김성숙

중앙대학교 문학박사 (유아교육 전공)

대원대학교 유아교육과 교수

최현정

중앙대학교 문학박사 (유아교육 전공)

수원여자대학교 유아교육과 교수

모희선

성신여자대학교 교육학 석사 (유아교육 전공)

전 수원여자대학교 아동보육과 교수

김지혜

중앙대학교 교육학 석사 (유아교육 전공)

(공립) 은계유치원 교사

유아 교과 논리 및 논술

초 판 1쇄 인쇄 2023년 12월 22일
초 판 1쇄 발행 2023년 12월 29일

지 은 이 | 김지영 · 김성숙 · 최현정 · 모희선 · 김지혜
펴 낸 이 | 김기섭
편 집 인 | 이현남
펴 낸 곳 | 창지사 www.changJisa.com
08589 서울시 금천구 가산디지털 1로 83 파트너스타워 1차 9층
전화 (02)719-2211~3
팩스 (02)701-9386
등 록 | 1977년 4월 28일 · 제1-421호

ISBN 978-89-426-1859-0 (93370)

값 21,000원